필수 패턴 100

영어회화 입영작 훈련

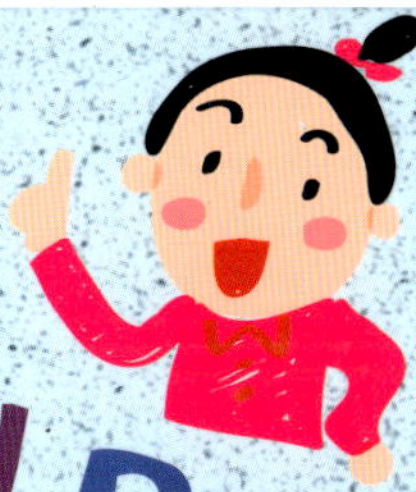

INPUT

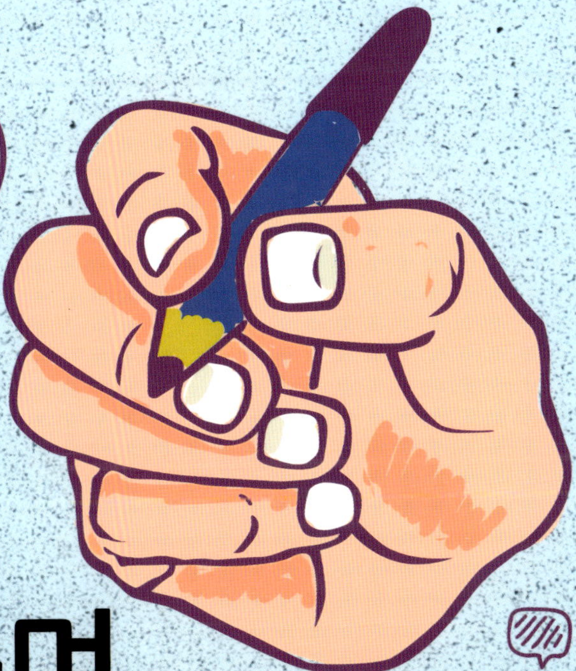

패턴 76~100

손으로 영작하며 문장 깨우치기

마스터유진 지음

연필이나 샤프를 준비하세요!

사람in
saramin.com

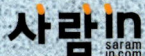

'아는 것'과 '하는 것'의 차이

'ㅇ'과 'ㅎ'의 차이인 것 같지만 그 결과는 하늘과 땅 차이입니다.

'아는 것'이 '하는 것'으로 이어질 때 비로소 입이 열리고 영어가 나오게 되는 것입니다.

Input 단계인 손 영작 훈련은 '아는 것'을 다져 주는 단계입니다.

외국어로서 영어를 공부하는 경우에는, 올바른 문장을 만들기 위해 어휘, 문법, 문장 구조에 대한 지식과 이해가 먼저 필요합니다.

이러한 지식들을 바탕으로 손으로 직접 써보는 훈련을 많이 함으로써 '아는 것'이 오래 기억될 수 있도록 머릿속에 각인시키는 것입니다.

Output 단계인 입 영작 훈련은 '아는 것'을 '하는 것'으로 바꿔 주는 단계입니다.

손 영작을 통해 학습한 문장을 소리 내어 반복하여 낭독 훈련함으로써 의미 단위로 혹은, 통문장으로 문장을 몸소 체득하게 해 줍니다.

따라서 input 단계에서 학습을 중단한다면 또 '아는 것'에 그치는 학습이 되고 말겠죠.

힘들여 손 영작 학습을 마무리했다면 조금 더 힘을 내어 output 단계에까지 도달하도록 노력해 보세요.

여러분의 영어가 '아는 영어'에서 '하는 영어'로 바뀌게 될 것입니다.

그렇다면 input에서 output 단계로 옮아가는 데 무엇이 필요할까요?

바로 노력 perspiration 과 인내 perseverance 가 필요합니다.

좋은 소식은 여러분의 스피킹코치 마스터유진과 함께라면 그 길이 그리 힘들거나 지루하지는 않을 거란 것입니다.

자, 손과 입 준비되셨나요?

이 책의 활용법

〈1단계: 손으로 영작하며 문장 깨우치기〉의 각 패턴을 학습한 후,
해당 패턴의 **〈2단계: 손으로 깨우친 문장 입으로 영작하기〉**를 학습해야 높은 학습 효과를 기대할 수 있습니다.

> 손 영작 책 패턴 76 학습
> ↓
> 입 영작 책 패턴 76 학습
> ↓
> 손 영작 책 패턴 77 학습
> ↓
> 입 영작 책 패턴 77 학습

🎧 입영작 트레이너 MP3 파일 활용법

〈영어회화 입영작 훈련〉을 할 때에는 반드시 부록 CD에 담겨 있는 MP3 파일을 200% 활용해서 훈련하세요!
MP3 파일 음원에는 다음 세 가지 코너가 녹음되어 있습니다.

- **손 영작**: 완성 문장 확인 – 네이티브 스피커의 음성으로 완성 문장을 확인하세요.

- **입 영작**: 의미 단위 입 영작 – 우리말 성우와 네이티브 스피커가 동시통역하듯 우리말과 영어를 의미 단위로 끊어서 읽어줍니다. 여러분도 같이 따라해 보세요.

- **입 영작**: 완성 문장 낭독 훈련 – 완성 문장을 5회 반복하여 들려줍니다. 최소 10회 이상 반복해서 큰 소리로 낭독 훈련해 보세요.

 ONE MORE
외모도 목소리도 훈훈한 마스터유진 선생님의 해설 강의를 팟캐스트로 들으실 수 있습니다.
입영작 훈련 또는 **입영훈**을 검색해 보세요!

필수 패턴 100
영어회화
입영작
훈련 ④

영어회화 입영작 훈련 4

저자 | 마스터유진
초판 1쇄 인쇄 | 2014년 9월 15일
초판 1쇄 발행 | 2014년 9월 22일

발행인 | 박효상
편집장 | 강성실
기획 · 편집 | 박운희, 박혜민, 박문정
디자인 책임 | 손정수
마케팅 총괄 | 이종선
마케팅 | 이태호, 이전희
디지털콘텐츠 | 이지호
관리 | 남채윤

교정 | 엄성수, 안창렬
디자인 · 조판 · 삽화 | 홍수미

종이 | 월드페이퍼
인쇄 · 제본 | 현문자현

출판등록 | 제10-1835호
발행처 | 사람in
주소 | 121-839 서울시 마포구 양화로11길 14-10(서교동 378-16) 4F
전화 | 02) 338-3555(代) 팩스 | 02) 338-3545
E-mail | saramin@netsgo.com
Homepage | www.saramin.com

● 책값은 뒤표지에 있습니다.
● 파본은 바꾸어 드립니다.

© 마스터유진 2014

ISBN 978-89-6049-408-4 18740
        978-89-6049-401-5 (set)

사람이 중심이 되는 세상, 세상과 소통하는 책 **사람in**

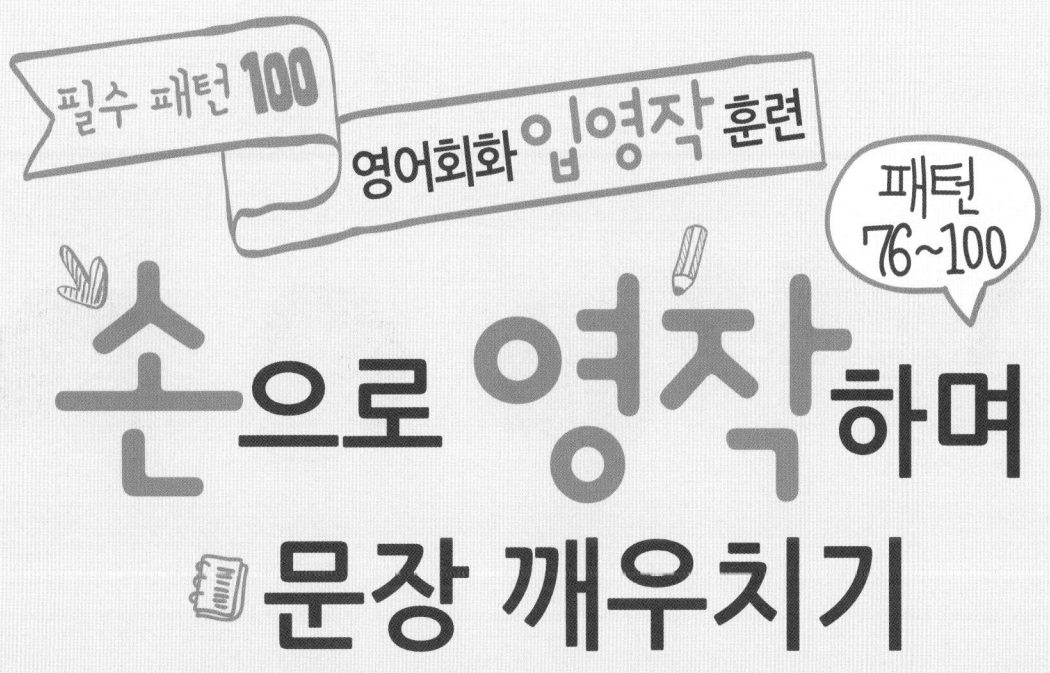

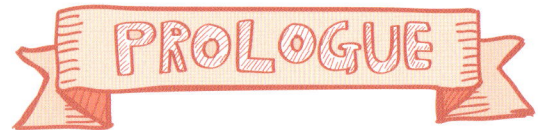

진리는 변하지 않는다

여러분들은 아마도 한번쯤 다음과 같은 말을 들어보았을 것이다.

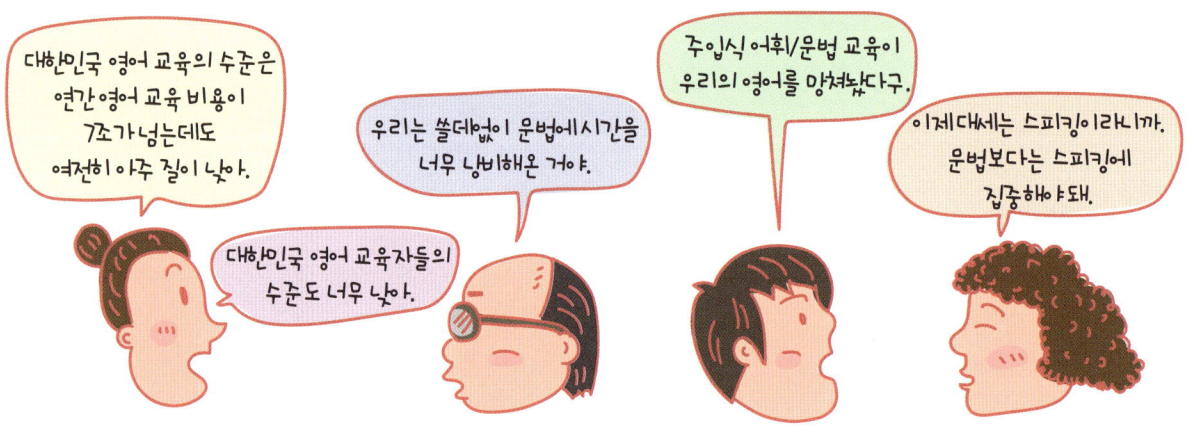

하지만 나는 이런 생각들이 절대적인 오류이며 오히려 교묘한 상업적 멘트라고 생각한다.

미국에서 오랜 시간을 1.5세로 보냈음에도 불구하고, 나는 대한민국의 어휘·문법 위주의 영어 교육이 결코 수준이 낮다거나 헛되다고 생각해 본 적이 없다. 오히려 그런 교육이 없었다면 본인도 미국에서 영어로 살아남지 못했을 것이며, 그 생각은 지금도 변함이 없다. (잠깐! 이 책은 문법 책이 아니라 스피킹 책이 맞다. 끈기를 가지고 계속 읽어보시라.) 어휘·문법이라고 하는 것은 시대나 유행을 타는 것이 아니며, 영어를 외국어로 습득하는 사람이라면 전 세계 그 누구든 의심 없이 무조건 배워야 할 필수 영역이다.

우리가 외국에서 혹은 국내에서라도 어린 시절부터 완벽한 영어 사용 환경에서 자라지 않은 이상, 어휘와 문법의 이해 없이 스피킹에 도전하는 것은 불가능할 뿐만 아니라 위험하기까지 하다. 미리 결론부터 말하자면, 어휘와 문법에서 기본이 갖추어지지 않았다면 스피킹은 꿈도 꾸지 말아야 한다.

마스터유진의 스토리

본인 또한 한국에서 여느 누구처럼 학창 시절을 보내며 같은 방식의 어휘와 문법 위주의 영어 공부를 했었다. 나는 뒤늦게 미국으로 떠나며, "쓸데없는 문법은 집어치우고 미국 가서 무조건 말을 내뱉어보면 스피킹이 어떻게든 해결되겠지."라는 건방진 기대를 했고 결과는 참담했다.

고등학교에서는 어떻게든 손짓 발짓하며 넘어가던 영어가 대학에 진학하면서 참담하게 무너졌다. 몇 마디 단어로 대화하는 수준의 질 낮은 스피킹의 연속. '무조건 지르는 스피킹'의 최후는 그러했다.

수업 내의 그룹 프로젝트에서 난 깍두기 역할을 했다. "한국 스타일의 어휘와 문법 위주의 영어가 쓸모없다 하길래 다 무시하고 미국 스타일로 질러본 건데 왜 안 되는 거지?" 하지만 그것은 나의 바보 같은 생각이 만들어 낸 함정이었던 것이다.

내 영어 실력은 고작 커피를 주문할 만한 '단어' 혹은 '기초 회화' 수준이었지, 문장을 확장하며 다른 이들 앞에서 멋지게 프레젠테이션을 할 수 있는 '스피킹'의 수준이 아니었던 것이다. 앞으로 평생을 미국에서 살아야 하는데 정말 암담했다. 나만 바라보시는 어머니께도 드릴 말씀이 없었다.

그 와중에 나는 필수 수업 중 하나였던 Freshman Composition(기본 작문) 수업의 Term Paper(리포트)에서 F를 받게 되고, **그것은 큰 충격이었지만 어휘·문법 실력, 나아가서는 영작 실력이 스피킹과 직결된다는 사실을 깨닫게 해 준 운명의 계기가 되었다.** 어휘·문법 공부 좀 해봤다는 생각은 나만의 착각이었다. 나의 영어 기본기가 이 정도 수준인데 입으로 나오는 영어는 처참할 수밖에…….

그날을 기점으로 나는 무조건 나가서 외국인들과 얘기하는 시간을 줄이고, 오히려 한국에서 들고 온 단어집과 문법 책을 처음부터 다시 복습하고 그것을 기본으로 영작하는 연습을 수도 없이 반복했다. 그리고 그것이 결국 내 스피킹 엔진의 기반이 되었다.

그 와중에 정말 감사했다. 한국에서 학창시절 그렇게 주입식으로 배워둔 어휘와 문법 지식이 있었기에 많은 것이 수월할 수 있었음에. 그것들이 없었다면 맹세코 나의 스피킹은 지금까지도 단어 수준에 머물러 있었을 것임을 확신한다.

후회하지 말 것

우리가 초중고 및 대학 시절에 시험 영어 위주로 습득한 영어는 비록 주입식의 어휘·문법 위주였으나, 다행인 것은 그 덕에 우리는 그 누구보다 어휘력이 우수한 편이며, 문법적으로 틀린 문장을 보면 어느 정도 의문을 품을 수 있는 실력을 가지게 되었다는 것이다. 수년간 배워왔기에, 자신도 모르는 사이에 완벽하진 않을지라도 문법이 어느 정도는 체화된 것이다. (이것이 바로 반복의 무서움이다.)

education = 교육 / love = 사랑 (단어)
be interested in = ~에 관심이 있다 (덩어리 표현)
I cry yesterday. (×) ◇ I cried yesterday. (O) (시제)
You am a model. (×) ◇ You are a model. (O) (주어와 동사의 수 일치)
Learn English I. (×) ◇ I learn English. (O) (어순)

위의 단어나 문장을 보고, "이게 도대체 뭐야? 전혀 모르겠는데?"라고 하는 사람은 거의 없을 것이다. 주입식 어휘·문법 교육은 적어도 우리에게 이러한 기본적이고도 필수적인 지식을 선물해 주었다. 이것은 여러분들이 반복적인 훈련을 통해 쌓아온 가치 있는 재산이며, 버릴 이유도 없고 오히려 더욱 강화시켜야 할 부분이다. 대한민국의 학교 영어 공부는 절대로 낭비가 아니다. 그러므로 이제부터는 걱정하거나 아까워하거나 후회하지 말 것. 그 지식들 덕분에 여러분의 스피킹은 이제 날개를 달게 될 테니까.

무엇이 문제인가?

그렇다면 아마도 의문이 들 것이다.
대한민국에서 강조해온 어휘·문법 중심의 영어 공부가 정말 잘한 일이라면,
왜 우리는 아직도 영어 벙어리인가?

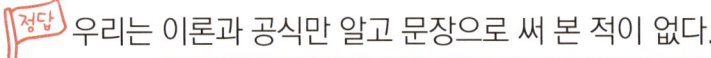 우리는 이론과 공식만 알고 문장으로 써 본 적이 없다.

그렇다, 단순한 '경험 부족'이 문제이다.
이런 측면에서, 대한민국 영어 교육은 수준이 낮은 게 아니라 비효율적인 것이다.
그동안 수학 공부하듯 공식으로만 흡수한 지식을 써먹을 기회가 없었던 것이다.
읽어본 예문은 많았으나 '직접 써본' 예문은 없었다.

'아는 것'이 아닌 '하는 것'

그렇다면 해결책은 무엇일까?
우리는 지금껏 '알아'왔다. 단어를, 표현을, 문법을, 공식을.
좋은 현상이다. 잘해 온 것이다. 절대로 시간 혹은 노력의 낭비가 아니다.
단, 이제부터는 "Do"해야 한다.

그동안의 영어 공부를 헛되지 않게 하는 유일한 길은 영어 공부의 확장이다.
말은 거창하지만 확장이라 함은 결국,

01 '아는 것'을 써보는 것, 그리고 많이 써보는 것
02 '손으로' 그리고 '입으로'

우리의 현재 수준은 '어휘와 문법을 아는' 수준이고, 우리의 목표는 '스피킹'이다. 중요한 것은 어휘·문법과 스피킹 사이에 끊어진 고리를 연결해 줄 무언가가 필요하다는 것이다. 바로 그 다리 역할을 해주는 것이 '손 영작과 입 영작'이며, 그것이 이 책의 목표이다.

어휘·문법 ➡ 손 영작+입 영작 ➡ 스피킹

위의 순서는 병행할 수는 있으나 건너뛸 수도 없으며 바뀔 수도 없다.
물론, 문장 확장 훈련과 반복 훈련이 항상 병행되어야 한다.

입이 열리는 단계

1단계 ➡ 어휘력과 문법이 튼튼하면 영작이 가능하다.
2단계 ➡ 영작이 가능하면 바르게 영작이 가능하다.
3단계 ➡ 바르게 영작이 가능하면 입으로 영작이 가능하다.
4단계 ➡ 입으로 영작이 가능하면 바르게 입 영작이 가능하다.
5단계 ➡ 바르게 입 영작이 가능하면 스피킹이 가능하며
         communication(소통)이 시작된다.

우리 대부분이 학창 시절에 다다른 단계는 1단계까지였다.
현재 자신이 어느 단계에 와 있는지 잘 생각해보길 바란다.
과연 지금 전화 영어 수업이나 원어민의 과외를 받고 있다고 해서 5단계에 올라가 있는 수준인지.
혹시 1단계조차 부실하진 않은지 다시 생각해 봐야 할 필요가 있다.

자가 테스트

다음 문장을 3초 안에 입으로 말해 보라.

"나는 숙제를 해야 할 뿐만 아니라, 엄마가 시킨 심부름도 5시까지 해야 한다."

힌트도 주겠다.

당신이 알고 있는 Not only A, but also B를 사용하면 된다.

하나~ 두울~ 셋!

5단계… 정말 갈 수 있겠는가?

마스터유진

…………………………

당신

"문법이 중요한 게 아니다. 어서 스피킹을 하자!"라고 하는 말은 "1단계에서 4단계까지 모두 무시하고 5단계로 가서 단어 수준의 질 낮은 회화나 하자."라는 것과 같다. "기초공사는 일단 시간과 돈이 많이 드니까 대충 하고 그래도 있어 보여야 하니까 100층 건물을 세우고 보자."는 것과 다를 바가 없는 것이다. 얼마나 위험하고 낭비적인 생각인지 이해했으리라 믿는다. 뒤늦게 후회하고 1단계로 다시 돌아오는 학생들을 수도 없이 봐왔기에 이 점은 자신 있게 말할 수 있다. 부실 공사 하자고 부추기는 상술에 넘어가지 말고 이성적으로 생각해 보길 바란다.

마치며

진리는 변하지 않는다.
언어 습득은 반복적인 훈련이다.

어휘·문법 지식 또한 여러분들 스스로가 반복적인 훈련을 통해 얻은 것이다.

이제는 그것을 문장 만들기로 확장시키면 된다.

손을 움직이고 입을 움직이길 바란다.

영어 스피킹?
몰라서 안 되는 게 아니다.
안 해봐서 안 되는 것이다.

오늘부터는 교육 제도와 교사들에게 모든 원인을 돌리지 말길 바란다.
문제는 자기 자신이니까.
이제는 생각만 하지 말고 "Do"할 것!

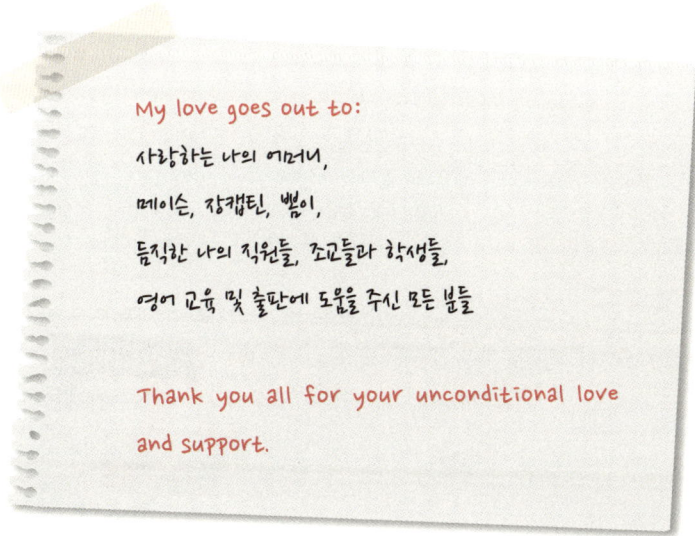

1 자신감을 가져라

'자신감(confidence)'이라는 단어는 언어 습득에 있어서 단지 추상적이거나 진부한 단어가 아니다. 우리가 가장 간과해온, 그러나 알고 보면 가장 중요한 요소이다.

언어를 습득하려면 목표 언어의 언어적인 부분만이 아니라, 그에 밸런스를 맞추어 문화적인 습성도 동시에 흡수해야 하며, 그렇지 않으면 흔히 말하는 '한국적인 느낌이 충만한 영어'가 될 수밖에 없다. 영어권의 문화와 태도 자체가 굉장히 적극적이며 능동적인데, 우리는 그것에 반대되는 '조용히 말하기'와 상대방이 마음을 열 때까지 기다리는 소심함으로 영어에 접근하고 있다. 우리는 어려서부터 한국인들만의 고유의 태도인 '부끄러움', '남의 눈치보기'에 익숙하다. "잘난 체하면 재수 없어", "못해서 무시당하느니 난 아예 안 하겠어."라는 태도에 익숙하다. 하지만, 영어 습득에서 이러한 태도는 쥐약이 된다.

부끄러움과 눈치보기는 다음과 같은 결과를 초래한다.
부끄러움+눈치보기 ➡ 자신감 결여 ➡ 웅얼거림 ➡ 커뮤니케이션 단절

결국, 부끄러워하고 눈치만 보면 커뮤니케이션은 이미 끝이다. 아니 시작도 없다. 아무리 진심 어린 마음으로 여자에게 다가가도 부끄러움 타고, 자신감 결여에 말까지 더듬으면 여자가 귀엽다고 봐줄 것 같겠지만 단지 귀엽다고 생각만 하고 끝인 것처럼, 그녀는 아마도 자신감을 가지고 자신의 생각을 분명히 말하는 사람을 훨씬 더 매력적이라고 생각할 것이다.

부끄러움 극복을 위한 처방

1. 큰 소리로 말한다
문법과 발음이 어느 정도 좋아지고 난 후 조용히 말해도 늦지 않음

2. 또박또박 말한다
웅얼거리면 일단 듣는 사람도 짜증나지만, 혀의 움직임과 공기의 흐름이 방해 받기 때문에 소통에 치명적인 영향을 끼침

3. 남의 눈치를 보지 않는다
이것이 이제껏 스피킹이 잘 안 되게 만든 주범이다. 처단하라.

2 기본에 충실하고 초심으로 돌아가라

자신이 어휘와 문법이 완벽하다고 쉽게 판단하지 마라. 우리가 나름 오랜 시간 동안 어휘와 문법을 접하긴 했지만, 막상 실력은 그 시간과 비례하지 않을 수도 있다. 내가 시험 영어 지문을 어느 정도 막힘없이 독해할 수 있는지, 시중 문법 교재에서 다루고 있는 문법 사항들을 세세하게 이해하고 있는지, 어휘 실력이 정말 바닥은 아닌지, 반드시 짚고 넘어가야 한다. 기본이 부족하면 영어가 귀로 들리지도, 입으로 나오지도 않는 것은 당연한 일이다. 저학년 수준의 기초 단어 교재와 문법 교재로 돌아가도 좋다.
초심으로 돌아가서 반드시 기본을 확실하게 재정비하라.

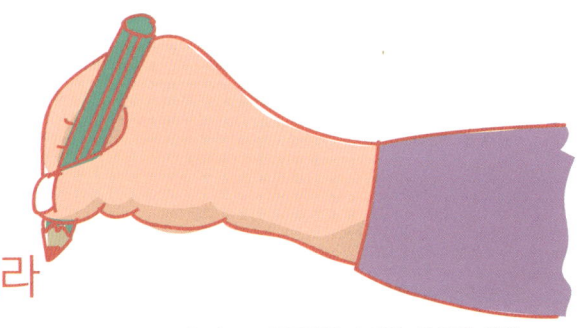

3 많이 쓰고 빨리 써라

문법 사항을 하나 마스터하고 나서 예문을 써 볼 때, 달랑 10문장 써보고 뿌듯해하지 마라. 우리의 입에서 한국어가 자연스럽게 나오는 것은, 같은 문법, 표현, 패턴을 이용한 문장을 살면서 수천 번, 수만 번 이상 반복하여 사용하기 때문이다. 그렇기 때문에 여러분이 본 교재로 공부하고 나서도 추가적인 문장들을 스스로 만들어가며 써보는 것이 중요하다. 하지만 한자리에서 그렇게 많은 문장들을 쓰는 것은 현실적으로도 쉽지 않고 비효율적이고 질릴 수 있기 때문에, 평소에 영어를 생활화하는 것이 중요하다. 지겨울 때까지, 진저리가 날 때까지 써봐야 한다. 언어는 반복 훈련이라는 것을 진심으로 다시 한 번 강조하고 싶다.

4 많이 말하고 빨리 말해라

이것은 많이 쓰고 빨리 쓰는 것과 같은 맥락이다. 단, 차이라고 한다면, 손으로 만들던 출력(output)을 입으로 만든다는 점이다. 기억할 것은 독해와 청취가 비슷한 채널의 입력(input)인 것처럼, 쓰기와 말하기 또한 비슷한 채널의 출력(output)이라는 것이다. 많이 쓰고 빨리 쓰게 될 때, 많이 말하고 빨리 말하는 훈련은 생각보다 수월하게 이루어질 것이다. 쓰는 훈련과 말하는 훈련은 동시에 병행해도 좋다. 이 두 영역의 훈련은 함께 시너지 효과를 낼 수 있는 훈련이다. (마찬가지로, 읽는 훈련과 듣는 훈련도 함께 하면 최상의 결과를 기대할 수 있다.)

5 3RA를 실천하라

하나만 부족해도 스피킹에 치명적인 타격을 입을 수 있는 3RA

크게 읽는 이유: 발음할 때 공기의 흐름과 혀의 움직임을 도와주어 명확한 의사 전달이 가능
많이 읽는 이유: 반복 훈련을 통해 자연스럽게 문장 구조를 이해하고, 발음+연음+억양을 익힘
비슷하게 읽는 이유: 보다 원어민에 가까운 발음과 억양을 길러주는 마무리 작업의 역할을 함

이제 더 이상, 문장 하나를 읽더라도 조용하게, 영혼 없이 읽는 일은 없어야 한다. 그렇게 오랜 시간 독해를 해왔어도 스피킹에 전혀 도움이 되지 않았다면, **이제는 독해가 아닌, 자신감 있게 소리 내어 읽는 '낭독'을 해야 한다.**

6 집착하지 마라

우리가 문법에 익숙하다는 것에는 장점도 많지만 단점 또한 있는데, 그것은 바로 완벽주의와 피드백에 대한 집착이다. 문장 하나를 입으로 말하려고 해도 너무 작은 디테일에 연연하기 때문에 도무지 진전이 되질 않는다. 또한, "내가 말한 것이 완벽한 문장인가?"에 대한 끊임없는 의심 때문에 누군가 옆에서 고쳐주지 않으면 의미가 없다며 스피킹을 시도하는 것 자체를 거부하는 사람들도 있다.(가장 답답하고 스피킹이 늘지 않는 전형적인 케이스이다.)

지금은 피드백에 집착할 때가 아니다. 생각만 하고 있을 때가 아니다. 지금은 "Do"할 때다.
반복적인 말하기를 통해 어느 정도 스피킹에 자신감과 스피드가 붙었을 때 피드백을 받아도 늦지 않다. 문법과 영작 훈련을 반복적으로 병행하면, 입 영작을 할 때 발생하는 실수 또한 현저히 줄어들기 때문에 너무 걱정하고 눈치만 보지 말고, 이제는 입으로 내뱉어라. 좀 틀려도 죽지 않는다.

7 영어를 생활화하라

위에서 언급했듯이 언어는 반복적으로 사용하지 않으면, 실력을 유지하기조차 쉽지 않다. 하지만, 한자리에 앉아 같은 패턴의 영어 공부만 반복하면 지치게 되고, 결국 가장 무서운 포기에 이른다. 아무리 달리기가 다이어트에 좋다 한들, 매일 같은 시간에 같은 장소에서 반복한다면, 단기적인 효과는 있을지 모르지만 지겹고 힘들어서 포기하는 사람이 대부분인 것과 같다. 우리는 이제 습득한 영어 지식을 최대한 자연스럽게 우리의 일상생활에 녹여내는 작업을 해야 한다. 나는 이것을 '스스로에게 긍정적인 속임수를 건다'고 표현한다. 긍정적인 속임수들을 몇 가지 소개한다.

영어 생활화를 위한 긍정적인 속임수들

영어 채팅
자신이 습득한 표현을 실제로 써먹어봄으로써 자연스럽게 머릿속에 기억되도록 도와주며, 빠른 영어 쓰기 프로세스를 통해 스피킹을 도와주는 도구

SNS(Kakao Talk, Facebook, Twitter 등)
영어 채팅과 비슷한 효과를 얻을 수 있는 도구(영어 채팅보다 높은 접근성)

한국인 친구
에러 피드백의 목적보다는 영어로 말하는 임계량을 늘리는 것이 목적(초중급 학습자)

외국인 친구
외국인 친구와 스피킹을 할 수 있으며 피드백까지 받는 것이 목적(중고급 학습자)

영어 잡지, 신문, 교재 등
이미 알고 있는 표현이나 문장 구조를 접하면서 자연스럽게 스피킹 기본기를 강화시키는 것이 목적(반드시 자신의 관심사를 다룬 글이어야 하며, 독해만이 아닌 '낭독'이 되어야 함)

스스로 만드는 예문
하나의 표현 혹은 문법 사항을 두고 최소 100개 이상의 한글로 된 예문을 만든 후, 친구와 역할을 바꾸어 가며 입 영작하고 서로 피드백을 줌으로써 스피킹 임계량을 늘리는 것이 목적

스터디 그룹
2~4명의 스터디 그룹을 결성하여 정기적으로 자유 주제로 free talking을 실시함으로써 에러 수정보다는 output의 양을 늘리는 것이 목적(연애, 영화, 최근 이슈 등 반드시 공감할 만한 흥미로운 주제를 선택해야 함)

입영작 훈련이 가능하게 한다!

〈영어회화 입영작 훈련〉 시리즈는 머리에만 머물러 있었던 '지식(어휘/문법)'을 손 영작과 입 영작을 통해 '하는 영어'로 바꾸어주는 스피킹 훈련입니다.

〈영어회화 입영작 훈련〉은 어려운 단어들, 혹은 여러분들이 평생 접해보지도 못한 새로운 문법을 다루지 않습니다. 중요한 것은 아는 지식의 양을 계속 늘리기에만 집중하는 것이 아니라, 이미 가지고 있는 지식을 최대한 많이 사용하여 그것을 '체화'시키는 것입니다. 학창 시절 시험용 영어 공부로 쌓아온 것을 '영어 공부 Version 1.0'이라고 한다면, 이 교재는 반복 훈련을 통해 그 지식을 확장시켜 줄 '영어 공부 Version 2.0'이라고 볼 수 있습니다.

제한시간 내에 말해야 한다는 압박감 속에서 입 영작 훈련을 꾸준히 하다 보면, 머릿속에서 영어 어순으로 이해하는 처리 속도가 빨라집니다. 따라서 입 영작 훈련을 하면 주어진 상황에서 적절한 표현과 문장을 순발력 있게 내뱉게 되고, 단어 단위가 아닌 문장 단위로 말하는 습관이 생길 것입니다.

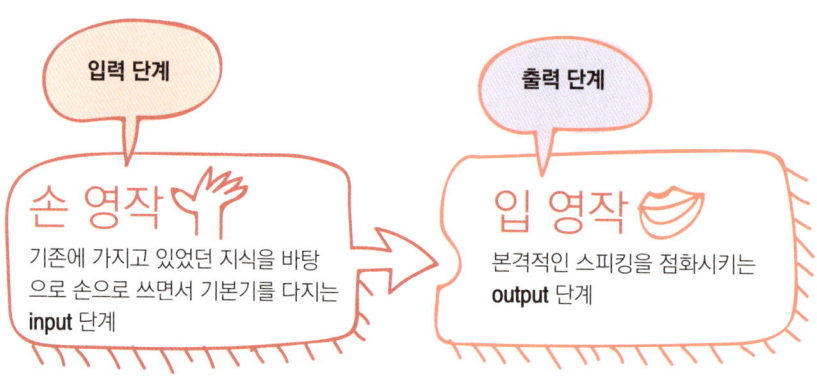

① 실제 사용 빈도가 가장 높은 영어회화 패턴 100개를 엄선하여 구성하였으므로, 짧은 시간 내에 효율적으로 스피킹 실력을 향상시킬 수 있습니다.

② 이해하기 쉬운 패턴 설명 + 이해하기 쉬운 예문 = 쉽게 스스로 예문을 만드는 능력이 생겨납니다.

③ 영작 훈련이 어순 대로 진행되기 때문에 자연스럽게 영어 어순에 익숙해집니다.

④ 반복적인 손 영작 + 입 영작 훈련을 통해 output의 오류 횟수가 줄어들고 속도가 빨라지게 됩니다.
   → 스피킹 실력의 필수 요소

⑤ 반복적인 낭독 훈련을 통해 발음과 연음은 기본이며, 문장 구조에 대한 이해력이 향상됩니다.

⑥ 스스로 문장을 만드는 과정을 통해 어휘를 문장 내에서 자연스럽게 익히게 됩니다.

⑦ 압박감 속에서 하는 말하기 훈련은 결국 시간 제한을 받는 스피킹 시험 즉, TOEIC Speaking, OPIc 등에서의 고득점과 직결됩니다.

입영작 훈련 프로세스

1단계 INPUT 손으로 영작하며 문장 깨우치기

입으로 소리 내어 말하기 전에 손으로 문장을 영작하며 어휘와 문장 구조를 익히는 단계입니다.

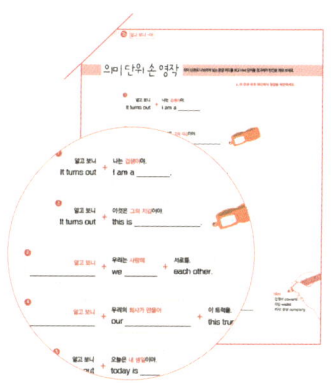

의미 단위 손 영작

긴 문장을 한꺼번에 영작하려면 부담부터 느껴지지요? '천리 길도 한 걸음부터'라는 말이 있듯이 한 걸음씩 가자구요~ 의미 단위로 잘라서 한글 문장과 비교하며 하나씩 빈칸을 채워 봅시다. 의미 단위별로 빈칸을 채우다 보면 어느새 한 문장의 빈칸이 모두 채워져 문장이 완성되어 있을 것입니다. 주어진 Hint 단어를 참고하여 빈칸을 채워 보세요!

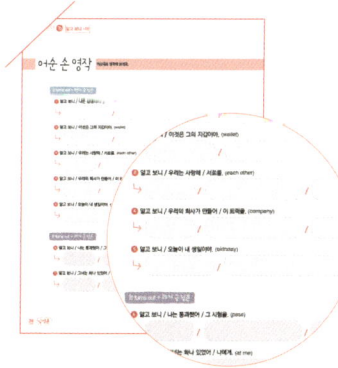

어순 손 영작

이번에는 빈칸 채우기가 아니라 의미 단위의 어순대로 영작해 보는 순서입니다. 앞서 의미 단위 손 영작에서 빈칸을 한 번 채워 보았으니 어순대로 영작할 수 있는지 확인해 봅시다. 아직은 관사, 전치사 등 작은 것들을 놓칠까봐 너무 걱정하지 마세요.

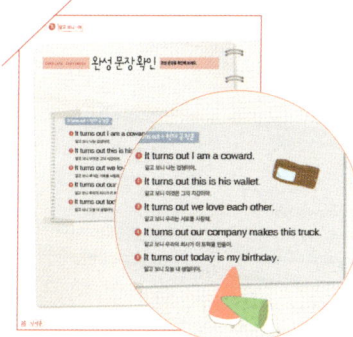

완성 문장 확인

의미 단위 손 영작과 어순 손 영작에서 영작해 본 문장들의 정답 문장들입니다. 자신이 만든 문장과 비교해서 잘못된 부분을 고쳐봅시다. 같은 부분에서 계속 실수가 나온다면 문법 공부를 병행하면 좋겠죠.

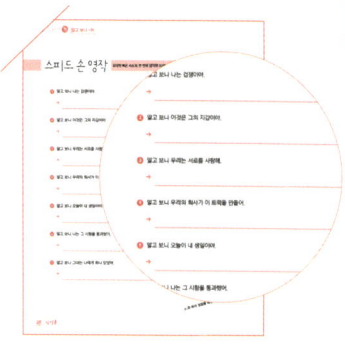

스피드 손 영작

앞서 확인한 완성 문장을 빠른 속도로 써 보면서 배운 문장들을 숙지했는지 확인하는 순서입니다. 어순 손 영작과 비슷하지만 최대한 빠른 속도로 써 보는 것이 포인트입니다. 시도할 때마다 걸린 시간을 기록해 둡니다. 1회에 만족하지 말고 막힘 없이 쓸 수 있을 때까지 써보자는 오기로 반복해 보세요.

2단계 OUTPUT 손으로 깨우친 문장 입으로 영작하기

1단계에서 손으로 익힌 문장을 직접 소리 내어 입으로 말하는 훈련을 하는 단계입니다.

의미 단위 입 영작

이번에는 의미 단위로 잘라서 하나씩 빈칸을 채워서 (써보는 것이 아닌) 말해 보는 순서입니다. 빈칸의 단어뿐만 아니라 문장 전체를 처음부터 말해나가야 합니다. 우리말 성우와 네이티브 스피커가 동시통역하듯이 녹음한 음원을 활용해 보세요.

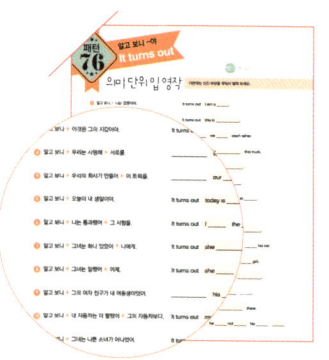

어순 입 영작

이번에는 빈칸 채우기가 아니라 의미 단위 어순대로 입으로 영작해보는 순서입니다. 처음부터 완벽하지 않아도 됩니다. 관사, 전치사 등 작은 부분에 너무 신경 쓰지 마세요.

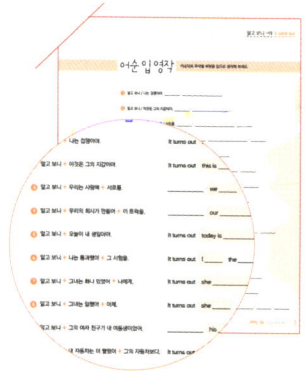

완성 문장 낭독 훈련

의미 단위 입 영작과 어순 입 영작에서 입으로 영작해 본 문장들의 정답 문장들을 가지고 네이티브 스피커의 음성을 들으면서 낭독 훈련해 봅니다. 5회 반복 음원을 활용하여 훈련하세요. 머리에서 입으로 이어지는 링크를 강화시키는 작업이기 때문에 자신감을 가지고 크게 낭독합니다.

아무 생각 없이 낭독하는 것이 아니라, 문장의 의미와 어순을 인지하면서 하는 것이 중요합니다. 1~5회까지는 천천히 또박또박 낭독하고, 6~10회까지는 속도를 내어 스피드 낭독을 해보면 더 좋습니다. 네이티브 스피커의 발음을 듣고, 발음, 연음 그리고 억양까지 신경 쓰면서 따라서 낭독해 보세요.

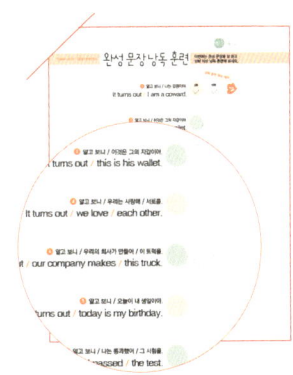

스피드 입 영작

낭독 훈련한 완성 문장을 빠른 속도로 말해 보고 학습한 문장들을 얼마나 잘 숙지하고 있는지 최종적으로 확인합니다. 어순 입 영작과 비슷한 상황이지만 최대한 빠르게 즉시적으로(0.5초 내로 말하기 시작하는 것을 목표로) 입 영작해 보는 것이 중요합니다. 1회에 만족하지 말고, 막힘 없이 입에서 술술 나올 때까지 완성도 체크란에 체크하면서 완성도 100%에 도달할 때까지 반복 훈련합니다. 완성도 체크의 기준은 다음을 참고하세요.

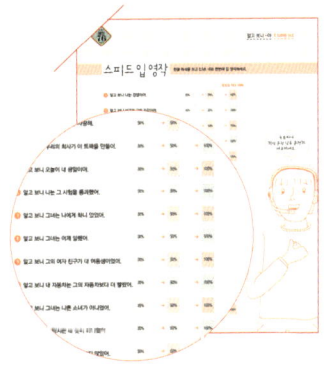

✓ 완성도 체크 기준

완성도	속도	유창성 & 정확성
30%	입으로 나오는 시간까지 3초 이상 걸림	단어 사이에 머뭇거림이 많았으며 문장을 완성하지 못함
50%	입으로 나오는 시간까지 1초 이상 3초 미만 걸림	단어 사이에 머뭇거림이 있었으며 완성 문장에 오류가 있음
100%	0.5초만에 즉각 영어로 말하기 시작함	단어 사이에 머뭇거림이 없었으며 완성 문장에 오류가 없음

1단계 INPUT 손으로 영작하며 문장 깨우치기

패턴 76	It turns out 알고 보니 ~야	20
패턴 77	make sure + that 절 꼭 ~해/~인 것을 확실히 해	30
패턴 78	make sure + to 동사원형 꼭 ~해/~을 확실히 해	40
패턴 79	can't help -ing ~하지 않을 수가 없어	50
패턴 80	end up -ing 결국 ~하게 되다	60
패턴 81	must have p.p. 분명히 ~했을 거야	70
패턴 82	might have p.p. 어쩌면 ~했을지도 몰라	80
패턴 83	Just because A doesn't mean B 단지 A라고 해서 B인 것은 아냐	90
패턴 84	keep 명사+형용사 ~을 …하게 유지해	100
패턴 85	with 명사+형용사 ~가 …한 채	110
패턴 86	be동사+p.p. ~받아/~되어	120
패턴 87	have something p.p. ~을 …되게 해/시켜	130
패턴 88	not only A but also B A뿐만 아니라 B도	140
패턴 89	the 비교급, the 비교급 ~할수록 더 …해	150
패턴 90	be supposed to (평서문) ~하기로 되어 있어	160
패턴 91	be supposed to (의문문) ~하기로 되어 있니?	170
패턴 92	If I were ~, I could.... ~라면, …할 수 있을 텐데	180
패턴 93	If I were ~, I would.... ~라면, 할 텐데	190
패턴 94	should have p.p. (평서문) ~했어야 했어	200
패턴 95	should have p.p. (의문문) ~했어야 했나?	210
패턴 96	could have p.p. (평서문) ~할 수도 있었어	220
패턴 97	could have p.p. + 과거 가정 ~했더라면 …할 수도 있었을 거야	230
패턴 98	could have p.p. (의문문) ~할 수도 있었을까?	240
패턴 99	would have p.p. (평서문) ~했을 거야	250
패턴 100	would have p.p. + 과거 가정 ~했더라면 …했을 거야	260

패턴 76 → 알고 보니 ~야

It turns out

It turns out 뒤에는 that 절이 오면서
'알고 보니 ~이다'라고 해석됩니다.
that은 생략 가능한데,
이 Unit에서는 that을 모두 생략하겠습니다.

예를 들어,
"알고 보니 그는 착한 남자야."라고 하려면
"It turns out (that) he is a nice guy."라고 표현합니다.

또한 시제는 It turns out(현재형)은 그대로 유지하면서
that 절의 시제를 바꾸는 것이 좋습니다.

예를 들어,
"알고 보니 그녀는 날 좋아했었어."라고 하려면
"It turns out (that) she liked me."라고 표현합니다.

It turns out he is a nice guy.

↳ **It turns out** / she is a mean girl.
알고 보니 / 그녀는 못된 소녀야. → 알고 보니 그녀는 못된 소녀야.

↳ **It turns out** / she was his sister.
알고 보니 / 그녀는 그의 여동생이었어. → 알고 보니 그녀는 그의 여동생이었어.

↳ **It turns out** / she did not abuse / him.
알고 보니 / 그녀는 학대하지 않았어 / 그를. → 알고 보니 그녀는 그를 학대하지 않았어.

↳ **It turns out** / he did not graduate / from college.
알고 보니 / 그는 졸업하지 않았어 / 대학교를. → 알고 보니 그는 대학교를 졸업하지 않았어.

패턴 76 알고 보니 ~야

의미 단위 손 영작
의미 단위로 나뉘어져 있는 문장 마디를 보고 Hint 단어를 참고하여 빈칸을 채워 보세요.

p. 26 완성 문장 확인에서 정답을 확인하세요.

1
알고 보니 + 나는 겁쟁이야.
It turns out + I am a _____.

2
알고 보니 + 이것은 그의 지갑이야.
It turns out + this is _____.

3
알고 보니 + 우리는 사랑해 + 서로를.
_____ + we _____ + each other.

4
알고 보니 + 우리의 회사가 만들어 + 이 트럭을.
_____ + our _____ + this truck.

5
알고 보니 + 오늘이 내 생일이야.
It turns out + today is _____.

6
알고 보니 + 나는 통과했어 + 그 시험을.
It turns out + I _____ + the _____.

7
알고 보니 + 그녀는 화나 있었어 + 나에게.
It turns out + she _____ + at _____.

Hint
겁쟁이 coward
지갑 wallet
회사 company

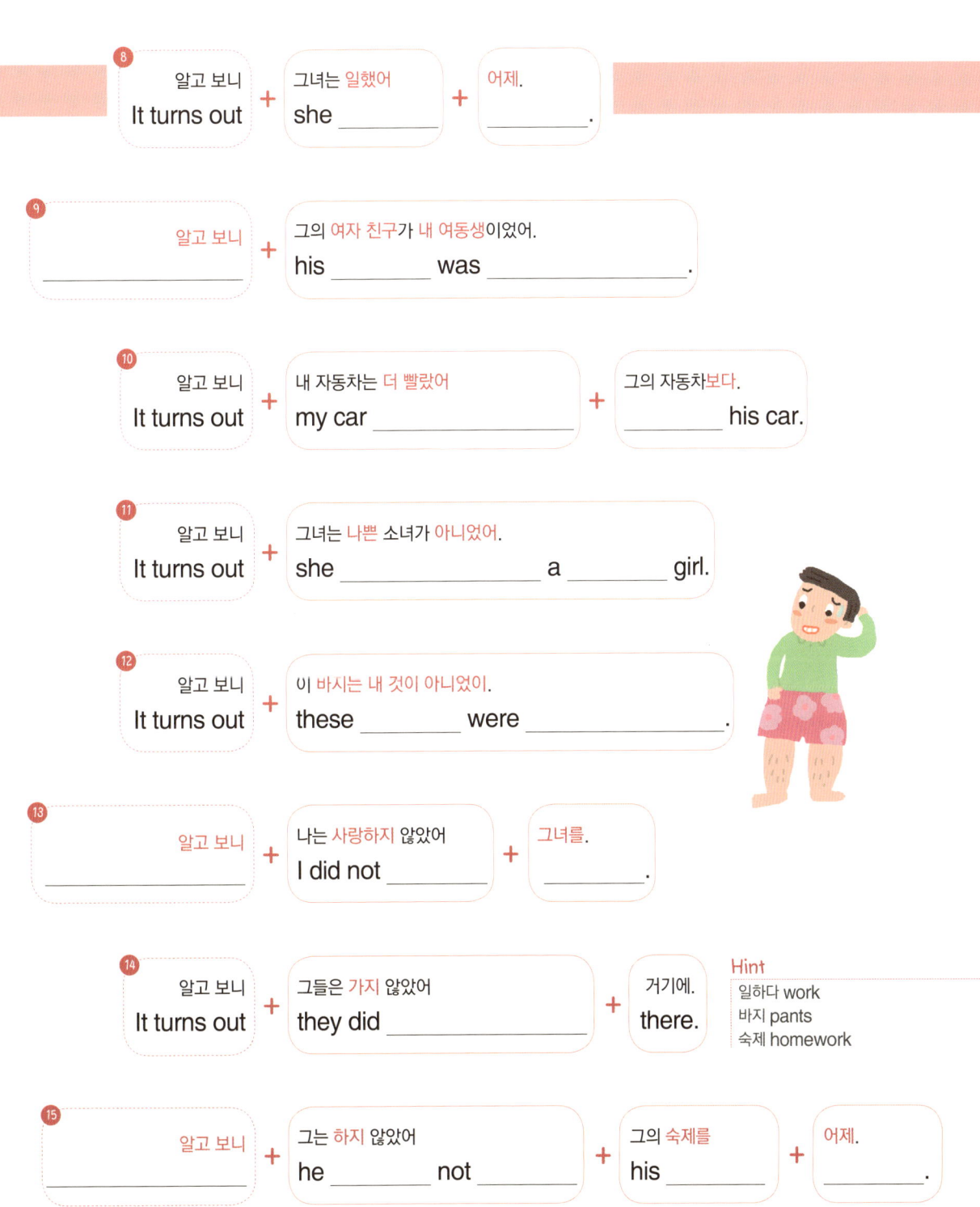

어순 손 영작 *어순대로 영작해 보세요.*

It turns out + 현재 긍정문

① 알고 보니 / 나는 겁쟁이야. (coward)
↳ _____ / _____ .

② 알고 보니 / 이것은 그의 지갑이야. (wallet)
↳ _____ / _____ .

③ 알고 보니 / 우리는 사랑해 / 서로를. (each other)
↳ _____ / _____ / _____ .

④ 알고 보니 / 우리의 회사가 만들어 / 이 트럭을. (company)
↳ _____ / _____ / _____ .

⑤ 알고 보니 / 오늘이 내 생일이야. (birthday)
↳ _____ / _____ .

It turns out + 과거 긍정문

⑥ 알고 보니 / 나는 통과했어 / 그 시험을. (pass)
↳ _____ / _____ / _____ .

⑦ 알고 보니 / 그녀는 화나 있었어 / 나에게. (angry at)
↳ _____ / _____ / _____ .

8. 알고 보니 / 그녀는 일했어 / 어제. (work)

↳ ⬭ / ⬭ / ⬭ .

9. 알고 보니 / 그의 여자 친구가 내 여동생이었어. (sister)

↳ ⬭ / ⬭ .

10. 알고 보니 / 내 자동차는 더 빨랐어 / 그의 자동차보다. (fast)

↳ ⬭ / ⬭ / ⬭ .

It turns out + 과거 부정문

11. 알고 보니 / 그녀는 나쁜 소녀가 아니었어. (bad girl)

↳ ⬭ / ⬭ .

12. 알고 보니 / 이 바지는 내 것이 아니었어. (pants)

↳ ⬭ / ⬭ .

13. 알고 보니 / 나는 사랑하지 않았어 / 그녀를. (did not)

↳ ⬭ / ⬭ / ⬭ .

14. 알고 보니 / 그들은 가지 않았어 / 거기에. (there)

↳ ⬭ / ⬭ / ⬭ .

15. 알고 보니 / 그는 하지 않았어 / 그의 숙제를 / 어제. (homework)

↳ ⬭ / ⬭ / ⬭ / ⬭ .

패턴 ㉗ It turns out   25

패턴 76 알고 보니 ~야

COMPLETE SENTENCES 완성 문장 확인 완성 문장을 확인해 보세요.

It turns out + 현재 긍정문

① It turns out I am a coward.
알고 보니 나는 겁쟁이야.

② It turns out this is his wallet.
알고 보니 이것은 그의 지갑이야.

③ It turns out we love each other.
알고 보니 우리는 서로를 사랑해.

④ It turns out our company makes this truck.
알고 보니 우리의 회사가 이 트럭을 만들어.

⑤ It turns out today is my birthday.
알고 보니 오늘이 내 생일이야.

It turns out + 과거 긍정문

⑥ It turns out I passed the test.
알고 보니 나는 그 시험을 통과했어.

⑦ It turns out she was angry at me.
알고 보니 그녀는 나에게 화나 있었어.

⑧ It turns out she worked yesterday.
알고 보니 그녀는 어제 일했어.

⑨ It turns out his girlfriend was my sister.
알고 보니 그의 여자 친구가 내 여동생이었어.

⑩ It turns out my car was faster than his car.
알고 보니 내 자동차는 그의 자동차보다 더 빨랐어.

It turns out + 과거 부정문

⑪ It turns out she was not a bad girl.
알고 보니 그녀는 나쁜 소녀가 아니었어.

⑫ It turns out these pants were not mine.
알고 보니 이 바지는 내 것이 아니었어.

⑬ It turns out I did not love her.
알고 보니 나는 그녀를 사랑하지 않았어.

⑭ It turns out they did not go there.
알고 보니 그들은 거기에 가지 않았어.

⑮ It turns out he did not do his homework yesterday.
알고 보니 그는 어제 그의 숙제를 하지 않았어.

패턴 76 · 알고 보니 ~야

스피드 손 영작
최대한 빠른 속도로 한 번에 영작해 보세요.

① 알고 보니 나는 겁쟁이야.
→

② 알고 보니 이것은 그의 지갑이야.
→

③ 알고 보니 우리는 서로를 사랑해.
→

④ 알고 보니 우리의 회사가 이 트럭을 만들어.
→

⑤ 알고 보니 오늘이 내 생일이야.
→

⑥ 알고 보니 나는 그 시험을 통과했어.
→

⑦ 알고 보니 그녀는 나에게 화나 있었어.
→

p.26에서 정답을 확인하세요.

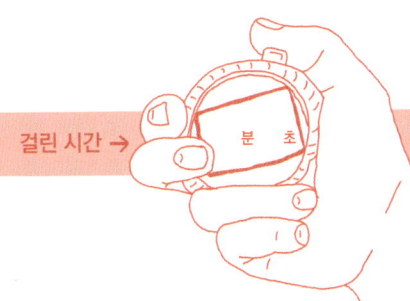

걸린 시간 →   분   초

8 알고 보니 그녀는 어제 일했어.

→ _____.

9 알고 보니 그의 여자 친구가 내 여동생이었어.

→ _____.

10 알고 보니 내 자동차는 그의 자동차보다 더 빨랐어.

→ _____.

11 알고 보니 그녀는 나쁜 소녀가 아니었어.

→ _____.

12 알고 보니 이 바지는 내 것이 아니었어.

→ _____.

13 알고 보니 나는 그녀를 사랑하지 않았어.

→ _____.

14 알고 보니 그들은 거기에 가지 않았어.

→ _____.

15 알고 보니 그는 어제 그의 숙제를 하지 않았어.

→ _____.

패턴 ㉖ It turns out

☆ 패턴

꼭 ~해 / ~인 것을 확실히 해

make sure + that 절

make sure 뒤에 that 절이 오면,
'꼭 ~하다 / ~인 것을 확실히 하다'라고 해석됩니다.

예를 들어,
"나는 그녀가 안전한 것을 확실히 했어."라고 하려면
"I made sure (that) she was safe."라고 표현합니다.

만약 make sure가 문장 맨 앞에 오게 되면 명령어가 되므로,
'~인 것을 확실히 해라' 또는 '꼭 ~해라'라고 해석됩니다.

예를 들어,
"꼭 숙제를 해라."라고 하려면
"Make sure (that) you do your homework."라고 표현합니다.

that은 생략 가능한데,
이 Unit에서는 that을 모두 생략하겠습니다.

↳ **I made sure** / the door was closed.
나는 확실히 했어 / 그 문이 닫혀 있는 것을. → 나는 그 문이 닫혀 있는 것을 확실히 했어.

↳ **I want to make sure** / you are happy.
나는 확실히 하고 싶어 / 네가 행복한 것을. → 나는 네가 행복한 것을 확실히 하고 싶어.

↳ **Make sure** / you study / hard.
꼭 / 공부해라 / 열심히. → 꼭 열심히 공부해라.

↳ **Did you make sure** / she was okay?
너는 확실히 했니 / 그녀가 괜찮은 것을? → 너는 그녀가 괜찮은 것을 확실히 했니?

패턴 ⑦ make sure + that 절

패턴 77 꼭 ~해 / ~인 것을 확실히 해

의미 단위 손 영작

의미 단위로 나뉘어져 있는 문장 마디를 보고 Hint 단어를 참고하여 빈칸을 채워 보세요.

p.36 완성 문장 확인에서 정답을 확인하세요.

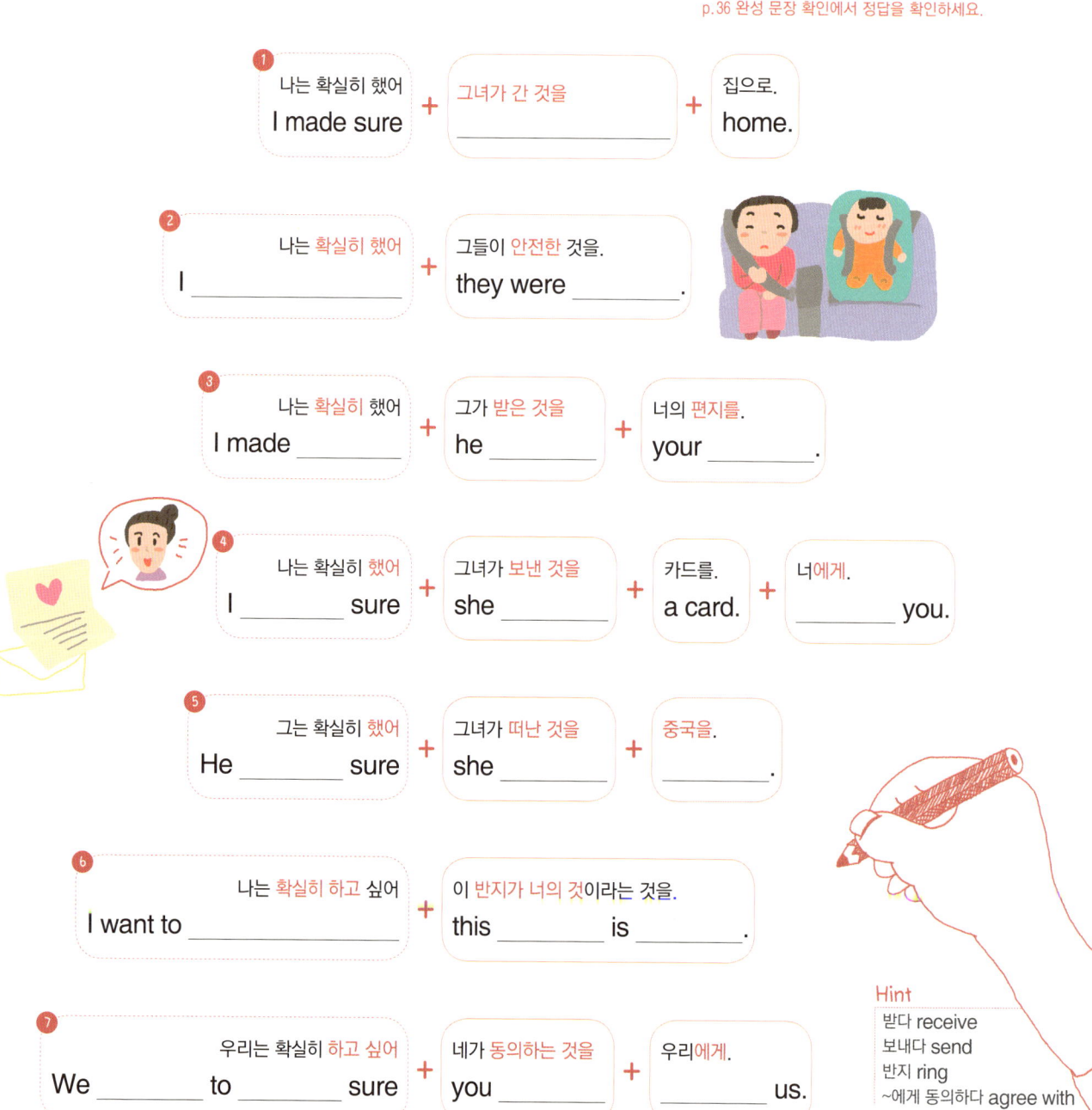

1. 나는 확실히 했어 I made sure + 그녀가 간 것을 _____ + 집으로. home.

2. 나는 확실히 했어 I _____ + 그들이 안전한 것을. they were _____.

3. 나는 확실히 했어 I made _____ + 그가 받은 것을 he _____ + 너의 편지를. your _____.

4. 나는 확실히 했어 I _____ sure + 그녀가 보낸 것을 she _____ + 카드를. a card. + 너에게. _____ you.

5. 그는 확실히 했어 He _____ sure + 그녀가 떠난 것을 she _____ + 중국을. _____.

6. 나는 확실히 하고 싶어 I want to _____ + 이 반지가 너의 것이라는 것을. this _____ is _____.

7. 우리는 확실히 하고 싶어 We _____ to _____ sure + 네가 동의하는 것을 you _____ + 우리에게. _____ us.

Hint
받다 receive
보내다 send
반지 ring
~에게 동의하다 agree with

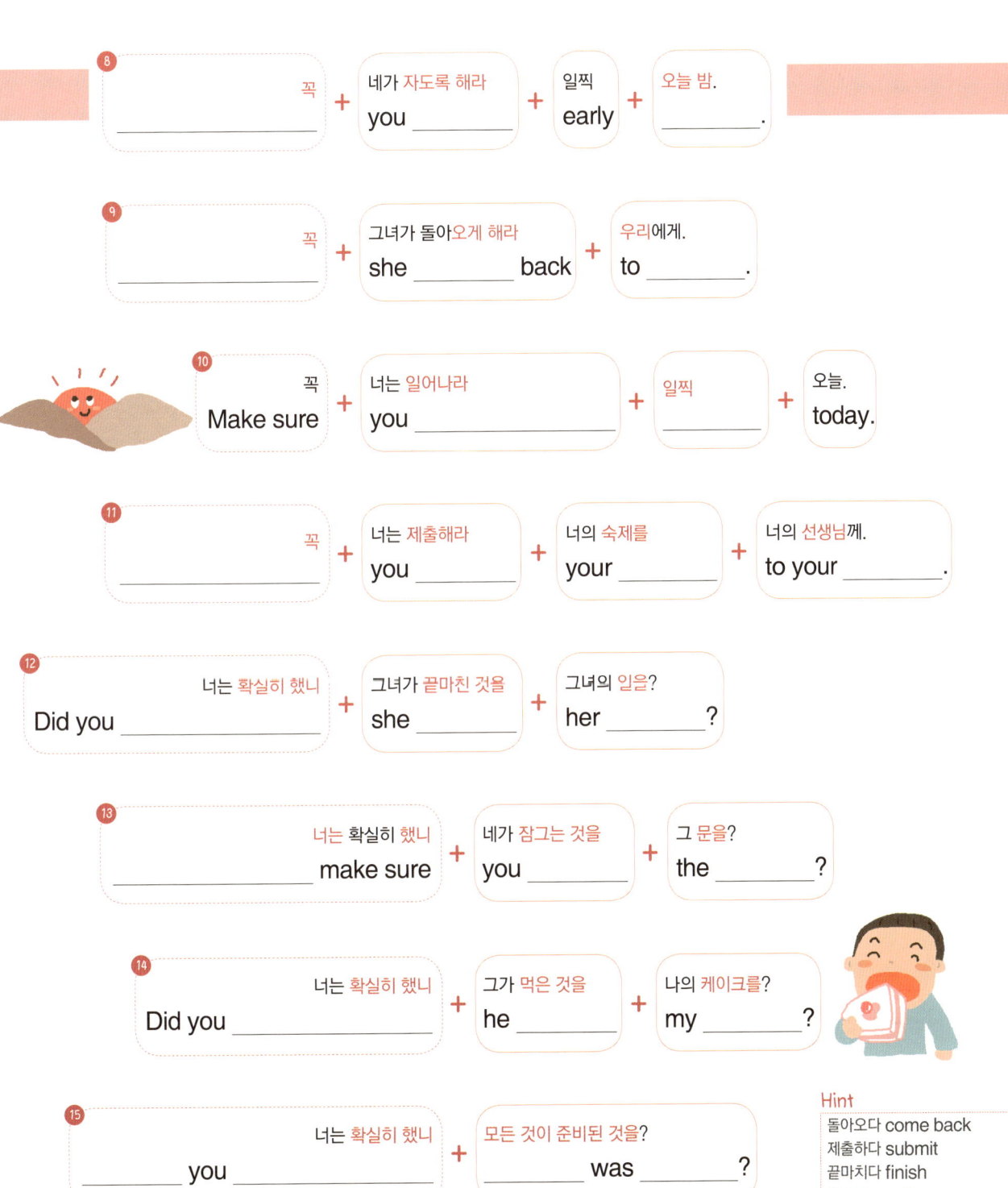

패턴 77 — 꼭 ~해 / ~인 것을 확실히 해

어순 손 영작
어순대로 영작해 보세요.

make sure + 과거 긍정문

① 나는 확실히 했어 / 그녀가 간 것을 / 집으로. (go home)
↳ _____ / _____ / _____ .

② 나는 확실히 했어 / 그들이 안전한 것을. (safe)
↳ _____ / _____ .

③ 나는 확실히 했어 / 그가 받은 것을 / 너의 편지를. (receive)
↳ _____ / _____ / _____ .

④ 나는 확실히 했어 / 그녀가 보낸 것을 / 카드를 / 너에게. (send)
↳ _____ / _____ / _____ / _____ .

⑤ 그는 확실히 했어 / 그녀가 떠난 것을 / 중국을. (leave)
↳ _____ / _____ / _____ .

want to make sure

⑥ 나는 확실히 하고 싶어 / 이 반지가 너의 것이라는 것을. (ring)
↳ _____ / _____ .

⑦ 우리는 확실히 하고 싶어 / 네가 동의하는 것을 / 우리에게. (agree with)
↳ _____ / _____ / _____ .

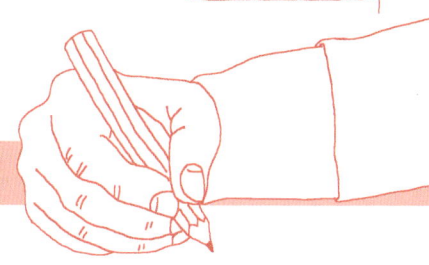

명령문

8 꼭 / 네가 자도록 해라 / 일찍 / 오늘 밤. (sleep)
↳ ⬚ / ⬚ / ⬚ / ⬚ .

9 꼭 / 그녀가 돌아오게 해라 / 우리에게. (come back)
↳ ⬚ / ⬚ / ⬚ .

10 꼭 / 너는 일어나라 / 일찍 / 오늘. (wake up)
↳ ⬚ / ⬚ / ⬚ / ⬚ .

11 꼭 / 너는 제출해라 / 너의 숙제를 / 너의 선생님께. (submit)
↳ ⬚ / ⬚ / ⬚ / ⬚ .

과거 의문문

12 너는 확실히 했니 / 그녀가 끝마친 것을 / 그녀의 일을? (finish)
↳ ⬚ / ⬚ / ⬚ ?

13 너는 확실히 했니 / 네가 잠그는 것을 / 그 문을? (lock)
↳ ⬚ / ⬚ / ⬚ ?

14 너는 확실히 했니 / 그가 먹은 것을 / 나의 케이크를? (eat)
↳ ⬚ / ⬚ / ⬚ ?

15 너는 확실히 했니 / 모든 것이 준비된 것을? (ready)
↳ ⬚ / ⬚ ?

패턴 77 꼭 ~해 / ~인 것을 확실히 해

COMPLETE SENTENCES 완성 문장 확인
완성 문장을 확인해 보세요.

make sure + 과거 긍정문

1. I made sure she went home.
   나는 그녀가 집으로 간 것을 확실히 했어.

2. I made sure they were safe.
   나는 그들이 안전한 것을 확실히 했어.

3. I made sure he received your letter.
   나는 그가 너의 편지를 받은 것을 확실히 했어.

4. I made sure she sent a card to you.
   나는 그녀가 너에게 카드를 보낸 것을 확실히 했어.

5. He made sure she left China.
   그는 그녀가 중국을 떠난 것을 확실히 했어.

want to make sure

6. I want to make sure this ring is yours.
   나는 이 반지가 너의 것이라는 것을 확실히 하고 싶어.

7. We want to make sure you agree with us.
   우리는 네가 우리에게 동의하는 것을 확실히 하고 싶어.

명령문

⑧ **Make sure you sleep early tonight.**
꼭 네가 오늘 밤 일찍 자도록 해라.

⑨ **Make sure she comes back to us.**
꼭 그녀가 우리에게 돌아오게 해라.

⑩ **Make sure you wake up early today.**
꼭 너는 오늘 일찍 일어나라.

⑪ **Make sure you submit your homework to your teacher.**
꼭 너는 너의 숙제를 너의 선생님께 제출해라.

과거 의문문

⑫ **Did you make sure she finished her work?**
너는 그녀가 그녀의 일을 끝마친 것을 확실히 했니?

⑬ **Did you make sure you locked the door?**
너는 네가 그 문을 잠그는 것을 확실히 했니?

⑭ **Did you make sure he ate my cake?**
너는 그가 나의 케이크를 먹은 것을 확실히 했니?

⑮ **Did you make sure everything was ready?**
너는 모든 것이 준비된 것을 확실히 했니?

패턴 77 꼭 ~해 / ~인 것을 확실히 해

스피드 손 영작   최대한 빠른 속도로 한 번에 영작해 보세요.

① 나는 그녀가 집으로 간 것을 확실히 했어.

→ _____.

② 나는 그들이 안전한 것을 확실히 했어.

→ _____.

③ 나는 그가 너의 편지를 받은 것을 확실히 했어.

→ _____.

④ 나는 그녀가 너에게 카드를 보낸 것을 확실히 했어.

→ _____.

⑤ 그는 그녀가 중국을 떠난 것을 확실히 했어.

→ _____.

⑥ 나는 이 반지가 너의 것이라는 것을 확실히 하고 싶어.

→ _____.

⑦ 우리는 네가 우리에게 동의하는 것을 확실히 하고 싶어.

→ _____.

p. 36에서 정답을 확인하세요.

make sure + that 절

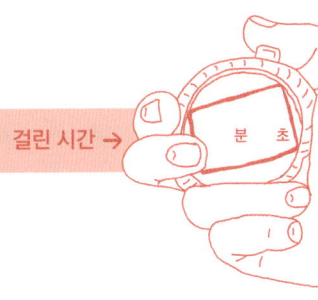

걸린 시간 → 　　분　　초

⑧ 꼭 네가 오늘 밤 일찍 자도록 해라.
→ _____ .

⑨ 꼭 그녀가 우리에게 돌아오게 해라.
→ _____ .

⑩ 꼭 너는 오늘 일찍 일어나라.
→ _____ .

⑪ 꼭 너는 너의 숙제를 너의 선생님께 제출해라.
→ _____ .

⑫ 너는 그녀가 그녀의 일을 끝마친 것을 확실히 했니?
→ _____ ?

⑬ 너는 네가 그 문을 잠그는 것을 확실히 했니?
→ _____ ?

⑭ 너는 그가 나의 케이크를 먹은 것을 확실히 했니?
→ _____ ?

⑮ 너는 모든 것이 준비된 것을 확실히 했니?
→ _____ ?

패턴 ⑦ make sure + that 절

☆ 패턴

꼭 ~해 / ~하는 것을 확실히 해

make sure + to 동사원형

make sure 뒤에 'to + 동사원형'이 와도
'꼭 ~하다 / ~하는 것을 확실히 하다'라고 해석됩니다.

예를 들어,
"나는 그것을 끄는 것을 확실히 했어."라고 하려면
"I made sure to turn it off."라고 표현합니다.

만약 **make sure**가 문장 맨 앞에 오게 되면 명령어가 되므로,
'확실히 ~해라' 혹은 '꼭 ~해라'라고 해석됩니다.

예를 들어,
"꼭 숙제를 해라."라고 하려면
"Make sure to do your homework."라고 표현합니다.

↳ **I made sure** / to lock / the front door.
나는 확실히 했어 / 잠그는 것을 / 그 정문을. → 나는 그 정문을 잠그는 것을 확실히 했어.

↳ Did you **make sure** / to email / him?
너는 확실히 했니 / 이메일을 보내는 것을 / 그에게? → 너는 그에게 이메일을 보내는 것을 확실히 했니?

↳ **Make sure** / to finish / your essay / by tomorrow.
꼭 해라 / 끝내는 것을 / 너의 에세이를 / 내일까지. → 꼭 내일까지 너의 에세이를 끝내라.

↳ **Make sure** / to learn / how to speak / English.
꼭 해라 / 배우는 것을 / 말하는 법을 / 영어를. → 꼭 영어를 말하는 법을 배워라.

패턴 78 꼭 ~해 / ~하는 것을 확실히 해

의미 단위 손 영작

의미 단위로 나뉘어져 있는 문장 마디를 보고 Hint 단어를 참고하여 빈칸을 채워 보세요.

p.46 완성 문장 확인에서 정답을 확인하세요.

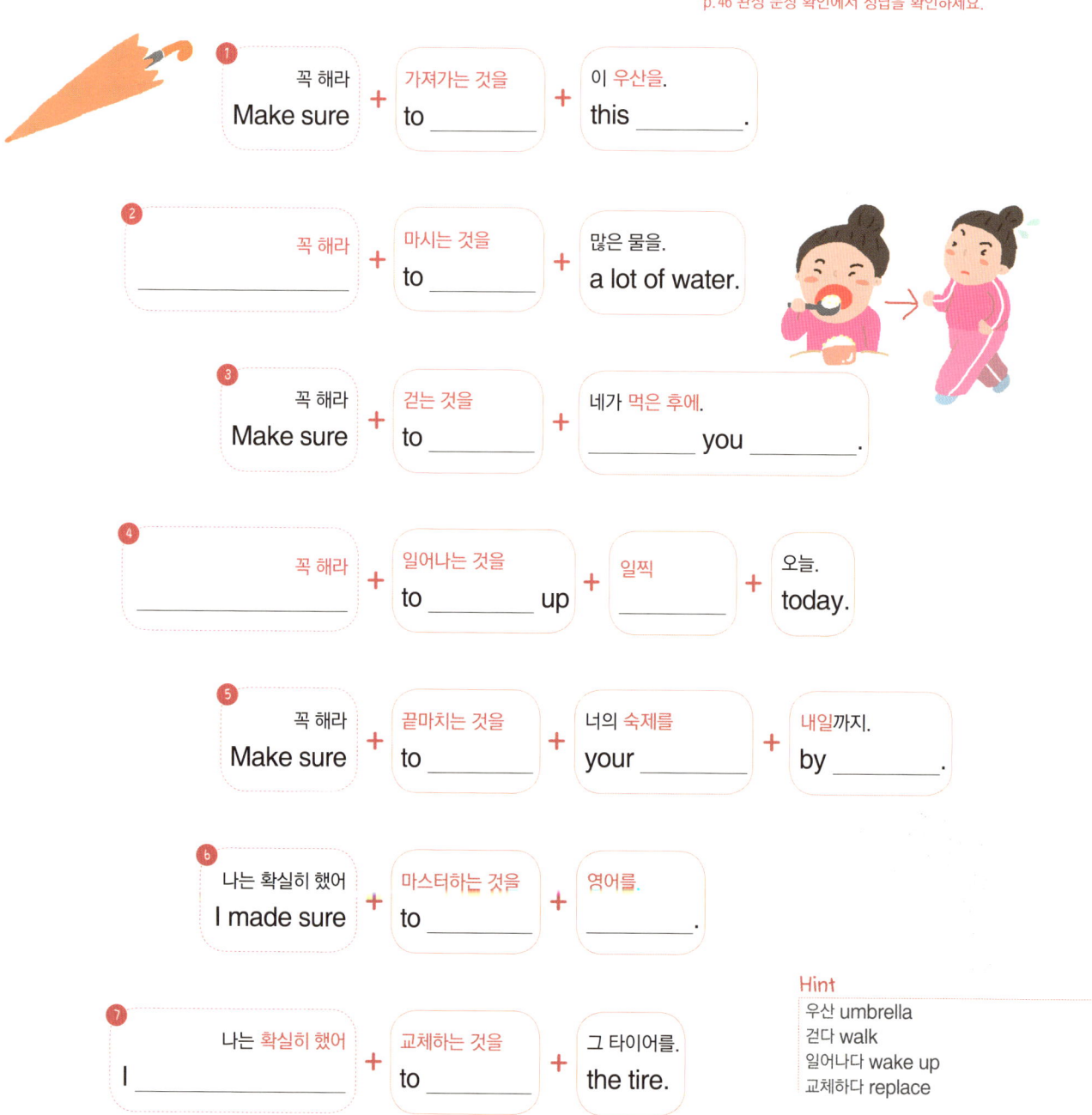

1. 꼭 해라 Make sure + 가져가는 것을 to _____ + 이 우산을. this _____.

2. 꼭 해라 _____ + 마시는 것을 to _____ + 많은 물을. a lot of water.

3. 꼭 해라 Make sure + 걷는 것을 to _____ + 네가 먹은 후에. _____ you _____.

4. 꼭 해라 _____ + 일어나는 것을 to _____ up + 일찍 _____ + 오늘. today.

5. 꼭 해라 Make sure + 끝마치는 것을 to _____ + 너의 숙제를 your _____ + 내일까지. by _____.

6. 나는 확실히 했어 I made sure + 마스터하는 것을 to _____ + 영어를. _____.

7. 나는 확실히 했어 I _____ + 교체하는 것을 to _____ + 그 타이어를. the tire.

Hint
우산 umbrella
걷다 walk
일어나다 wake up
교체하다 replace

make sure + to 동사원형

⑧ 나는 확실히 했어 + 고치는 것을 + 그 엔진을.
I made _____ + to _____ + the _____.

⑨ 나는 확실히 했어 + 보내는 것을 + 그에게 + 생일카드를.
_____ made sure + to _____ + him + a birthday _____.

⑩ 나는 확실히 했어 + 숨기는 것을 + 그 서류를.
_____ sure + to _____ + the _____.

⑪ 너는 확실히 했니 + 계획하는 것을 + 그 미팅을 위해?
Did you _____ + to _____ + for the _____?

⑫ 너는 확실히 했니 + 공부하는 것을 + 이 시험을 위해?
_____ + _____ study + for this test?

⑬ 너는 확실히 했니 + 배우는 것을 + 이 노래를?
Did you make _____ + to _____ + _____?

⑭ 너는 확실히 했니 + 사용하는 것을 + 비닐봉지를?
_____ sure + to _____ + a _____ bag?

⑮ 너는 확실히 했니 + 보내는 것을 + 그에게 + 너의 이력서를?
_____ you make sure + to _____ + him + your _____?

Hint
고치다 fix
숨기다 hide
~을 위한 계획을 세우다 plan for
비닐봉지 plastic bag
이력서 resume

패턴 ⑱ make sure + to 동사원형 43

패턴 78 꼭 ~해 / ~하는 것을 확실히 해

어순 손 영작
어순대로 영작해 보세요.

명령문

1. 꼭 해라 / 가져가는 것을 / 이 우산을. (take)
   ↳ _____ / _____ / _____ .

2. 꼭 해라 / 마시는 것을 / 많은 물을. (a lot of)
   ↳ _____ / _____ / _____ .

3. 꼭 해라 / 걷는 것을 / 네가 먹은 후에. (eat)
   ↳ _____ / _____ / _____ .

4. 꼭 해라 / 일어나는 것을 / 일찍 / 오늘. (wake up)
   ↳ _____ / _____ / _____ / _____ .

5. 꼭 해라 / 끝마치는 것을 / 너의 숙제를 / 내일까지. (finish)
   ↳ _____ / _____ / _____ / _____ .

과거 긍정문

6. 나는 확실히 했어 / 마스터하는 것을 / 영어를. (master)
   ↳ _____ / _____ / _____ .

7. 나는 확실히 했어 / 교체하는 것을 / 그 타이어를. (replace)
   ↳ _____ / _____ / _____ .

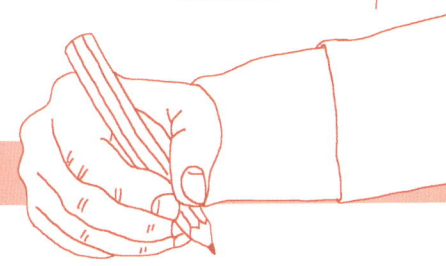

8 나는 확실히 했어 / 고치는 것을 / 그 엔진을. (fix)

↳ ⬚ / ⬚ / ⬚ .

9 나는 확실히 했어 / 보내는 것을 / 그에게 / 생일카드를. (send)

↳ ⬚ / ⬚ / ⬚ / ⬚ .

10 나는 확실히 했어 / 숨기는 것을 / 그 서류를. (hide)

↳ ⬚ / ⬚ / ⬚ .

과거 의문문

11 너는 확실히 했니 / 계획하는 것을 / 그 미팅을 위해? (plan for)

↳ ⬚ / ⬚ / ⬚ ?

12 너는 확실히 했니 / 공부하는 것을 / 이 시험을 위해? (for this test)

↳ ⬚ / ⬚ / ⬚ ?

13 너는 확실히 했니 / 배우는 것을 / 이 노래를? (learn)

↳ ⬚ / ⬚ / ⬚ ?

14 너는 확실히 했니 / 사용하는 것을 / 비닐봉지를? (plastic bag)

↳ ⬚ / ⬚ / ⬚ ?

15 너는 확실히 했니 / 보내는 것을 / 그에게 / 너의 이력서를? (resume)

↳ ⬚ / ⬚ / ⬚ / ⬚ ?

패턴 78 — 꼭 ~해 / ~하는 것을 확실히 해

COMPLETE SENTENCES 완성 문장확인 완성 문장을 확인해 보세요.

명령문

1. **Make sure to take this umbrella.**
   꼭 이 우산을 가져가라.

2. **Make sure to drink a lot of water.**
   꼭 많은 물을 마셔라.

3. **Make sure to walk after you eat.**
   꼭 네가 먹은 후에 걸어라.

4. **Make sure to wake up early today.**
   꼭 오늘 일찍 일어나라.

5. **Make sure to finish your homework by tomorrow.**
   꼭 너의 숙제를 내일까지 끝마쳐라.

과거 긍정문

6 I made sure to master English.
나는 영어를 마스터하는 것을 확실히 했어.

7 I made sure to replace the tire.
나는 그 타이어를 교체하는 것을 확실히 했어.

8 I made sure to fix the engine.
나는 그 엔진을 고치는 것을 확실히 했어.

9 I made sure to send him a birthday card.
나는 그에게 생일카드를 보내는 것을 확실히 했어.

10 I made sure to hide the document.
나는 그 서류를 숨기는 것을 확실히 했어.

과거 의문문

11 Did you make sure to plan for the meeting?
너는 그 미팅을 위해 계획하는 것을 확실히 했니?

12 Did you make sure to study for this test?
너는 이 시험을 위해 공부하는 것을 확실히 했니?

13 Did you make sure to learn this song?
너는 이 노래를 배우는 것을 확실히 했니?

14 Did you make sure to use a plastic bag?
너는 비닐봉지를 사용하는 것을 확실히 했니?

15 Did you make sure to send him your resume?
너는 그에게 너의 이력서를 보내는 것을 확실히 했니?

패턴 78 꼭 ~해 / ~하는 것을 확실히 해

스피드 손 영작
최대한 빠른 속도로 한 번에 영작해 보세요.

1. 꼭 이 우산을 가져가라.
   → _____

2. 꼭 많은 물을 마셔라.
   → _____

3. 꼭 네가 먹은 후에 걸어라.
   → _____

4. 꼭 오늘 일찍 일어나라.
   → _____

5. 꼭 너의 숙제를 내일까지 끝마쳐라.
   → _____

6. 나는 영어를 마스터하는 것을 확실히 했어.
   → _____

7. 나는 그 타이어를 교체하는 것을 확실히 했어.
   → _____

p.46에서 정답을 확인하세요.

make sure + to 동사원형

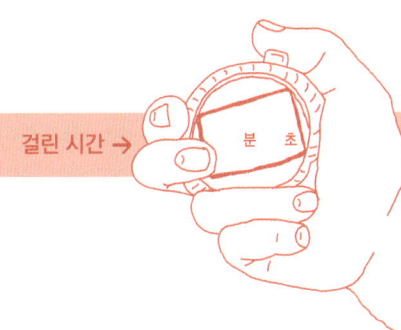

걸린 시간 → ___ 분 ___ 초

⑧ 나는 그 엔진을 고치는 것을 확실히 했어.
→ _____.

⑨ 나는 그에게 생일카드를 보내는 것을 확실히 했어.
→ _____.

⑩ 나는 그 서류를 숨기는 것을 확실히 했어.
→ _____.

⑪ 너는 그 미팅을 위해 계획하는 것을 확실히 했니?
→ _____?

⑫ 너는 이 시험을 위해 공부하는 것을 확실히 했니?
→ _____?

⑬ 너는 이 노래를 배우는 것을 확실히 했니?
→ _____?

⑭ 너는 비닐봉지를 사용하는 것을 확실히 했니?
→ _____?

⑮ 너는 그에게 너의 이력서를 보내는 것을 확실히 했니?
→ _____?

패턴 ⑱ make sure + to 동사원형

★ 패턴 79

~하지 않을 수가 없어

can't help -ing

can't help -ing는 '~하지 않을 수가 없다'라고 해석되며,
'너무 ~하길 원한다'라는 느낌을 가지게 됩니다.

예를 들어,
"난 널 사랑하지 않을 수가 없어."라고 하려면
"I can't help loving you."라고 표현합니다.

또한
can't help -ing 대신 '**can't help but + 동사원형**'을 사용할 수도 있습니다.

예를 들어,
"나는 이 피자를 먹지 않을 수가 없어."라고 하려면
"I can't help but eat this pizza."라고 표현합니다.

단, 'can't help but + 동사원형'은 사용 빈도가 떨어지는 편이므로,
이 Unit에서는 can't help -ing에만 집중하겠습니다.

I can't help but eat this pizza.

↳ **I can't help / loving / this song.**
나는 하지 않을 수가 없어 / 사랑하는 것을 / 이 노래를. → 나는 이 노래를 사랑하지 않을 수가 없어.

↳ **She can't help / talking / to boys.**
그녀는 하지 않을 수가 없어 / 말하는 것을 / 소년들과. → 그녀는 소년들과 말하지 않을 수가 없어.

↳ **I couldn't help / eating / her food.**
나는 하지 않을 수가 없었어 / 먹는 것을 / 그녀의 음식을. → 나는 그녀의 음식을 먹지 않을 수가 없었어.

↳ **They couldn't help / looking / at the cute girl.**
그들은 하지 않을 수가 없었어 / 바라보는 것을 / 그 귀여운 소녀를. → 그들은 그 귀여운 소녀를 바라보지 않을 수가 없었어.

패턴 ⑲ can't help -ing

패턴 79 ~하지 않을 수가 없어

의미 단위 손 영작

의미 단위로 나뉘어져 있는 문장 마디를 보고 Hint 단어를 참고하여 빈칸을 채워 보세요.

p.56 완성 문장 확인에서 정답을 확인하세요.

1 나는 하지 않을 수가 없어 / 미소 짓는 것을.
I can't help + _____.

2 나는 하지 않을 수가 없어 / 우는 것을.
I _____ + _____.

3 나는 하지 않을 수가 없어 / 때리는 것을 / 너를.
I _____ + _____ + you.

4 나는 하지 않을 수가 없어 / 싫어하는 것을 / 너를.
I _____ + _____ + you.

5 나는 하지 않을 수가 없어 / 바라보는 것을 / 너를.
I _____ + looking + _____ you.

6 우리는 하지 않을 수가 없어 / 마시는 것을 / 물을.
We _____ + _____ + water.

7 그는 하지 않을 수가 없어 / 하는 것을 / 게임들을.
He _____ + playing + _____.

Hint
때리다 hit
싫어하다 hate

can't help -ing

8 나는 하지 않을 수가 없었어 + 거짓말하는 것을.
I couldn't help _____.

9 나는 하지 않을 수가 없었어 + 흡연하는 것을.
I _____ _____.

10 나는 하지 않을 수가 없었어 + 읽는 것을 + 이 소설을.
I _____ _____ this _____.

11 나는 하지 않을 수가 없었어 + 사용하는 것을 + 나의 신용카드를.
I _____ _____ my _____ card.

12 그들은 하지 않을 수가 없었어 + 듣는 것을 + 그녀의 노래를.
They _____ _____ to her _____.

13 우리는 하지 않을 수가 없었어 + 공부하는 것을 + 영어를.
We _____ _____ English.

14 그녀는 하지 않을 수가 없었어 + 사는 것을 + 아름다운 드레스들을.
She _____ _____ _____ dresses.

15 그는 하지 않을 수가 없었어 + 우는 것을 + 그녀 앞에서.
He _____ _____ in _____ of her.

Hint
거짓말하다 lie
~을 듣다 listen to
~의 앞에서 in front of

패턴 ⑦⑨ can't help -ing　53

패턴 79 ~하지 않을 수가 없어

어순 손 영작
어순대로 영작해 보세요.

현재 평서문

① 나는 하지 않을 수가 없어 / 미소 짓는 것을. (smile)
↳ _____ / _____ .

② 나는 하지 않을 수가 없어 / 우는 것을. (cry)
↳ _____ / _____ .

③ 나는 하지 않을 수가 없어 / 때리는 것을 / 너를. (hit)
↳ _____ / _____ / _____ .

④ 나는 하지 않을 수가 없어 / 싫어하는 것을 / 너를. (hate)
↳ _____ / _____ / _____ .

⑤ 나는 하지 않을 수가 없어 / 바라보는 것을 / 너를. (look at)
↳ _____ / _____ / _____ .

⑥ 우리는 하지 않을 수가 없어 / 마시는 것을 / 물을. (drink)
↳ _____ / _____ / _____ .

⑦ 그는 하지 않을 수가 없어 / 하는 것을 / 게임들을. (play)
↳ _____ / _____ / _____ .

can't help -ing

과거 평서문

8 나는 하지 않을 수가 없었어 / 거짓말하는 것을. (lie)
↳ ⬚ / ⬚ .

9 나는 하지 않을 수가 없었어 / 흡연하는 것을. (smoke)
↳ ⬚ / ⬚ .

10 나는 하지 않을 수가 없었어 / 읽는 것을 / 이 소설을. (read)
↳ ⬚ / ⬚ / ⬚ .

11 나는 하지 않을 수가 없었어 / 사용하는 것을 / 나의 신용카드를. (use)
↳ ⬚ / ⬚ / ⬚ .

12 그들은 하지 않을 수가 없었어 / 듣는 것을 / 그녀의 노래를. (listen to)
↳ ⬚ / ⬚ / ⬚ .

13 우리는 하지 않을 수가 없었어 / 공부하는 것을 / 영어를. (study)
↳ ⬚ / ⬚ / ⬚ .

14 그녀는 하지 않을 수가 없었어 / 사는 것을 / 아름다운 드레스들을. (buy)
↳ ⬚ / ⬚ / ⬚ .

15 그는 하지 않을 수가 없었어 / 우는 것을 / 그녀 앞에서. (in front of)
↳ ⬚ / ⬚ / ⬚ .

패턴 79 ~하지 않을 수가 없어

COMPLETE SENTENCES 완성 문장 확인
완성 문장을 확인해 보세요.

현재 평서문

1. I can't help smiling.
   나는 미소 짓지 않을 수가 없어.

2. I can't help crying.
   나는 울지 않을 수가 없어.

3. I can't help hitting you.
   나는 너를 때리지 않을 수가 없어.

4. I can't help hating you.
   나는 너를 싫어하지 않을 수가 없어.

5. I can't help looking at you.
   나는 너를 바라보지 않을 수가 없어.

6. We can't help drinking water.
   우리는 물을 마시지 않을 수가 없어.

7. He can't help playing games.
   그는 게임들을 하지 않을 수가 없어.

can't help -ing

과거 평서문

⑧ **I couldn't help lying.**
나는 거짓말하지 않을 수가 없었어.

⑨ **I couldn't help smoking.**
나는 흡연하지 않을 수가 없었어.

⑩ **I couldn't help reading this novel.**
나는 이 소설을 읽지 않을 수가 없었어.

⑪ **I couldn't help using my credit card.**
나는 나의 신용카드를 사용하지 않을 수가 없었어.

⑫ **They couldn't help listening to her song.**
그들은 그녀의 노래를 듣지 않을 수가 없었어.

⑬ **We couldn't help studying English.**
우리는 영어를 공부하지 않을 수가 없었어.

⑭ **She couldn't help buying beautiful dresses.**
그녀는 아름다운 드레스들을 사지 않을 수가 없었어.

⑮ **He couldn't help crying in front of her.**
그는 그녀 앞에서 울지 않을 수가 없었어.

패턴 ⑦⑨ can't help -ing   57

패턴 79 ~하지 않을 수가 없어

스피드 손 영작
최대한 빠른 속도로 한 번에 영작해 보세요.

1. 나는 미소 짓지 않을 수가 없어.
   → _____.

2. 나는 울지 않을 수가 없어.
   → _____.

3. 나는 너를 때리지 않을 수가 없어.
   → _____.

4. 나는 너를 싫어하지 않을 수가 없어.
   → _____.

5. 나는 너를 바라보지 않을 수가 없어.
   → _____.

6. 우리는 물을 마시지 않을 수가 없어.
   → _____.

7. 그는 게임들을 하지 않을 수가 없어.
   → _____.

p.56에서 정답을 확인하세요.

can't help -ing

걸린 시간 → 　분　초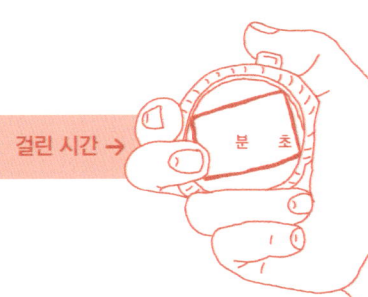

8 나는 거짓말하지 않을 수가 없었어.

→ _____.

9 나는 흡연하지 않을 수가 없었어.

→ _____.

10 나는 이 소설을 읽지 않을 수가 없었어.

→ _____.

11 나는 나의 신용카드를 사용하지 않을 수가 없었어.

→ _____.

12 그들은 그녀의 노래를 듣지 않을 수가 없었어.

→ _____.

13 우리는 영어를 공부하지 않을 수가 없었어.

→ _____.

14 그녀는 아름다운 드레스들을 사지 않을 수가 없었어.

→ _____.

15 그는 그녀 앞에서 울지 않을 수가 없었어.

→ _____.

패턴 ⑲ can't help -ing

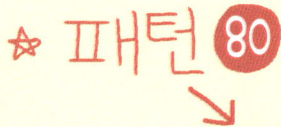

결국 ~하게 되다

end up -ing

end up -ing는 '결국 ~하게 되다'라고 해석됩니다.
또한 end up은 진행형으로 쓰지 않습니다.

예를 들어,
"나는 그와 결혼하게 되었어."라고 하려면
"I ended up marrying him."이라고 표현합니다.

또한 end up 대신에 wind up을 쓸 수도 있습니다.
wind up을 쓸 경우 **wind의 과거형은 wound**입니다.

예를 들어,
"나는 그녀와 결혼하게 되었어."라고 하려면
"I wound up marrying her."라고 표현합니다.

wind up보다는 end up이 훨씬 많이 사용됩니다.
그래서 이 Unit에서는 end up에만 집중하겠습니다.

Example

↳ I **ended up** work**ing** / here.
나는 결국 일하게 되었어 / 여기에서. → 나는 결국 여기에서 일하게 되었어.

↳ She **ended up** giv**ing up** / her rights.
그녀는 결국 포기하게 되었어 / 그녀의 권리들을. → 그녀는 결국 그녀의 권리들을 포기하게 되었어.

↳ You will **end up** work**ing** / for me / if you do not study / now.
너는 결국 일하게 될 거야 / 나를 위해 / 네가 공부를 안 하면 / 지금. → 네가 지금 공부를 안 하면 너는 결국 나를 위해 일하게 될 거야.

↳ She will **end up** fail**ing** / this test / if she goes / to the party.
그녀는 결국 낙제하게 될 거야 / 이 시험을 / 그녀가 가면 / 그 파티에. → 그녀가 그 파티에 가면 그녀는 결국 이 시험을 낙제하게 될 거야.

패턴 ⑳ end up -ing 61

패턴 80 결국 ~하게 되다

의미 단위 손 영작

의미 단위로 나뉘어져 있는 문장 마디를 보고 Hint 단어를 참고하여 빈칸을 채워 보세요.

p.66 완성 문장 확인에서 정답을 확인하세요.

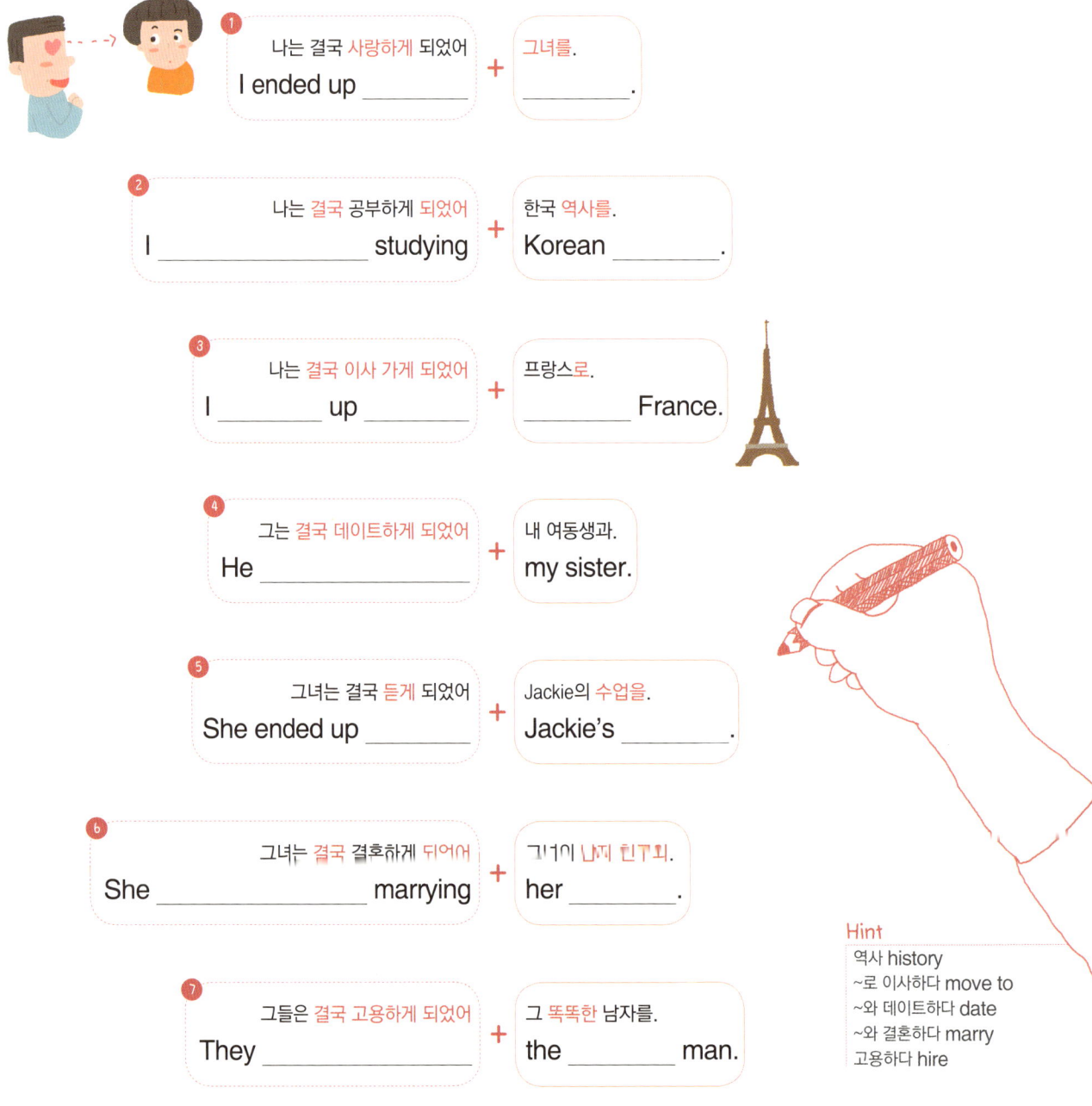

1. 나는 결국 사랑하게 되었어 + 그녀를.
   I ended up _____ + _____.

2. 나는 결국 공부하게 되었어 + 한국 역사를.
   I _____ studying + Korean _____.

3. 나는 결국 이사 가게 되었어 + 프랑스로.
   I _____ up _____ + _____ France.

4. 그는 결국 데이트하게 되었어 + 내 여동생과.
   He _____ + my sister.

5. 그녀는 결국 듣게 되었어 + Jackie의 수업을.
   She ended up _____ + Jackie's _____.

6. 그녀는 결국 결혼하게 되었어 + 그녀의 나쁜 친구와.
   She _____ marrying + her _____.

7. 그들은 결국 고용하게 되었어 + 그 똑똑한 남자를.
   They _____ + the _____ man.

Hint
역사 history
~로 이사하다 move to
~와 데이트하다 date
~와 결혼하다 marry
고용하다 hire

end up -ing

⑧ 그들은 결국 머물게 되었어 + 하루 더.
They _____ one _____ day.

⑨ 우리는 결국 돌아가게 되었어 + 한국으로.
We ended up _____ _____ Korea.

⑩ 나의 누나는 결국 이혼하게 되었어 + 그녀의 남편과.
My _____ ended up _____ her _____.

⑪ 우리 회사는 결국 합병하게 되었어 + 그들의 회사와.
_____ ended up _____ _____ their _____.

⑫ 너는 결국 포기하게 될 거야 + 너의 다이어트를.
You will _____ your _____.

⑬ 그들은 결국 협력하게 될 거야 + 우리와.
They _____ end up _____ with _____.

Hint
~로 돌아가다 go back to
~와 이혼하다 divorce
~와 합병하다 merge with
~와 협력하다 cooperate with
후회하다 regret
성공하다 succeed

⑭ 그는 결국 후회하게 될 거야 + 때린 것을 + 나를.
He _____ end up _____ _____ me.

⑮ 나는 결국 성공하게 될 거야 + 내 인생에서.
I _____ in my _____.

패턴 ⑧⓪ end up -ing   63

패턴 80 결국 ~하게 되다

어순 손 영작
어순대로 영작해 보세요.

과거 긍정문

1. 나는 결국 사랑하게 되었어 / 그녀를. (love)
   ↳ _____ / _____ .

2. 나는 결국 공부하게 되었어 / 한국 역사를. (Korean history)
   ↳ _____ / _____ .

3. 나는 결국 이사 가게 되었어 / 프랑스로. (move to)
   ↳ _____ / _____ .

4. 그는 결국 데이트하게 되었어 / 내 여동생과. (date)
   ↳ _____ / _____ .

5. 그녀는 결국 듣게 되었어 / Jackie의 수업을. (class)
   ↳ _____ / _____ .

6. 그녀는 결국 결혼하게 되었어 / 그녀의 남자 친구와. (marry)
   ↳ _____ / _____ .

7. 그들은 결국 고용하게 되었어 / 그 똑똑한 남자를. (hire)
   ↳ _____ / _____ .

8. 그들은 결국 머물게 되었어 / 하루 더. (stay)
   ↳ _____ / _____ .

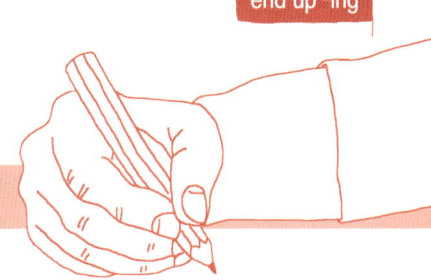

⑨ 우리는 결국 돌아가게 되었어 / 한국으로. (go back to)
↳ ( ) / ( ).

⑩ 나의 누나는 결국 이혼하게 되었어 / 그녀의 남편과. (divorce)
↳ ( ) / ( ).

⑪ 우리 회사는 결국 합병하게 되었어 / 그들의 회사와. (merge with)
↳ ( ) / ( ).

미래 긍정문

⑫ 너는 결국 포기하게 될 거야 / 너의 다이어트를. (give up)
↳ ( ) / ( ).

⑬ 그들은 결국 협력하게 될 거야 / 우리와. (cooperate with)
↳ ( ) / ( ).

⑭ 그는 결국 후회하게 될 거야 / 때린 것을 / 나를. (regret hitting)
↳ ( ) / ( ) / ( ).

⑮ 나는 결국 성공하게 될 거야 / 내 인생에서. (succeed)
↳ ( ) / ( ).

패턴 80 결국 ~하게 되다

COMPLETE SENTENCES 완성 문장 확인 완성 문장을 확인해 보세요.

과거 긍정문

1. I ended up loving her.
   나는 결국 그녀를 사랑하게 되었어.

2. I ended up studying Korean history.
   나는 결국 한국 역사를 공부하게 되었어.

3. I ended up moving to France.
   나는 결국 프랑스로 이사 가게 되었어.

4. He ended up dating my sister.
   그는 결국 내 여동생과 데이트하게 되었어.

5. She ended up taking Jackie's class.
   그녀는 결국 Jackie의 수업을 듣게 되었어.

6. She ended up marrying her boyfriend.
   그녀는 결국 그녀의 남자 친구와 결혼하게 되었어.

7. They ended up hiring the smart man.
   그들은 결국 그 똑똑한 남자를 고용하게 되었어.

8. They ended up staying one more day.
   그들은 결국 하루 더 머물게 되었어.

9. We ended up going back to Korea.
   우리는 결국 한국으로 돌아가게 되었어.

10. My sister ended up divorcing her husband.
    나의 누나는 결국 그녀의 남편과 이혼하게 되었어.

11. Our company ended up merging with their company.
    우리 회사는 결국 그들의 회사와 합병하게 되었어.

미래 긍정문

⑫ **You will end up giving up your diet.**
너는 결국 너의 다이어트를 포기하게 될 거야.

⑬ **They will end up cooperating with us.**
그들은 결국 우리와 협력하게 될 거야.

⑭ **He will end up regretting hitting me.**
그는 결국 나를 때린 것을 후회하게 될 거야.

⑮ **I will end up succeeding in my life.**
나는 결국 내 인생에서 성공하게 될 거야.

패턴 80 결국 ~하게 되다

스피드 손 영작
최대한 빠른 속도로 한 번에 영작해 보세요.

① 나는 결국 그녀를 사랑하게 되었어.

→ _____

② 나는 결국 한국 역사를 공부하게 되었어.

→ _____

③ 나는 결국 프랑스로 이사 가게 되었어.

→ _____

④ 그는 결국 내 여동생과 데이트하게 되었어.

→ _____

⑤ 그녀는 결국 Jackie의 수업을 듣게 되었어.

→ _____

⑥ 그녀는 결국 그녀의 남자 친구와 결혼하게 되었어.

→ _____

⑦ 그들은 결국 그 똑똑한 남자를 고용하게 되었어.

→ _____

p. 66에서 정답을 확인하세요.

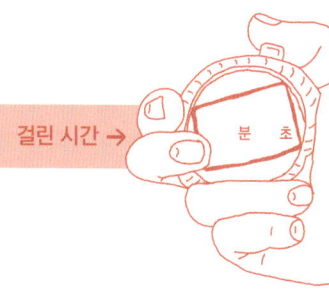

걸린 시간 →　　분　　초

8 그들은 결국 하루 더 머물게 되었어.

→ _____.

9 우리는 결국 한국으로 돌아가게 되었어.

→ _____.

10 나의 누나는 결국 그녀의 남편과 이혼하게 되었어.

→ _____.

11 우리 회사는 결국 그들의 회사와 합병하게 되었어.

→ _____.

12 너는 결국 너의 다이어트를 포기하게 될 거야.

→ _____.

13 그들은 결국 우리와 협력하게 될 거야.

→ _____.

14 그는 결국 나를 때린 것을 후회하게 될 거야.

→ _____.

15 나는 결국 내 인생에서 성공하게 될 거야.

→ _____.

패턴 ⑧⓪ end up -ing

패턴 81

분명히 ~했을 거야

must have p.p.

He must have liked me.

must have p.p.는 과거에 대한 강력한 추측과 확신을 나타내고,
must의 과거형이라고 볼 수 있으며,
'(과거에) 분명히 ~했을 것이다'로 해석됩니다.

예를 들어,
"그는 분명히 나를 좋아했을 거야."라고 하려면
"He must have liked me."라고 표현합니다.

부정문으로 사용하고 싶다면,
must 뒤에 not을 붙이면 됩니다.

예를 들어,
"그는 분명히 나를 좋아하지 않았을 거야."라고 하려면
"He must not have liked me."라고 표현합니다.

↳ **He must have lied** / to you.

그는 분명히 거짓말했을 거야 / 너에게. → 그는 분명히 너에게 거짓말했을 거야.

↳ **They must have failed** / this exam.

그들은 분명히 떨어졌을 거야 / 이 시험에. → 그들은 분명히 이 시험에 떨어졌을 거야.

↳ **We must have misunderstood** / each other.

우리는 분명히 오해했을 거야 / 서로. → 우리는 분명히 서로 오해했을 거야.

↳ **She must have been** shocked / yesterday.

그녀는 분명히 충격받았을 거야 / 어제. → 그녀는 분명히 어제 충격받았을 거야.

패턴 81 분명히 ~했을 거야

의미 단위 손 영작
의미 단위로 나뉘어져 있는 문장 마디를 보고 Hint 단어를 참고하여 빈칸을 채워 보세요.

p.76 완성 문장 확인에서 정답을 확인하세요.

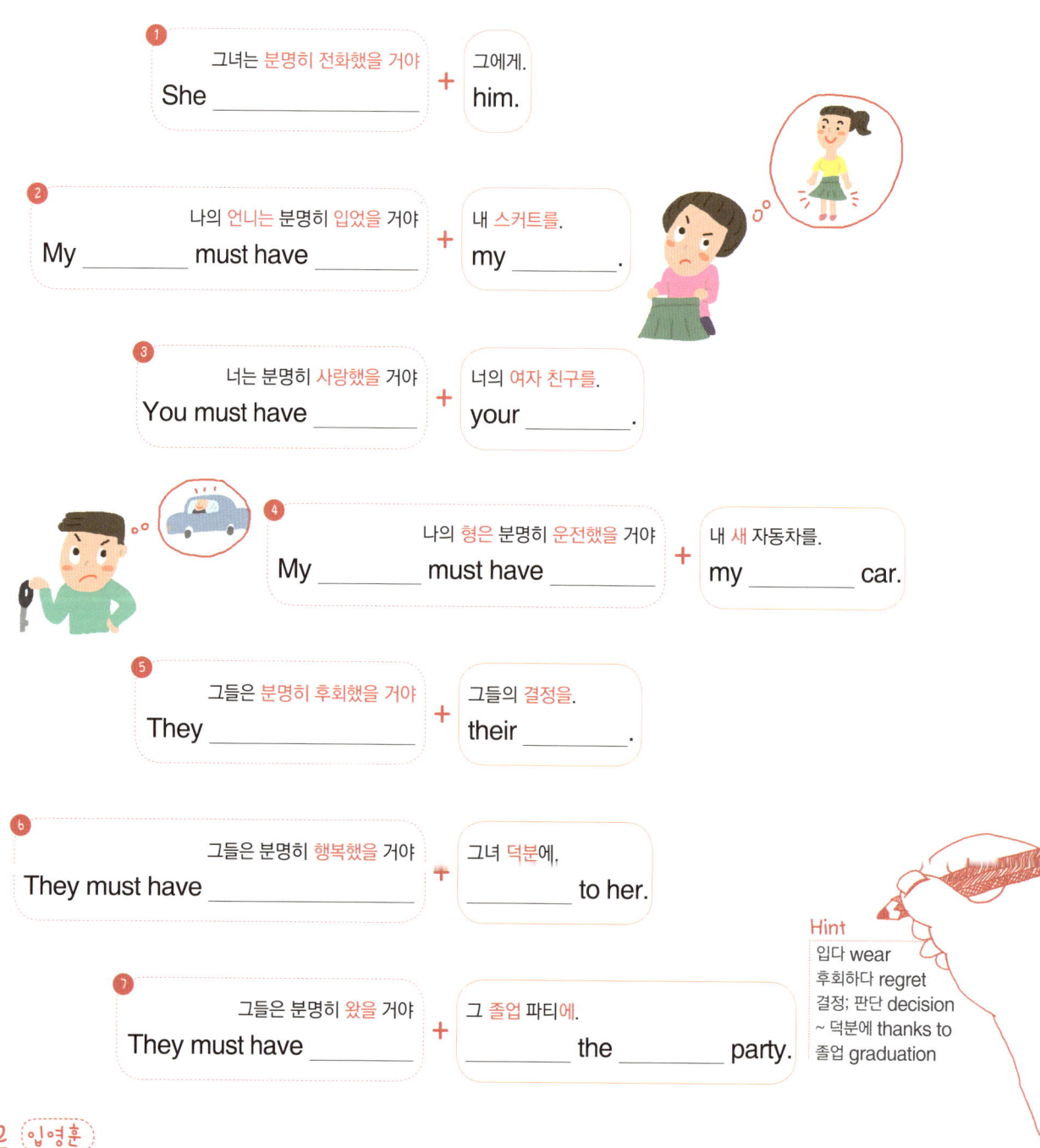

1. 그녀는 분명히 전화했을 거야 + 그에게.
   She _____ + him.

2. 나의 언니는 분명히 입었을 거야 + 내 스커트를.
   My _____ must have _____ + my _____.

3. 너는 분명히 사랑했을 거야 + 너의 여자 친구를.
   You must have _____ + your _____.

4. 나의 형은 분명히 운전했을 거야 + 내 새 자동차를.
   My _____ must have _____ + my _____ car.

5. 그들은 분명히 후회했을 거야 + 그들의 결정을.
   They _____ + their _____.

6. 그들은 분명히 행복했을 거야 + 그녀 덕분에,
   They must have _____ + _____ to her.

7. 그들은 분명히 왔을 거야 + 그 졸업 파티에.
   They must have _____ + _____ the _____ party.

Hint
입다 wear
후회하다 regret
결정; 판단 decision
~ 덕분에 thanks to
졸업 graduation

must have p.p.

8 우리는 분명히 실수를 했을 거야 + 어제.
We must have _____ a mistake   _____.

9 그녀는 분명히 우울했을 거야 + 나 때문에.
She must have _____   _____ of me.

10 그는 분명히 부유했을 거야 + 그가 젊었을 때.
He must have _____   _____ he was young.

11 그는 분명히 사랑하지 않았을 거야 + 나를.
He must not have _____   _____.

12 그들은 분명히 만족하지 않았을 거야.
They must _____ have _____.

13 그들은 분명히 팔지 않았을 거야 + 그들의 주식들을.
They must _____ have _____   their _____.

14 그녀는 분명히 하지 않았을 거야 + 그녀의 숙제를.
She must _____ have _____   her _____.

Hint
실수하다 make a mistake
우울한 depressed
~ 때문에 because of
만족한 satisfied
주식 stock

15 그녀는 분명히 화가 나 있지 않았을 거야 + 너에게.
She must _____ have been _____   at _____.

패턴 ⑧ must have p.p.   23

패턴 81 분명히 ~했을 거야

어순 손 영작
어순대로 영작해 보세요.

must have p.p. 긍정문

① 그녀는 분명히 전화했을 거야 / 그에게. (call)
↳ _____ / _____ .

② 나의 언니는 분명히 입었을 거야 / 내 스커트를. (wear)
↳ _____ / _____ .

③ 너는 분명히 사랑했을 거야 / 너의 여자 친구를. (love)
↳ _____ / _____ .

④ 나의 형은 분명히 운전했을 거야 / 내 새 자동차를. (drive)
↳ _____ / _____ .

⑤ 그들은 분명히 후회했을 거야 / 그들의 결정을. (regret)
↳ _____ / _____ .

⑥ 그들은 분명히 행복했을 거야 / 그녀 덕분에. (thanks to)
↳ _____ / _____ .

⑦ 그들은 분명히 왔을 거야 / 그 졸업 파티에. (graduation)
↳ _____ / _____ .

⑧ 우리는 분명히 실수를 했을 거야 / 어제. (make a mistake)
↳ _____ / _____ .

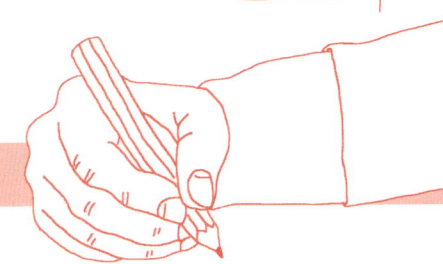

9. 그녀는 분명히 우울했을 거야 / 나 때문에. (depressed)
   ↳ ⬚⬚⬚⬚⬚ / ⬚⬚⬚⬚⬚ .

10. 그는 분명히 부유했을 거야 / 그가 젊었을 때. (young)
    ↳ ⬚⬚⬚⬚⬚ / ⬚⬚⬚⬚⬚ .

must have p.p. 부정문

11. 그는 분명히 사랑하지 않았을 거야 / 나를. (must not have)
    ↳ ⬚⬚⬚⬚⬚ / ⬚⬚⬚⬚⬚ .

12. 그들은 분명히 만족하지 않았을 거야. (satisfied)
    ↳ ⬚⬚⬚⬚⬚ .

13. 그들은 분명히 팔지 않았을 거야 / 그들의 주식들을. (stock)
    ↳ ⬚⬚⬚⬚⬚ / ⬚⬚⬚⬚⬚ .

14. 그녀는 분명히 하지 않았을 거야 / 그녀의 숙제를. (do her homework)
    ↳ ⬚⬚⬚⬚⬚ / ⬚⬚⬚⬚⬚ .

15. 그녀는 분명히 화가 나 있지 않았을 거야 / 너에게. (be angry at)
    ↳ ⬚⬚⬚⬚⬚ / ⬚⬚⬚⬚⬚ .

패턴 ⑧ must have p.p.

패턴 81 분명히 ~했을 거야

COMPLETE SENTENCES 완성 문장 확인 완성 문장을 확인해 보세요.

must have p.p. 긍정문

1. She must have called him.
그녀는 분명히 그에게 전화했을 거야.

2. My sister must have worn my skirt.
나의 언니는 분명히 내 스커트를 입었을 거야.

3. You must have loved your girlfriend.
너는 분명히 너의 여자 친구를 사랑했을 거야.

4. My brother must have driven my new car.
나의 형은 분명히 내 새 자동차를 운전했을 거야.

5. They must have regretted their decision.
그들은 분명히 그들의 결정을 후회했을 거야.

6. They must have been happy thanks to her.
그들은 분명히 그녀 덕분에 행복했을 거야.

7. They must have come to the graduation party.
그들은 분명히 그 졸업 파티에 왔을 거야.

8. We must have made a mistake yesterday.
우리는 분명히 어제 실수를 했을 거야.

9. She must have been depressed because of me.
그녀는 분명히 나 때문에 우울했을 거야.

10. He must have been rich when he was young.
그는 분명히 그가 젊었을 때 부유했을 거야.

must have p.p.

MP3 81_01

must have p.p. 부정문

11 He must not have loved me.
그는 분명히 나를 사랑하지 않았을 거야.

12 They must not have been satisfied.
그들은 분명히 만족하지 않았을 거야.

13 They must not have sold their stocks.
그들은 분명히 그들의 주식들을 팔지 않았을 거야.

14 She must not have done her homework.
그녀는 분명히 그녀의 숙제를 하지 않았을 거야.

15 She must not have been angry at you.
그녀는 분명히 너에게 화가 나 있지 않았을 거야.

패턴 81 must have p.p.

패턴 81 분명히 ~했을 거야

스피드 손 영작
최대한 빠른 속도로 한 번에 영작해 보세요.

① 그녀는 분명히 그에게 전화했을 거야.
→ _____

② 나의 언니는 분명히 내 스커트를 입었을 거야.
→ _____

③ 너는 분명히 너의 여자 친구를 사랑했을 거야.
→ _____

④ 나의 형은 분명히 내 새 자동차를 운전했을 거야.
→ _____

⑤ 그들은 분명히 그들의 결정을 후회했을 거야.
→ _____

⑥ 그들은 분명히 그녀 덕분에 행복했을 거야.
→ _____

⑦ 그들은 분명히 그 졸업 파티에 왔을 거야.
→ _____

p.76에서 정답을 확인하세요.

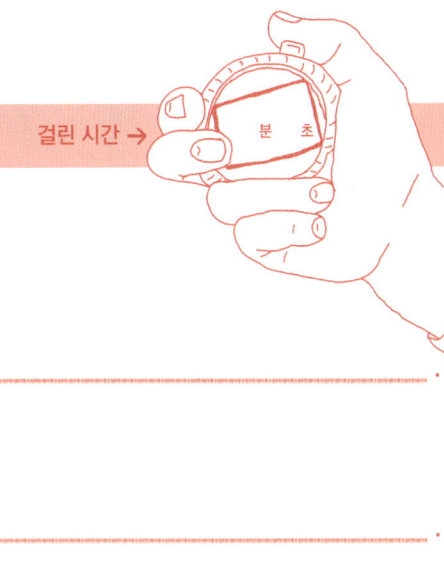

걸린 시간 → 분 초

8 우리는 분명히 어제 실수를 했을 거야.

→ _____

9 그녀는 분명히 나 때문에 우울했을 거야.

→ _____

10 그는 분명히 그가 젊었을 때 부유했을 거야.

→ _____

11 그는 분명히 나를 사랑하지 않았을 거야.

→ _____

12 그들은 분명히 만족하지 않았을 거야.

→ _____

13 그들은 분명히 그들의 주식들을 팔지 않았을 거야.

→ _____

14 그녀는 분명히 그녀의 숙제를 하지 않았을 거야.

→ _____

15 그녀는 분명히 너에게 화가 나 있지 않았을 거야.

→ _____

패턴 ⑧ must have p.p.

패턴 82

어쩌면 ~했을지도 몰라

might have p.p.

might have p.p.는 과거에 대한 어느 정도의 추측과 확신을 나타내며,
'어쩌면 ~했을지도 모른다'로 해석됩니다.
확신의 강도가 'must have p.p. = 분명히 ~했을 것이다'보다 약합니다.

예를 들어,
"그는 어쩌면 나를 좋아했을지도 몰라."라고 하려면
"He might have liked me."라고 표현합니다.

부정문으로 사용하고 싶다면,
might 뒤에 not을 붙이면 됩니다.

예를 들어,
"그는 어쩌면 나를 좋아하지 않았을지도 몰라."라고 하려면
"He might not have liked me."라고 표현합니다.

might 대신 may를 쓸 수도 있으나, might의 사용 빈도가 훨씬 높습니다.

He might have liked me.

↳ We **might have loved** / each other.
우리는 어쩌면 사랑했을지도 몰라 / 서로. → 우리는 어쩌면 서로 사랑했을지도 몰라.

↳ It **might have been** a UFO.
그건 어쩌면 UFO였을지도 몰라. → 그건 어쩌면 UFO였을지도 몰라.

↳ They **might have made** a mistake / yesterday.
그들은 어쩌면 실수했을지도 몰라 / 어제. → 그들은 어쩌면 어제 실수했을지도 몰라.

↳ She **might not have done** / her work.
그녀는 어쩌면 하지 않았을지도 몰라 / 그녀의 일을. → 그녀는 어쩌면 그녀의 일을 하지 않았을지도 몰라.

패턴 82 might have p.p.

패턴 82 어쩌면 ~했을지도 몰라

의미 단위 손 영작
의미 단위로 나뉘어져 있는 문장 마디를 보고 Hint 단어를 참고하여 빈칸을 채워 보세요.

p.86 완성 문장 확인에서 정답을 확인하세요.

1. 나는 어쩌면 좋아했을지도 몰라 / 너를.
I might have _____ + _____.

2. 나는 어쩌면 읽었을지도 몰라 / 이 책을.
I might have _____ + _____.

3. 나는 어쩌면 만났을지도 몰라 / 그녀를 / 전에.
I _____ + her + _____.

4. 그는 어쩌면 공부했을지도 몰라 / 이 시험을 위해.
He _____ have _____ + _____ this test.

5. 너는 어쩌면 잊어버렸을지도 몰라 / 그녀의 생일을.
You might have _____ + her _____.

6. 그녀는 어쩌면 행복했을지도 몰라.
She _____ have been _____.

7. 그녀는 어쩌면 봤을지도 몰라 / 나를.
She might _____ + _____.

Hint
잊다 forget
보다 see

might have p.p.

8 그녀는 어쩌면 했을지도 몰라 + 그것을 + 일부러.
She might _____ _____ on purpose.

9 그녀는 어쩌면 인기 있었을지도 몰라 + 그녀가 젊었을 때.
She might have _____ _____ she was young.

10 그 영어 시험은 어쩌면 어려웠을지도 몰라.
The English _____ might have _____.

11 나는 어쩌면 좋아하지 않았을지도 몰라 + 내 여자 친구를.
I might not have _____ my _____.

12 나는 어쩌면 이해하지 못했을지도 몰라 + 그의 경고를.
I might _____ his _____.

13 그녀는 어쩌면 믿지 않았을지도 몰라 + 너를.
She might _____ have _____ _____.

14 그는 어쩌면 빌리지 않았을지도 몰라 + 돈을 + 그녀로부터.
He might _____ have _____ _____ _____ her.

15 그들은 어쩌면 훔치지 않았을지도 몰라 + 그의 자전거를.
They _____ his _____.

Hint
인기 있는 popular
경고 warning
믿다 trust
빌리다 borrow
훔치다 steal

패턴 82 might have p.p.

패턴 82 — 어쩌면 ~했을지도 몰라

어순 손 영작
어순대로 영작해 보세요.

might have p.p. 긍정문

1. 나는 어쩌면 좋아했을지도 몰라 / 너를. (like)
   → _____ / _____ .

2. 나는 어쩌면 읽었을지도 몰라 / 이 책을. (read)
   → _____ / _____ .

3. 나는 어쩌면 만났을지도 몰라 / 그녀를 / 전에. (meet)
   → _____ / _____ / _____ .

4. 그는 어쩌면 공부했을지도 몰라 / 이 시험을 위해. (for this test)
   → _____ / _____ .

5. 너는 어쩌면 잊어버렸을지도 몰라 / 그녀의 생일을. (forget)
   → _____ / _____ .

6. 그녀는 어쩌면 행복했을지도 몰라. (happy)
   → _____ .

7. 그녀는 어쩌면 봤을지도 몰라 / 나를. (see)
   → _____ / _____ .

8. 그녀는 어쩌면 했을지도 몰라 / 그것을 / 일부러. (on purpose)
   → _____ / _____ / _____ .

⑨ 그녀는 어쩌면 인기 있었을지도 몰라 / 그녀가 젊었을 때. (popular)
↳ (   ) / (   ).

⑩ 그 영어 시험은 어쩌면 어려웠을지도 몰라. (difficult)
↳ (   ).

might have p.p. 부정문

⑪ 나는 어쩌면 좋아하지 않았을지도 몰라 / 내 여자 친구를. (might not have liked)
↳ (   ) / (   ).

⑫ 나는 어쩌면 이해하지 못했을지도 몰라 / 그의 경고를. (warning)
↳ (   ) / (   ).

⑬ 그녀는 어쩌면 믿지 않았을지도 몰라 / 너를. (trust)
↳ (   ) / (   ).

⑭ 그는 어쩌면 빌리지 않았을지도 몰라 / 돈을 / 그녀로부터. (borrow)
↳ (   ) / (   ) / (   ).

⑮ 그들은 어쩌면 훔치지 않았을지도 몰라 / 그의 자전거를. (steal)
↳ (   ) / (   ).

패턴 82 · 어쩌면 ~했을지도 몰라

COMPLETE SENTENCES 완성 문장확인 완성 문장을 확인해 보세요.

 might have p.p. 긍정문

① I might have liked you.
나는 어쩌면 너를 좋아했을지도 몰라.

② I might have read this book.
나는 어쩌면 이 책을 읽었을지도 몰라.

③ I might have met her before.
나는 어쩌면 그녀를 전에 만났을지도 몰라.

④ He might have studied for this test.
그는 어쩌면 이 시험을 위해 공부했을지도 몰라.

⑤ You might have forgotten her birthday.
너는 어쩌면 그녀의 생일을 잊어버렸을지도 몰라.

⑥ She might have been happy.
그녀는 어쩌면 행복했을지도 몰라.

⑦ She might have seen me.
그녀는 어쩌면 나를 봤을지도 몰라.

⑧ She might have done it on purpose.
그녀는 어쩌면 그것을 일부러 했을지도 몰라.

⑨ She might have been popular when she was young.
그녀는 어쩌면 그녀가 젊었을 때 인기 있었을지도 몰라.

⑩ The English test might have been difficult.
그 영어 시험은 어쩌면 어려웠을지도 몰라.

might have p.p. 부정문

⑪ **I might not have liked my girlfriend.**
나는 어쩌면 내 여자 친구를 좋아하지 않았을지도 몰라.

⑫ **I might not have understood his warning.**
나는 어쩌면 그의 경고를 이해하지 못했을지도 몰라.

⑬ **She might not have trusted you.**
그녀는 어쩌면 너를 믿지 않았을지도 몰라.

⑭ **He might not have borrowed money from her.**
그는 어쩌면 그녀로부터 돈을 빌리지 않았을지도 몰라.

⑮ **They might not have stolen his bicycle.**
그들은 어쩌면 그의 자전거를 훔치지 않았을지도 몰라.

패턴 82 · 어쩌면 ~했을지도 몰라

스피드 손 영작
최대한 빠른 속도로 한 번에 영작해 보세요.

① 나는 어쩌면 너를 좋아했을지도 몰라.

→ _____

② 나는 어쩌면 이 책을 읽었을지도 몰라.

→ _____

③ 나는 어쩌면 그녀를 전에 만났을지도 몰라.

→ _____

④ 그는 어쩌면 이 시험을 위해 공부했을지도 몰라.

→ _____

⑤ 너는 어쩌면 그녀의 생일을 잊어버렸을지도 몰라.

→ _____

⑥ 그녀는 어쩌면 행복했을지도 몰라.

→ _____

⑦ 그녀는 어쩌면 나를 봤을지도 몰라.

→ _____

p.86에서 정답을 확인하세요.

might have p.p.

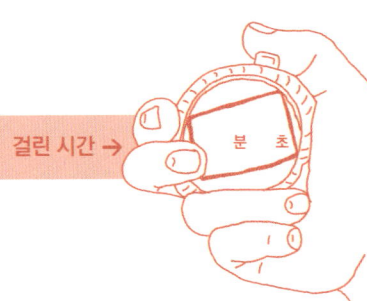

걸린 시간 →   분   초

8 그녀는 어쩌면 그것을 일부러 했을지도 몰라.

→ _____.

9 그녀는 어쩌면 그녀가 젊었을 때 인기 있었을지도 몰라.

→ _____.

10 그 영어 시험은 어쩌면 어려웠을지도 몰라.

→ _____.

11 나는 어쩌면 내 여자 친구를 좋아하지 않았을지도 몰라.

→ _____.

12 나는 어쩌면 그의 경고를 이해하지 못했을지도 몰라.

→ _____.

13 그녀는 어쩌면 너를 믿지 않았을지도 몰라.

→ _____.

14 그는 어쩌면 그녀로부터 돈을 빌리지 않았을지도 몰라.

→ _____.

15 그들은 어쩌면 그의 자전거를 훔치지 않았을지도 몰라.

→ _____.

패턴 82 might have p.p.   89

✱ 패턴 ❽❸

단지 A라고 해서 B인 것은 아냐

Just because A doesn't mean B

> Just because you are famous doesn't mean everyone likes you.

Just because A doesn't mean B에서 A와 B는 모두 절(주어+동사)의 형태이며,
'단지 A라고 해서 B인 것은 아니다'라고 해석됩니다.
결국 A와 B가 꼭 상관관계가 있지는 않다는 느낌을 줍니다.

예를 들어,
"단지 네가 유명하다고 해서 모두가 너를 좋아하는 건 아냐."라고 하려면
"Just because you are famous doesn't mean everyone likes you."라고 표현합니다.

또한 doesn't 뒤에는 always(항상) / automatically(자동으로) / necessarily(반드시) 등의 부사를
추가해 강조할 수도 있습니다.

예를 들어,
"단지 누군가가 키가 크다고 해서 항상 그 사람이 강한 것은 아냐."라고 하려면
"Just because someone is tall doesn't always mean the person is strong."
이라고 표현합니다.

↳ **Just because** she is pretty / **doesn't mean** she is nice.

단지 그녀가 예쁘다고 해서 / 그녀가 착한 것은 아냐. →
단지 그녀가 예쁘다고 해서 그녀가 착한 것은 아냐.

↳ **Just because** he is stronger / **doesn't mean** he can control / me.

단지 그가 더 강하다고 해서 / 그가 조종할 수 있는 것은 아냐 / 나를. →
단지 그가 더 강하다고 해서 그가 나를 조종할 수 있는 것은 아냐.

↳ **Just because** you are working / **doesn't mean** you are better / than me.

단지 네가 일하고 있다고 해서 / 네가 더 나은 것은 아냐 / 나보다. →
단지 네가 일하고 있다고 해서 네가 나보다 더 나은 것은 아냐.

↳ **Just because** today is Saturday / **doesn't mean** I am not busy.

단지 오늘이 토요일이라고 해서 / 내가 바쁘지 않은 것은 아냐. →
단지 오늘이 토요일이라고 해서 내가 바쁘지 않은 것은 아냐.

패턴 83 Just because A doesn't mean B

패턴 83 — 단지 A라고 해서 B인 것은 아냐

의미 단위 손 영작

의미 단위로 나뉘어져 있는 문장 마디를 보고 Hint 단어를 참고하여 빈칸을 채워 보세요.

p.96 완성 문장 확인에서 정답을 확인하세요.

1 단지 내가 소녀라고 해서 + 내가 수줍은 것은 아냐.
_____ I am a _____ + _____ I am _____.

2 단지 내가 차가 있다고 해서 + 내가 부유한 것은 아냐.
Just _____ I _____ a _____ + doesn't _____ I am _____.

3 단지 내가 남자라고 해서 + 내가 거친 것은 아냐.
Just because _____ a _____ + _____ I am _____.

4 단지 네가 내 친구라고 해서 + 내가 좋아하는 것은 아냐 + 너를.
_____ you are my _____ + _____ I like + _____.

5 단지 내가 키스했다고 해서 + 그에게 + 내가 사랑하는 것은 아냐 + 그를.
Just because I _____ + him + doesn't mean I _____ + _____.

6 단지 내가 가난하다고 해서 + 내가 행복하지 않은 것은 아냐.
Just because I am _____ + doesn't mean I am _____.

7 단지 눈이 오고 있다고 해서 + 지금 + 추운 것은 아냐.
_____ it is _____ + now + _____ it is _____.

Hint
수줍은 shy
부유한 rich
거친 tough
추운 cold

Just because A doesn't mean B

8 단지 네가 부유하다고 해서 + 네가 똑똑한 것은 아냐.
Just because you are _____ + doesn't mean you are _____.

9 단지 그녀가 말랐다고 해서 + 그녀가 약한 것은 아냐.
_____ she is _____ + doesn't mean she is _____.

Hint
똑똑한 smart
마른 skinny
약한 weak
못된 mean
~에 관심이 있다 be interested in
완전히 completely
민감한 sensitive

10 단지 그녀가 아름답다고 해서 + 그녀가 못된 것은 아냐.
Just because _____ + doesn't mean _____.

11 단지 내가 도와줬다고 해서 + 그녀를 + 내가 관심 있는 것은 아냐 + 그녀에게.
Just because _____ + her + doesn't mean I am _____ + in _____.

12 단지 내가 목마르다고 해서 + 내가 마시고 싶은 것은 아냐 + 물을.
Just because I am _____ + doesn't mean I _____ drink + _____.

13 단지 그가 의사라고 해서 + 그가 도와줄 수 있는 것은 아냐 + 모두를.
_____ he is a _____ + _____ mean he can _____ + everyone.

14 단지 우리가 고용했다고 해서 + 너를 + 우리가 믿는 것은 아냐 + 너를 + 완전히.
Just because _____ + you + _____ we _____ + you + completely.

15 단지 우리가 여자들이라고 해서 + 우리가 더 민감한 것은 아냐 + 남자들보다.
_____ we are _____ + _____ we are more _____ + than _____.

패턴 83 - 단지 A라고 해서 B인 것은 아냐

어순 손 영작
어순대로 영작해 보세요.

현재 부정문

① 단지 내가 소녀라고 해서 / 내가 수줍은 것은 아냐. (shy)
↳ _____ / _____ .

② 단지 내가 차가 있다고 해서 / 내가 부유한 것은 아냐. (rich)
↳ _____ / _____ .

③ 단지 내가 남자라고 해서 / 내가 거친 것은 아냐. (tough)
↳ _____ / _____ .

④ 단지 네가 내 친구라고 해서 / 내가 좋아하는 것은 아냐 / 너를. (like)
↳ _____ / _____ / _____ .

⑤ 단지 내가 키스했다고 해서 / 그에게 / 내가 사랑하는 것은 아냐 / 그를. (kiss)
↳ _____ / _____ / _____ / _____ .

⑥ 단지 내가 가난하다고 해서 / 내가 행복하지 않은 것은 아냐. (poor)
↳ _____ / _____ .

⑦ 단지 눈이 오고 있다고 해서 / 지금 / 추운 것은 아냐. (snow)
↳ _____ / _____ / _____ .

⑧ 단지 네가 부유하다고 해서 / 네가 똑똑한 것은 아냐. (smart)
↳ _____ / _____ .

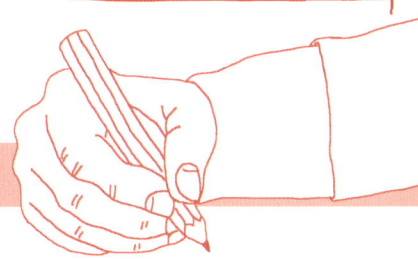

Just because A doesn't mean B

⑨ 단지 그녀가 말랐다고 해서 / 그녀가 약한 것은 아냐. (skinny)

↳ ⬜⬜⬜⬜⬜ / ⬜⬜⬜⬜⬜ .

⑩ 단지 그녀가 아름답다고 해서 / 그녀가 못된 것은 아냐. (mean)

↳ ⬜⬜⬜⬜⬜ / ⬜⬜⬜⬜⬜ .

⑪ 단지 내가 도와줬다고 해서 / 그녀를 / 내가 관심 있는 것은 아냐 / 그녀에게. (be interested in)

↳ ⬜⬜ / ⬜⬜ / ⬜⬜ / ⬜⬜ .

⑫ 단지 내가 목마르다고 해서 / 내가 마시고 싶은 것은 아냐 / 물을. (thirsty)

↳ ⬜⬜⬜ / ⬜⬜ / ⬜⬜ .

⑬ 단지 그가 의사라고 해서 / 그가 도와줄 수 있는 것은 아냐 / 모두를. (everyone)

↳ ⬜⬜ / ⬜⬜ / ⬜⬜ .

⑭ 단지 우리가 고용했다고 해서 / 너를 / 우리가 믿는 것은 아냐 / 너를 / 완전히. (completely)

↳ ⬜ / ⬜ / ⬜ / ⬜ / ⬜ .

⑮ 단지 우리가 여자들이라고 해서 / 우리가 더 민감한 것은 아냐 / 남자들보다. (sensitive)

↳ ⬜⬜⬜ / ⬜⬜ / ⬜⬜ .

패턴 ㉘ Just because A doesn't mean B

패턴 83 단지 A라고 해서 B인 것은 아냐

COMPLETE SENTENCES 완성 문장 확인
완성 문장을 확인해 보세요.

현재 부정문

❶ Just because I am a girl doesn't mean I am shy.
단지 내가 소녀라고 해서 내가 수줍은 것은 아냐.

❷ Just because I have a car doesn't mean I am rich.
단지 내가 차가 있다고 해서 내가 부유한 것은 아냐.

❸ Just because I am a man doesn't mean I am tough.
단지 내가 남자라고 해서 내가 거친 것은 아냐.

❹ Just because you are my friend doesn't mean I like you.
단지 네가 내 친구라고 해서 내가 너를 좋아하는 것은 아냐.

❺ Just because I kissed him doesn't mean I love him.
단지 내가 그에게 키스했다고 해서 내가 그를 사랑하는 것은 아냐.

❻ Just because I am poor doesn't mean I am not happy.
단지 내가 가난하다고 해서 내가 행복하지 않은 것은 아냐.

❼ Just because it is snowing now doesn't mean it is cold.
단지 지금 눈이 오고 있다고 해서 추운 것은 아냐.

❽ 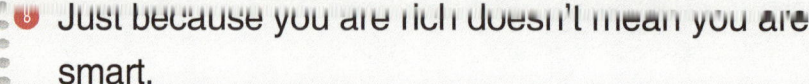 Just because you are rich doesn't mean you are smart.
단지 네가 부유하다고 해서 네가 똑똑한 것은 아냐.

⑨ **Just because she is skinny doesn't mean she is weak.**
단지 그녀가 말랐다고 해서 그녀가 약한 것은 아냐.

⑩ **Just because she is beautiful doesn't mean she is mean.**
단지 그녀가 아름답다고 해서 그녀가 못된 것은 아냐.

⑪ **Just because I helped her doesn't mean I am interested in her.**
단지 내가 그녀를 도와줬다고 해서 내가 그녀에게 관심 있는 것은 아냐.

⑫ **Just because I am thirsty doesn't mean I want to drink water.**
단지 내가 목마르다고 해서 내가 물을 마시고 싶은 것은 아냐.

⑬ **Just because he is a doctor doesn't mean he can help everyone.**
단지 그가 의사라고 해서 그가 모두를 도와줄 수 있는 것은 아냐.

⑭ **Just because I hired you doesn't mean we trust you completely.**
단지 우리가 너를 고용했다고 해서 우리가 너를 완전히 믿는 것은 아냐.

⑮ **Just because we are women doesn't mean we are more sensitive than men.**
단지 우리가 여자들이라고 해서 우리가 남자들보다 더 민감한 것은 아냐.

패턴 83 : 단지 A라고 해서 B인 것은 아냐

스피드 손 영작
최대한 빠른 속도로 한 번에 영작해 보세요.

① 단지 내가 소녀라고 해서 내가 수줍은 것은 아냐.
→

② 단지 내가 차가 있다고 해서 내가 부유한 것은 아냐.
→

③ 단지 내가 남자라고 해서 내가 거친 것은 아냐.
→

④ 단지 네가 내 친구라고 해서 내가 너를 좋아하는 것은 아냐.
→

⑤ 단지 내가 그에게 키스했다고 해서 내가 그를 사랑하는 것은 아냐.
→

⑥ 단지 내가 가난하다고 해서 내가 행복하지 않은 것은 아냐.
→

⑦ 단지 지금 눈이 오고 있다고 해서 추운 것은 아냐.
→

p.96에서 정답을 확인하세요.

Just because A doesn't mean B

걸린 시간 → 　분　초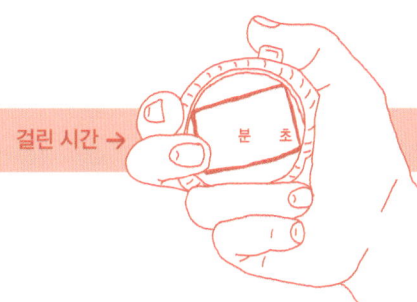

8 단지 네가 부유하다고 해서 네가 똑똑한 것은 아냐.

→ _____

9 단지 그녀가 말랐다고 해서 그녀가 약한 것은 아냐.

→ _____

10 단지 그녀가 아름답다고 해서 그녀가 못된 것은 아냐.

→ _____

11 단지 내가 그녀를 도와줬다고 해서 내가 그녀에게 관심있는 것은 아냐.

→ _____

12 단지 내가 목마르다고 해서 내가 물을 마시고 싶은 것은 아냐.

→ _____

13 단지 그가 의사라고 해서 그가 모두를 도와줄 수 있는 것은 아냐.

→ _____

14 단지 우리가 너를 고용했다고 해서 우리가 너를 완전히 믿는 것은 아냐.

→ _____

15 단지 우리가 여자들이라고 해서 우리가 남자들보다 더 민감한 것은 아냐.

→ _____

패턴 ⑧ Just because A doesn't mean B　99

패턴 84

~을 ...하게 유지해
↓

keep 명사 + 형용사

'**keep 명사 + 형용사**'는 '명사를 (형용사)하게 유지하다 / 두다'라고 해석합니다.
또한, **여기서 명사는 목적어의 형태**를 취해야 합니다.

예를 들어,
원래 문이 닫혀 있지 않은 상태에서 "그 문을 닫아라."라고 하려면
"Close the door."라고 표현하지만,
이미 문이 닫혀 있는 상태에서 "그 문을 닫힌 채 유지해라 / 닫힌 채 둬라."라고 하려면
"Keep the door closed."라고 표현합니다.

'keep = 유지하다'는 우리말 그대로 해석하면 약간 어색할 수도 있으므로
융통성 있게 의역하는 게 더욱 자연스럽습니다.

Keep your eyes closed.

예를 들어,
"Keep your eyes closed. = 너의 눈을 감긴 채 유지해라."
→ "눈을 감고 있어."
"Keep your child quiet. = 너의 아이를 조용한 채 유지해라."
→ "너의 아이를 조용히 있게 해."
"Let's keep customers coming. = 손님들이 오게 유지하자."
→ 손님들이 계속 오게끔 하자.

Example

↳ **Keep / the speed / steady.**
유지해라 / 속도를 / 꾸준하게. → 속도를 꾸준하게 유지해라.

↳ **Keep / the window / open.**
유지해라 / 그 창문을 / 열린 채. → 그 창문을 열린 채 유지해라.

↳ **I kept / the temperature / warm.**
나는 유지했어 / 온도를 / 따뜻하게. → 나는 온도를 따뜻하게 유지했어.

↳ **The pilot kept / the plane's altitude / high.**
그 조종사는 유지했어 / 비행기의 고도를 / 높게. → 그 조종사는 비행기의 고도를 높게 유지했어.

패턴 84 keep 명사 + 형용사   101

패턴 84 ~을 …하게 유지해

의미 단위 손 영작

의미 단위로 나뉘어져 있는 문장 마디를 보고 Hint 단어를 참고하여 빈칸을 채워 보세요.

p.106 완성 문장 확인에서 정답을 확인하세요.

1. 유지해라 _____ + 공기를 the _____ + 신선하게. _____.

2. 유지해라 Keep + 그 소년을 the _____ + 조용하게. _____.

3. 유지해라 _____ + 너의 눈들을 your _____ + 감긴 채. closed.

4. 유지해라 Keep + 온도를 the _____ + 차갑게. _____.

5. 유지해라 _____ + 너의 몸무게를 your _____ + 가볍게. _____.

6. 유지해라 _____ + 엔진을 the _____ + 따뜻하게. _____.

7. 유지해라 Keep + 고도를 the _____ + 높게. _____.

Hint
신선한 fresh
온도 temperature
몸무게 weight
가벼운 light
고도 altitude

keep 명사 + 형용사

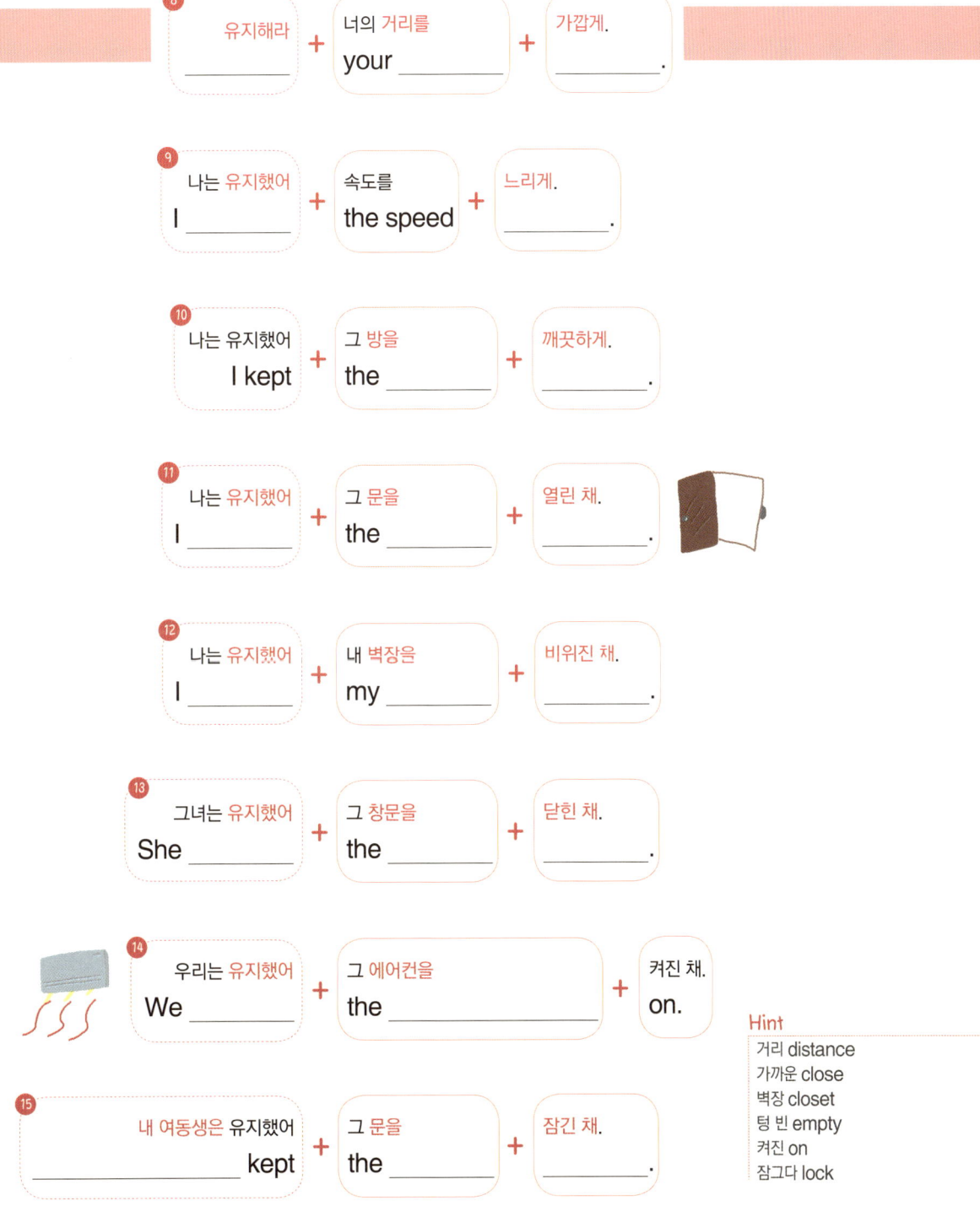

⑧ 유지해라 + 너의 거리를 your _____ + 가깝게. _____.

⑨ 나는 유지했어 I _____ + 속도를 the speed + 느리게. _____.

⑩ 나는 유지했어 I kept + 그 방을 the _____ + 깨끗하게. _____.

⑪ 나는 유지했어 I _____ + 그 문을 the _____ + 열린 채. _____.

⑫ 나는 유지했어 I _____ + 내 벽장을 my _____ + 비워진 채. _____.

⑬ 그녀는 유지했어 She _____ + 그 창문을 the _____ + 닫힌 채. _____.

⑭ 우리는 유지했어 We _____ + 그 에어컨을 the _____ + 켜진 채. on.

⑮ 내 여동생은 유지했어 _____ kept + 그 문을 the _____ + 잠긴 채. _____.

Hint
거리 distance
가까운 close
벽장 closet
텅 빈 empty
켜진 on
잠그다 lock

패턴 ⑭ keep 명사 + 형용사 103

패턴 84 ~을 …하게 유지해

어순 손 영작
어순대로 영작해 보세요.

명령문

① 유지해라 / 공기를 / 신선하게. (fresh)
↳ _____ / _____ / _____ .

② 유지해라 / 그 소년을 / 조용하게. (quiet)
↳ _____ / _____ / _____ .

③ 유지해라 / 너의 눈들을 / 감긴 채. (closed)
↳ _____ / _____ / _____ .

④ 유지해라 / 온도를 / 차갑게. (temperature)
↳ _____ / _____ / _____ .

⑤ 유지해라 / 너의 몸무게를 / 가볍게. (light)
↳ _____ / _____ / _____ .

⑥ 유지해라 / 엔진을 / 따뜻하게. (warm)
↳ _____ / _____ / _____ .

⑦ 유지해라 / 고도를 / 높게. (altitude)
↳ _____ / _____ / _____ .

⑧ 유지해라 / 너의 거리를 / 가깝게. (distance)
↳ _____ / _____ / _____ .

keep 명사 + 형용사

과거 긍정문

9 나는 유지했어 / 속도를 / 느리게. (slow)
↳ ⬚ / ⬚ / ⬚ .

10 나는 유지했어 / 그 방을 / 깨끗하게. (clean)
↳ ⬚ / ⬚ / ⬚ .

11 나는 유지했어 / 그 문을 / 열린 채. (open)
↳ ⬚ / ⬚ / ⬚ .

12 나는 유지했어 / 내 벽장을 / 비워진 채. (closet)
↳ ⬚ / ⬚ / ⬚ .

13 그녀는 유지했어 / 그 창문을 / 닫힌 채. (closed)
↳ ⬚ / ⬚ / ⬚ .

14 우리는 유지했어 / 그 에어컨을 / 켜진 채. (on)
↳ ⬚ / ⬚ / ⬚ .

15 내 여동생은 유지했어 / 그 문을 / 잠긴 채. (locked)
↳ ⬚ / ⬚ / ⬚ .

패턴 84 ~을 …하게 유지해

COMPLETE SENTENCES 완성 문장 확인
완성 문장을 확인해 보세요.

명령문

1. **Keep the air fresh.**
   공기를 신선하게 유지해라.
2. **Keep the boy quiet.**
   그 소년을 조용하게 유지해라.
3. **Keep your eyes closed.**
   너의 눈들을 감긴 채 유지해라.
4. **Keep the temperature cold.**
   온도를 차갑게 유지해라.
5. **Keep your weight light.**
   너의 몸무게를 가볍게 유지해라.
6. **Keep the engine warm.**
   엔진을 따뜻하게 유지해라.
7. **Keep the altitude high.**
   고도를 높게 유지해라.
8. **Keep your distance close.**
   너의 거리를 가깝게 유지해라.

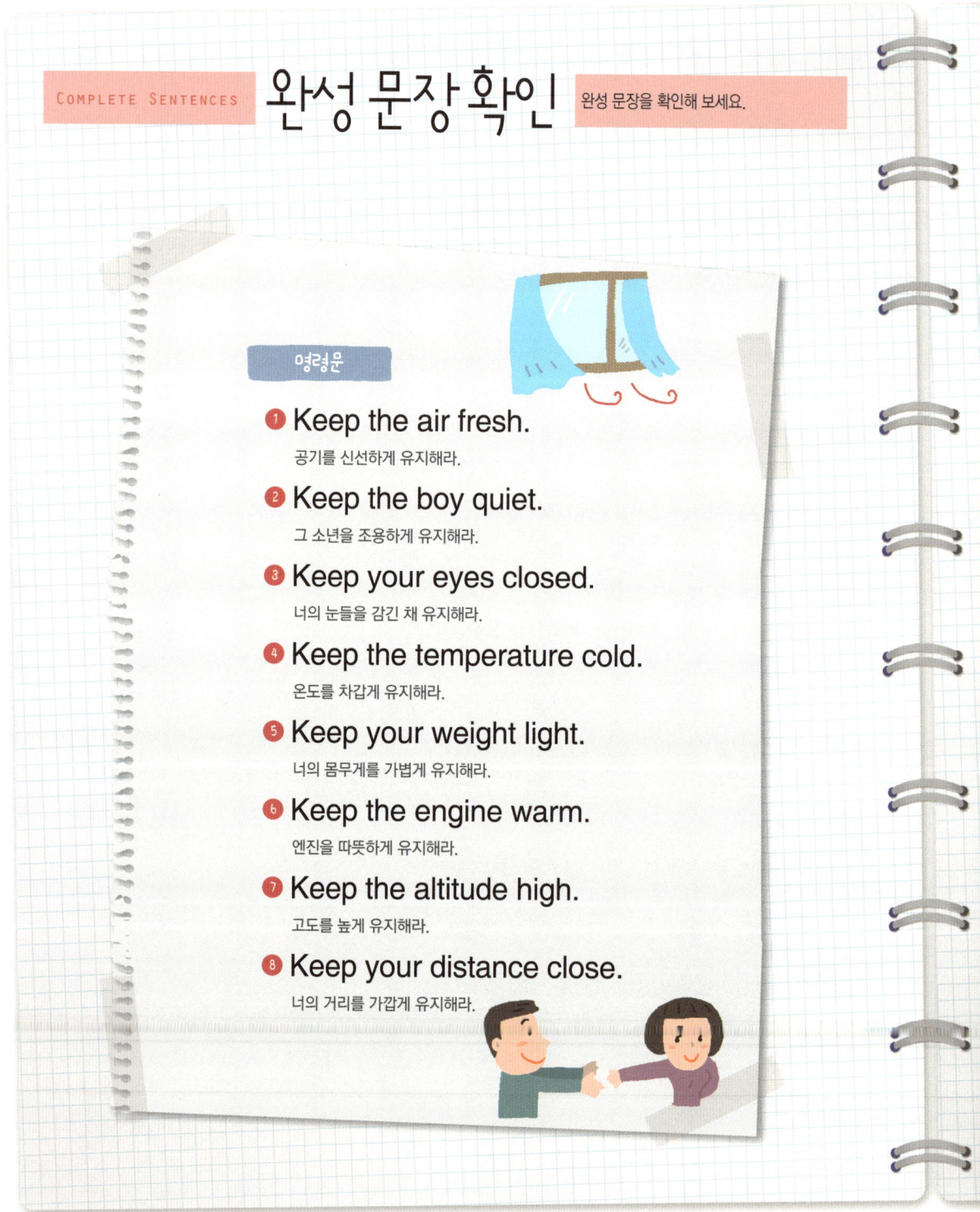

keep 명사 + 형용사

MP3 84_01

과거 긍정문

⑨ **I kept the speed slow.**
나는 속도를 느리게 유지했어.

⑩ **I kept the room clean.**
나는 그 방을 깨끗하게 유지했어.

⑪ **I kept the door open.**
나는 그 문을 열린 채 유지했어.

⑫ **I kept my closet empty.**
나는 내 벽장을 비워진 채 유지했어.

⑬ **She kept the window closed.**
그녀는 그 창문을 닫힌 채 유지했어.

⑭ **We kept the air conditioner on.**
우리는 그 에어컨을 켜진 채 유지했어.

⑮ **My sister kept the door locked.**
내 여동생은 그 문을 잠긴 채 유지했어.

패턴 ⑧ keep 명사 + 형용사   107

패턴 84 ~을 …하게 유지해

스피드 손 영작
최대한 빠른 속도로 한 번에 영작해 보세요.

① 공기를 신선하게 유지해라.

→ _____ .

② 그 소년을 조용하게 유지해라.

→ _____ .

③ 너의 눈들을 감긴 채 유지해라.

→ _____ .

④ 온도를 차갑게 유지해라.

→ _____ .

⑤ 너의 몸무게를 가볍게 유지해라.

→ _____ .

⑥ 엔진을 따뜻하게 유지해라.

→ _____ .

⑦ 고도를 높게 유지해라.

→ _____ .

p.106에서 정답을 확인하세요.

keep 명사 + 형용사

걸린 시간 → 분 초

⑧ 너의 거리를 가깝게 유지해라.
→ _____.

⑨ 나는 속도를 느리게 유지했어.
→ _____.

⑩ 나는 그 방을 깨끗하게 유지했어.
→ _____.

⑪ 나는 그 문을 열린 채 유지했어.
→ _____.

⑫ 나는 내 벽장을 비워진 채 유지했어.
→ _____.

⑬ 그녀는 그 창문을 닫힌 채 유지했어.
→ _____.

⑭ 우리는 그 에어컨을 켜진 채 유지했어.
→ _____.

⑮ 내 여동생은 그 문을 잠긴 채 유지했어.
→ _____.

패턴 85 → ~가 …한 채

with 명사 + 형용사

I kissed her with my eyes closed.

'with 명사 + 형용사'는 '명사가 (형용사)한 채'라고 해석하며, 두 가지 일이 동시에 벌어지는 상황(부대 상황)을 표현합니다. 또한 **여기서 명사는 목적어의 형태**를 취해야 합니다.

예를 들어,
"난 두 눈이 감긴 채 그녀에게 키스했어."라고 하려면
"I kissed her with my eyes closed."라고 표현합니다.
(눈이 감긴 것과 키스를 한 것이 동시에 벌어짐)

비슷하게,
"난 내 휴대폰이 꺼진 채 내 상사와 얘기했어."라고 하려면
"I talked to my boss with my phone off."라고 표현합니다.
(휴대폰이 꺼진 것과 얘기를 한 것이 동시에 벌어짐)

↳ **I was walking / with my eyes / closed.**
나는 걷고 있었어 / 내 눈들이 / 감긴 채. → 나는 내 눈들이 감긴 채 걷고 있었어.

↳ **Drive / with your eyes / open.**
운전해라 / 너의 눈들이 / 떠진 채. → 너의 눈들이 떠진 채 운전해라.

↳ **Never leave / with the door / locked.**
절대로 떠나지 마라 / 그 문이 / 잠긴 채. → 절대로 그 문이 잠긴 채 떠나지 마라.

↳ **Dance / with your arms / moving.**
춤을 춰라 / 너의 팔들이 / 움직이는 채. → 너의 팔들이 움직이는 채 춤을 춰라.

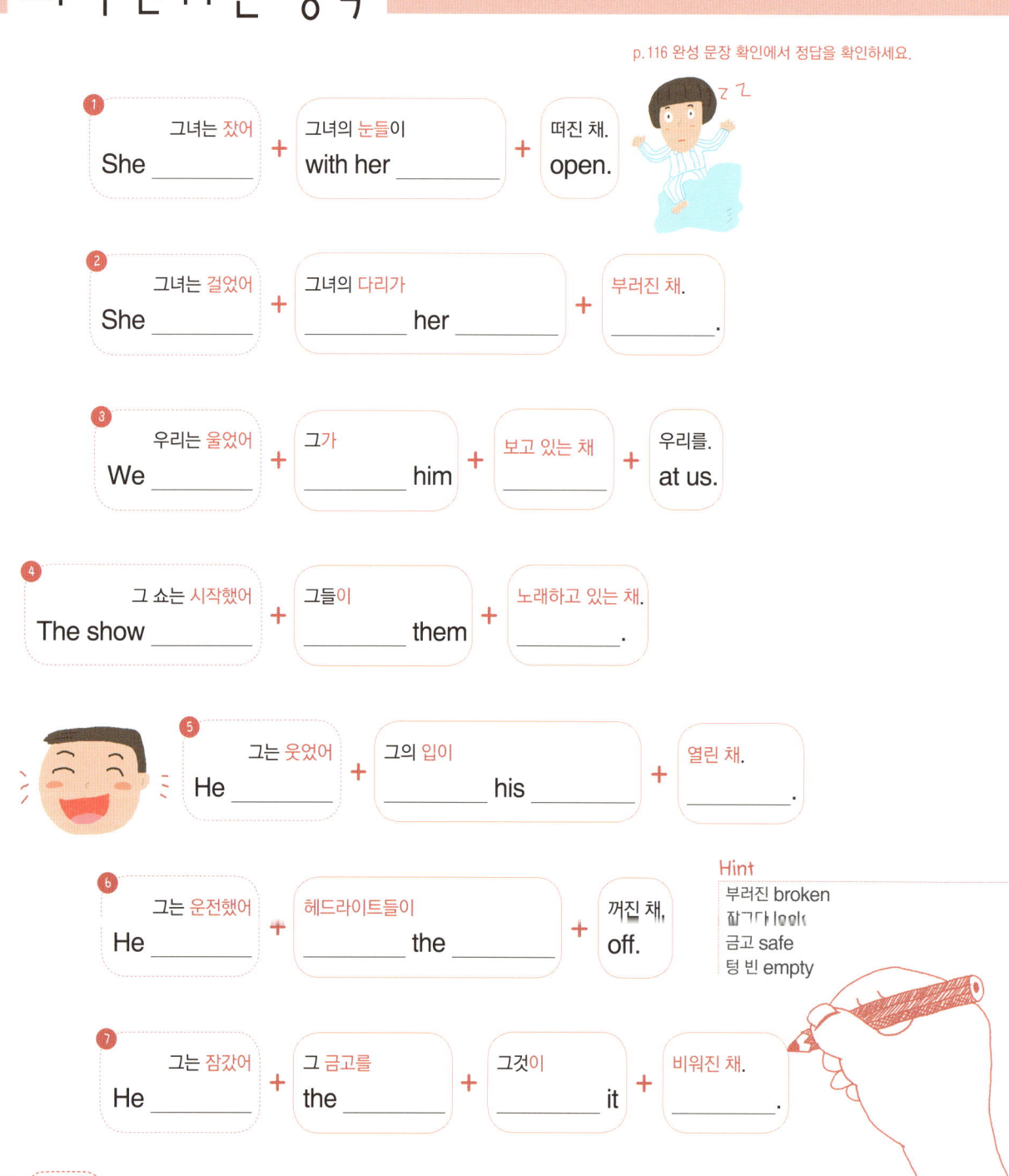

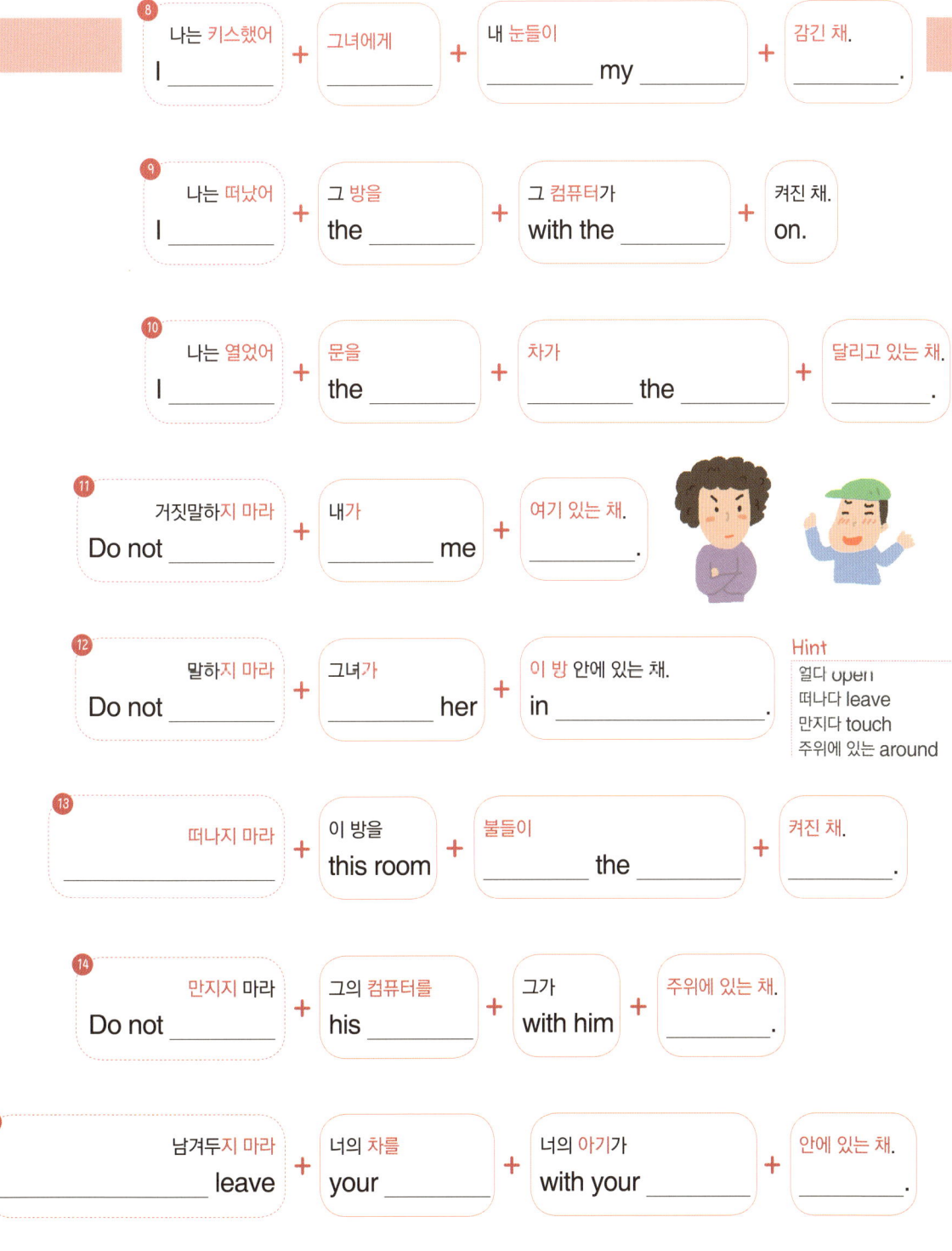

패턴 85 ~가 …한 채

어순 손 영작
어순대로 영작해 보세요.

과거 긍정문

1. 그녀는 잤어 / 그녀의 눈들이 / 떠진 채. (open)
   ↳ _____ / _____ / _____ .

2. 그녀는 걸었어 / 그녀의 다리가 / 부러진 채. (broken)
   ↳ _____ / _____ / _____ .

3. 우리는 울었어 / 그가 / 보고 있는 채 / 우리를. (look at)
   ↳ _____ / _____ / _____ / _____ .

4. 그 쇼는 시작했어 / 그들이 / 노래하고 있는 채. (sing)
   ↳ _____ / _____ / _____ .

5. 그는 웃었어 / 그의 입이 / 열린 채. (open)
   ↳ _____ / _____ / _____ .

6. 그는 운전했어 / 헤드라이트들이 / 꺼진 채. (off)
   ↳ _____ / _____ / _____ .

7. 그는 잠갔어 / 그 금고를 / 그것이 / 비워진 채. (safe)
   ↳ _____ / _____ / _____ / _____ .

8. 나는 키스했어 / 그녀에게 / 내 눈들이 / 감긴 채. (closed)
   ↳ _____ / _____ / _____ / _____ .

with 명사 + 형용사

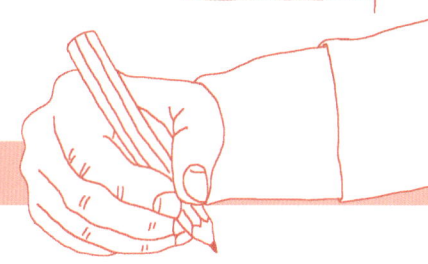

⑨ 나는 떠났어 / 그 방을 / 그 컴퓨터가 / 켜진 채. (on)
↳ ⬜ / ⬜ / ⬜ / ⬜ .

⑩ 나는 열었어 / 문을 / 차가 / 달리고 있는 채. (run)
↳ ⬜ / ⬜ / ⬜ / ⬜ .

명령문

⑪ 거짓말하지 마라 / 내가 / 여기 있는 채. (here)
↳ ⬜ / ⬜ / ⬜ .

⑫ 말하지 마라 / 그녀가 / 이 방 안에 있는 채. (in this room)
↳ ⬜ / ⬜ / ⬜ .

⑬ 떠나지 마라 / 이 방을 / 불들이 / 켜진 채. (light)
↳ ⬜ / ⬜ / ⬜ / ⬜ .

⑭ 만지지 마라 / 그의 컴퓨터를 / 그가 / 주위에 있는 채. (around)
↳ ⬜ / ⬜ / ⬜ / ⬜ .

⑮ 남겨두지 마라 / 너의 차를 / 너의 아기가 / 안에 있는 채. (inside)
↳ ⬜ / ⬜ / ⬜ / ⬜ .

패턴 85 ~가 …한 채

COMPLETE SENTENCES 완성 문장 확인
완성 문장을 확인해 보세요.

과거 긍정문

1. She slept with her eyes open.
   그녀는 그녀의 눈들이 떠진 채 잤어.

2. She walked with her leg broken.
   그녀는 그녀의 다리가 부러진 채 걸었어.

3. We cried with him looking at us.
   우리는 그가 우리를 보고 있는 채 울었어.

4. The show began with them singing.
   그 쇼는 그들이 노래하고 있는 채 시작했어.

5. He laughed with his mouth open.
   그는 그의 입이 열린 채 웃었어.

6. He drove with the headlights off.
   그는 헤드라이트들이 꺼진 채 운전했어.

7. He locked the safe with it empty.
   그는 그것이 비워진 채 그 금고를 잠갔어.

8. I kissed her with my eyes closed.
   나는 내 눈들이 감긴 채 그녀에게 키스했어.

9. I left the room with the computer on.
   나는 그 컴퓨터가 켜진 채 그 방을 떠났어.

10. I opened the door with the car running.
    나는 차가 달리고 있는 채 문을 열었어.

명령문

11 **Do not lie with me here.**
내가 여기 있는 채 거짓말하지 마라.

12 **Do not talk with her in this room.**
그녀가 이 방 안에 있는 채 말하지 마라.

13 **Do not leave this room with the lights on.**
불들이 켜진 채 이 방을 떠나지 마라.

14 **Do not touch his computer with him around.**
그가 주위에 있는 채 그의 컴퓨터를 만지지 마라.

15 **Do not leave your car with your baby inside.**
너의 차를 너의 아기가 안에 있는 채 남겨두지 마라.

패턴 85 ~가 …한 채

스피드 손 영작
최대한 빠른 속도로 한 번에 영작해 보세요.

① 그녀는 그녀의 눈들이 떠진 채 잤어.

→ _____

② 그녀는 그녀의 다리가 부러진 채 걸었어.

→ _____

③ 우리는 그가 우리를 보고 있는 채 울었어.

→ _____

④ 그 쇼는 그들이 노래하고 있는 채 시작했어.

→ _____

⑤ 그는 그의 입이 열린 채 웃었어.

→ _____

⑥ 그는 헤드라이트들이 꺼진 채 운전했어.

→ _____

⑦ 그는 그것이 비워진 채 그 금고를 잠갔어.

→ _____

p.116에서 정답을 확인하세요.

with 명사 + 형용사

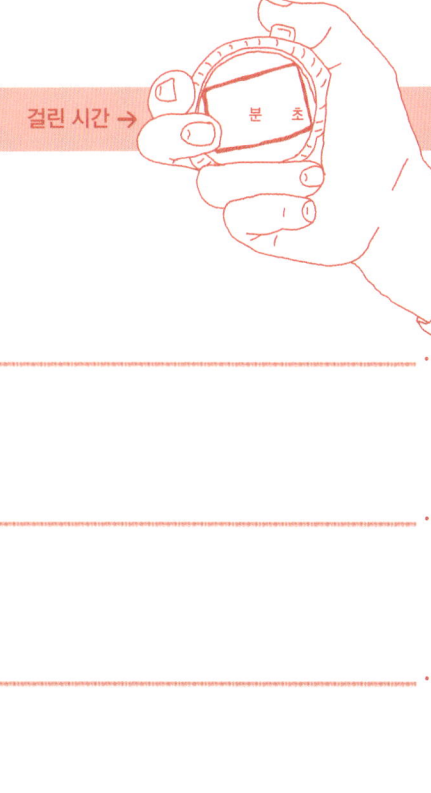

걸린 시간 → 　분　　초

8 나는 내 눈들이 감긴 채 그녀에게 키스했어.

→ _____.

9 나는 그 컴퓨터가 켜진 채 그 방을 떠났어.

→ _____.

10 나는 차가 달리고 있는 채 문을 열었어.

→ _____.

11 내가 여기 있는 채 거짓말하지 마라.

→ _____.

12 그녀가 이 방 안에 있는 채 말하지 마라.

→ _____.

13 불들이 켜진 채 이 방을 떠나지 마라.

→ _____.

14 그가 주위에 있는 채 그의 컴퓨터를 만지지 마라.

→ _____.

15 너의 차를 너의 아기가 안에 있는 채 남겨두지 마라.

→ _____.

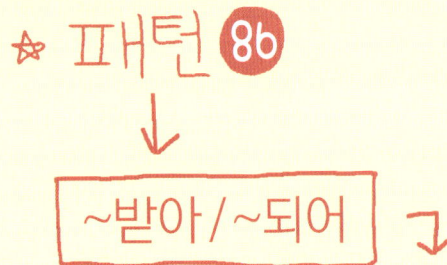

be동사 + p.p.

~받아/~되어

동사원형이 능동태로 '~하다'라고 해석된다면,
'be동사 + p.p.'는 수동태로 '~받다, ~되다'라고 해석됩니다.
시제는 be동사에서 바꿔줍니다.

또한 그 뒤에 **by 목적어를 넣게 되면**
'목적어에 의해'라는 정보가 추가됩니다.

예를 들어,
"나는 그녀를 사랑해."라고 능동태로 표현하려면 "I love her."가 되고,
같은 의미이지만 "그녀는 나에 의해 사랑받아."라고 수동태로 표현하려면
"She is loved by me."가 됩니다.

수동태는 능동태보다 선호되는 형태의 표현이 아니므로,
능동태로 표현해 같은 느낌이 전달될 수 있다면
가능한 한 능동태를 사용하는 것이 좋습니다.

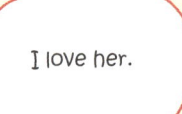

Example

↳ **She is loved** / by her fans.
그녀는 사랑받아 / 그녀의 팬들에 의해. → 그녀는 그녀의 팬들에 의해 사랑받아.

↳ **I was impressed** / by her passion.
나는 감동받았어 / 그녀의 열정에 의해. → 나는 그녀의 열정에 의해 감동받았어.

↳ **The table was not moved** / by me.
그 테이블은 움직여지지 않았어 / 나에 의해. → 그 테이블은 나에 의해 움직여지지 않았어.

↳ **Was he hurt** / by her?
그는 상처받았나요 / 그녀에 의해? → 그는 그녀에 의해 상처받았나요?

패턴 86 ~받아/~되어

의미 단위 손 영작

의미 단위로 나뉘어져 있는 문장 마디를 보고 Hint 단어를 참고하여 빈칸을 채워 보세요.

p.126 완성 문장 확인에서 정답을 확인하세요.

1 나는 도움받아 + 그들에 의해.
I am _____ + by _____.

2 나는 사랑받아 + 내 여자 친구에 의해.
I _____ + _____ my girlfriend.

3 이 자동차는 운전되었어 + 빠르게.
This car _____ + _____ fast.

4 이 전화기는 사용되었어 + 그들에 의해.
This _____ was _____ + _____ them.

5 우리는 칭찬받았어 + Mrs. Janice에 의해.
We _____ praised + _____ Mrs. Janice.

6 나는 맞지 않았어 + 그들에 의해.
I _____ not _____ + by them.

7 이 컴퓨터는 고쳐지지 않았어 + 나에 의해.
This computer _____ fixed + _____ me.

Hint
돕다 assist
때리다 hit(hit-hit-hit)

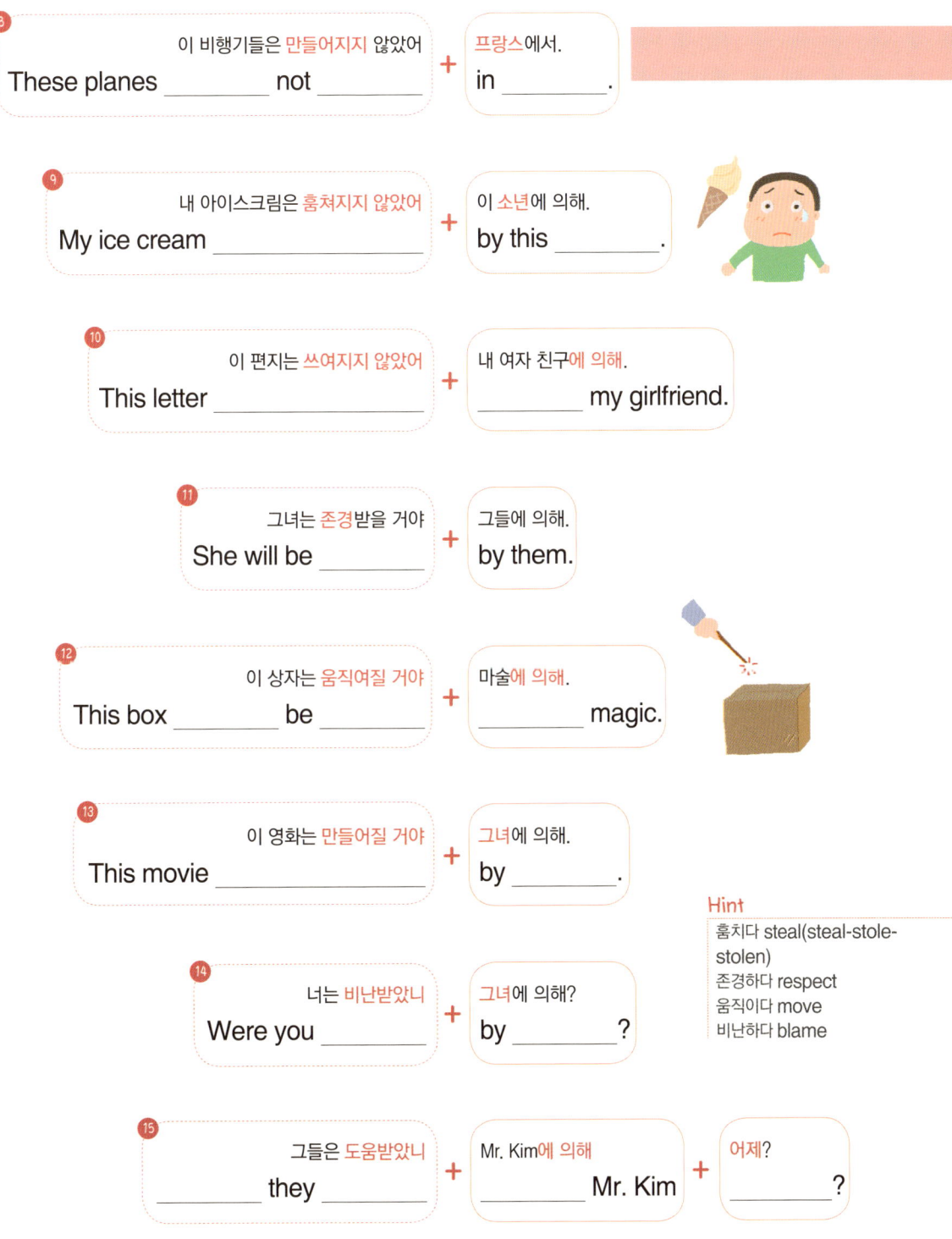

패턴 86 ~받아/~되어

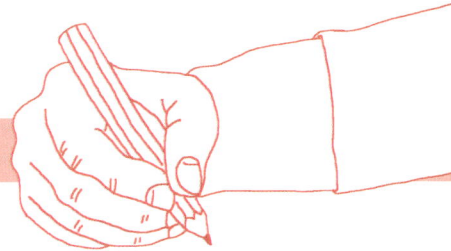

어순 손 영작
어순대로 영작해 보세요.

현재 수동형 긍정문

① 나는 도움받아 / 그들에 의해. (assisted)
↳ _____ / _____ .

② 나는 사랑받아 / 내 여자 친구에 의해. (loved)
↳ _____ / _____ .

과거 수동형 긍정문

③ 이 자동차는 운전되었어 / 빠르게. (driven)
↳ _____ / _____ .

④ 이 전화기는 사용되었어 / 그들에 의해. (used)
↳ _____ / _____ .

⑤ 우리는 칭찬받았어 / Mrs. Janice에 의해. (praised)
↳ _____ / _____ .

과거 수동형 부정문

⑥ 나는 맞지 않았어 / 그들에 의해. (hit)
↳ _____ / _____ .

⑦ 이 컴퓨터는 고쳐지지 않았어 / 나에 의해. (fixed)
↳ _____ / _____ .

be동사 + p.p.

⑧ 이 비행기들은 만들어지지 않았어 / 프랑스에서. (made)
↳ _____ / _____ .

⑨ 내 아이스크림은 훔쳐지지 않았어 / 이 소년에 의해. (stolen)
↳ _____ / _____ .

⑩ 이 편지는 쓰여지지 않았어 / 내 여자 친구에 의해. (written)
↳ _____ / _____ .

미래 수동형 긍정문

⑪ 그녀는 존경받을 거야 / 그들에 의해. (respected)
↳ _____ / _____ .

⑫ 이 상자는 움직여질 거야 / 마술에 의해. (magic)
↳ _____ / _____ .

⑬ 이 영화는 만들어질 거야 / 그녀에 의해. (movie)
↳ _____ / _____ .

과거 수동형 의문문

⑭ 너는 비난받았니 / 그녀에 의해? (blamed)
↳ _____ / _____ ?

⑮ 그들은 도움받았니 / Mr. Kim에 의해 / 어제? (helped)
↳ _____ / _____ / _____ ?

패턴 86 ~받아/~되어

COMPLETE SENTENCES 완성 문장 확인 — 완성 문장을 확인해 보세요.

현재 수동형 긍정문

1. I am assisted by them.
   나는 그들에 의해 도움받아.

2. I am loved by my girlfriend.
   나는 내 여자 친구에 의해 사랑받아.

과거 수동형 긍정문

3. This car was driven fast.
   이 자동차는 빠르게 운전되었어.

4. This phone was used by them.
   이 전화기는 그들에 의해 사용되었어.

5. We were praised by Mrs. Janice.
   우리는 Mrs. Janice에 의해 칭찬받았어.

과거 수동형 부정문

⑥ I was not hit by them.
나는 그들에 의해 맞지 않았어.

⑦ This computer was not fixed by me.
이 컴퓨터는 나에 의해 고쳐지지 않았어.

⑧ These planes were not made in France.
이 비행기들은 프랑스에서 만들어지지 않았어.

⑨ My ice cream was not stolen by this boy.
내 아이스크림은 이 소년에 의해 훔쳐지지 않았어.

⑩ This letter was not written by my girlfriend.
이 편지는 내 여자 친구에 의해 쓰여지지 않았어.

미래 수동형 긍정문

⑪ She will be respected by them.
그녀는 그들에 의해 존경받을 거야.

⑫ This box will be moved by magic.
이 상자는 마술에 의해 움직여질 거야.

⑬ This movie will be made by her.
이 영화는 그녀에 의해 만들어질 거야.

과거 수동형 의문문

⑭ Were you blamed by her?
너는 그녀에 의해 비난받았니?

⑮ Were they helped by Mr. Kim yesterday?
그들은 어제 Mr. Kim에 의해 도움받았니?

패턴 86 ~받아 / ~되어

스피드 손 영작
최대한 빠른 속도로 한 번에 영작해 보세요.

① 나는 그들에 의해 도움받아.
→ _____

② 나는 내 여자 친구에 의해 사랑받아.
→ _____

③ 이 자동차는 빠르게 운전되었어.
→ _____

④ 이 전화기는 그들에 의해 사용되었어.
→ _____

⑤ 우리는 Mrs. Janice에 의해 칭찬받았어.
→ _____

⑥ 나는 그들에 의해 맞지 않았어.
→ _____

⑦ 이 컴퓨터는 나에 의해 고쳐지지 않았어.
→ _____

p.126에서 정답을 확인하세요.

걸린 시간 →   분   초

8 이 비행기들은 프랑스에서 만들어지지 않았어.
→ _____.

9 내 아이스크림은 이 소년에 의해 훔쳐지지 않았어.
→ _____.

10 이 편지는 내 여자 친구에 의해 쓰여지지 않았어.
→ _____.

11 그녀는 그들에 의해 존경받을 거야.
→ _____.

12 이 상자는 마술에 의해 움직여질 거야.
→ _____.

13 이 영화는 그녀에 의해 만들어질 거야.
→ _____.

14 너는 그녀에 의해 비난받았니?
→ _____?

15 그들은 어제 Mr. Kim에 의해 도움받았니?
→ _____?

☆ 패턴

~을 …되게 해 / 시켜

have something p.p.

do something이 '~을 직접 하다'라고 해석된다면, have something done은 자신이 직접 하는 것이 아니라 '남에게 시키다'라는 느낌을 가지고 있습니다.
(결국 문장 뒤에 'by someone = 누군가에 의해'가 생략된 것이라고 생각할 수 있습니다.)

예를 들어,
"내가 내 차를 직접 세차했어."라고 하려면
"I washed my car."라고 표현하지만,
"내가 (남에게 시켜서) 내 차를 세차되게끔 했어."라고 하려면
"I had my car washed."라고 표현합니다.

구어에서는 have 대신 get도 많이 사용되지만,
이 Unit에서는 have에 집중하겠습니다.

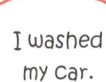

↳ **I had my car fixed** / yesterday.
나는 내 차를 고쳐지게 했어 / 어제. → 나는 어제 내 차를 고쳐지게 했어.

↳ **I had my hair cut** / today.
나는 내 머리카락을 잘라지게 했어 / 오늘. → 나는 오늘 내 머리카락을 잘라지게 했어.

↳ **Did you have your car waxed**?
너는 네 차를 왁스칠되게 했니? → 너는 네 차를 왁스칠되게 했니?

↳ **Did she have her computer fixed** / here?
그녀는 그녀의 컴퓨터를 고쳐지게 했니 / 여기에서?
→ 그녀는 여기에서 그녀의 컴퓨터를 고쳐지게 했니?

패턴 ⑧⑦ have something p.p.

패턴 87 ~을 …되게 해 / 시켜

의미 단위 손 영작
의미 단위로 나뉘어져 있는 문장 마디를 보고 Hint 단어를 참고하여 빈칸을 채워 보세요.

p.136 완성 문장 확인에서 정답을 확인하세요.

1 나는 내 전화기를 고쳐지게 했어.
I had _____ fixed.

2 나는 내 재킷을 세탁되게 했어.
I _____ my jacket _____.

3 나는 이 벽을 칠해지게 했어.
I had _____.

4 나는 내 차를 검사되게 했어.
I _____ my car _____.

5 그는 그의 전화기를 충전되게 했어.
He _____ his _____.

6 그들은 그의 건물을 폭파되게 했어.
They had _____.

7 그녀는 이 서류들을 출력되게 했어.
She _____ these _____ out.

Hint
세탁하다 wash
칠하다 paint
검사하다 inspect
충전하다 charge
폭파하다 explode
출력하다 print out

have something p.p.

8 나는 이 방을 청소되게 하지 않았어.
I did not _____ this room _____.

9 우리는 이 보트를 점검되게 하지 않았어.
We did _____ have this _____.

10 그들은 그들의 시스템을 고쳐지게 하지 않았어.
They did _____ have _____.

11 Henry는 그의 셔츠를 다림질되게 하지 않았어.
Henry did not _____ his shirt _____.

12 너는 너의 머리카락을 잘라지게 했니?
_____ you _____ your hair _____?

13 너는 너의 라디오를 고쳐지게 했니?
Did you have _____?

14 너는 이 가방을 옮겨지게 했니?
_____ this bag _____?

15 그녀는 그녀의 블라우스를 다림질되게 했니 + 오늘?
Did _____ her _____ today?

Hint
청소하다 clean
점검하다 check
고치다, 수리하다 mend
다림질하다 press
자르다 cut(cut-cut-cut)
다림질하다 iron

패턴 87 ~을 …되게 해/시켜

어순 손 영작
어순대로 영작해 보세요.

과거 긍정문

① 나는 내 전화기를 고쳐지게 했어. (fixed)
↳

② 나는 내 재킷을 세탁되게 했어. (washed)
↳

③ 나는 이 벽을 칠해지게 했어. (painted)
↳

④ 나는 내 차를 검사되게 했어. (inspected)
↳

⑤ 그는 그의 전화기를 충전되게 했어. (charged)
↳

⑥ 그들은 그의 건물을 폭파되게 했어. (exploded)
↳

⑦ 그녀는 이 서류들을 출력되게 했어. (printed out)
↳

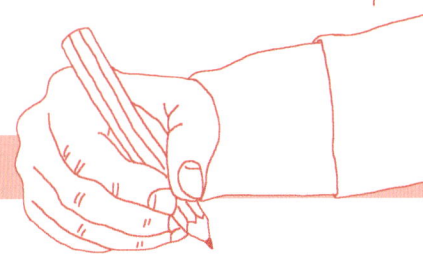

과거 부정문

⑧ 나는 이 방을 청소되게 하지 않았어. (cleaned)
↳ _____ .

⑨ 우리는 이 보트를 점검되게 하지 않았어. (checked)
↳ _____ .

⑩ 그들은 그들의 시스템을 고쳐지게 하지 않았어. (mended)
↳ _____ .

⑪ Henry는 그의 셔츠를 다림질되게 하지 않았어. (pressed)
↳ _____ .

과거 의문문

⑫ 너는 너의 머리카락을 잘라지게 했니? (cut)
↳ _____ ?

⑬ 너는 너의 라디오를 고쳐지게 했니? (fixed)
↳ _____ ?

⑭ 너는 이 가방을 옮겨지게 했니? (moved)
↳ _____ ?

⑮ 그녀는 그녀의 블라우스를 다림질되게 했니 / 오늘? (ironed)
↳ _____ / _____ ?

패턴 87 ~을 …되게 해/시켜

COMPLETE SENTENCES 완성 문장 확인 — 완성 문장을 확인해 보세요.

과거 긍정문

1. **I had my phone fixed.**
   나는 내 전화기를 고치게 했어.

2. **I had my jacket washed.**
   나는 내 재킷을 세탁되게 했어.

3. **I had this wall painted.**
   나는 이 벽을 칠해지게 했어.

4. **I had my car inspected.**
   나는 내 차를 검사되게 했어.

5. **He had his phone charged.**
   그는 그의 전화기를 충전되게 했어.

6. **They had his building exploded.**
   그들은 그의 건물을 폭파되게 했어.

7. **She had these documents printed out.**
   그녀는 이 서류들을 출력되게 했어.

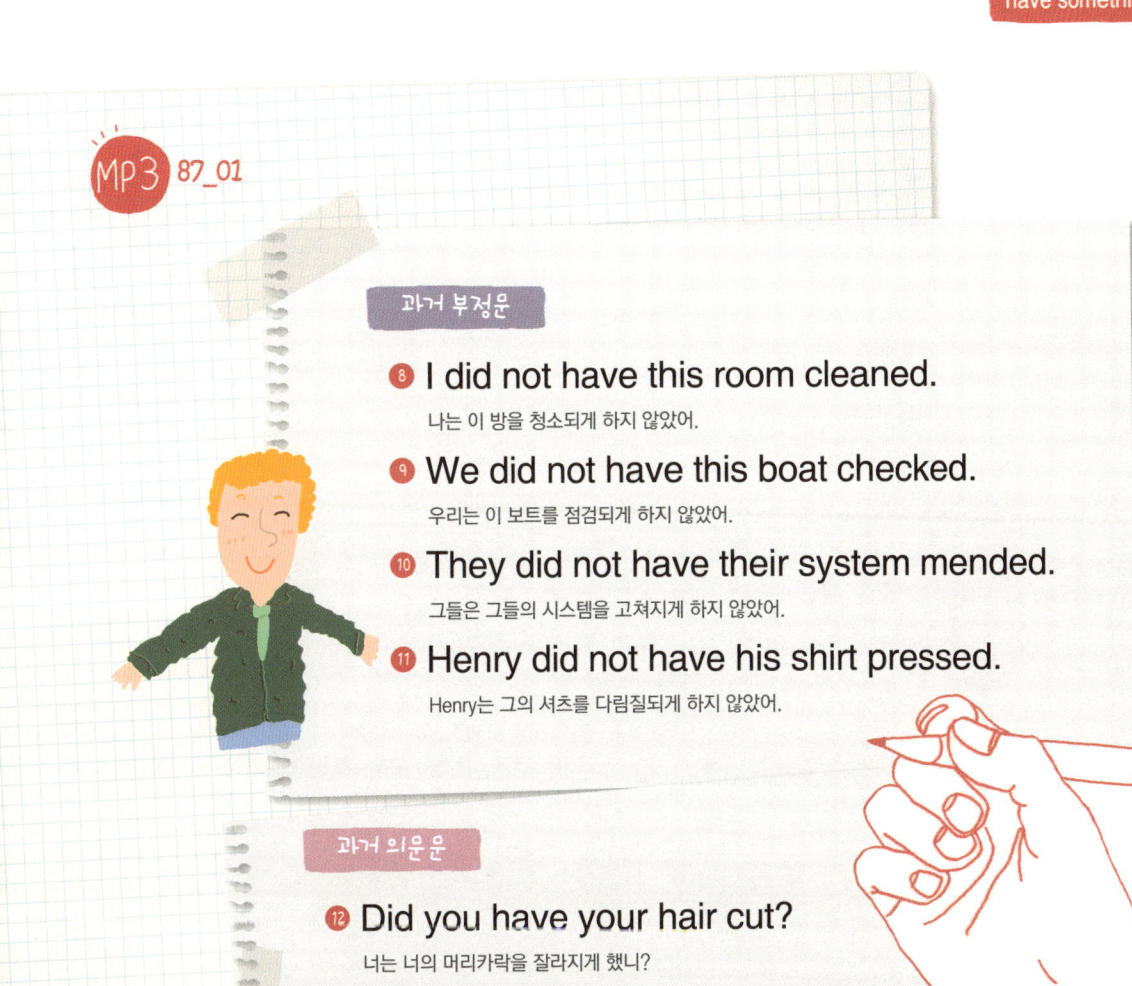

과거 부정문

8 I did not have this room cleaned.
나는 이 방을 청소되게 하지 않았어.

9 We did not have this boat checked.
우리는 이 보트를 점검되게 하지 않았어.

10 They did not have their system mended.
그들은 그들의 시스템을 고쳐지게 하지 않았어.

11 Henry did not have his shirt pressed.
Henry는 그의 셔츠를 다림질되게 하지 않았어.

과거 의문문

12 Did you have your hair cut?
너는 너의 머리카락을 잘라지게 했니?

13 Did you have your radio fixed?
너는 너의 라디오를 고쳐지게 했니?

14 Did you have this bag moved?
너는 이 가방을 옮겨지게 했니?

15 Did she have her blouse ironed today?
그녀는 오늘 그녀의 블라우스를 다림질되게 했니?

패턴 87 ~을 …되게 해/시켜

스피드 손 영작
최대한 빠른 속도로 한 번에 영작해 보세요.

① 나는 내 전화기를 고쳐지게 했어.
→ _____.

② 나는 내 재킷을 세탁되게 했어.
→ _____.

③ 나는 이 벽을 칠해지게 했어.
→ _____.

④ 나는 내 차를 검사되게 했어.
→ _____.

⑤ 그는 그의 전화기를 충전되게 했어.
→ _____.

⑥ 그들은 그의 건물을 폭파되게 했어.
→ _____.

⑦ 그녀는 이 서류들을 출력되게 했어.
→ _____.

p.136에서 정답을 확인하세요.

have something p.p.

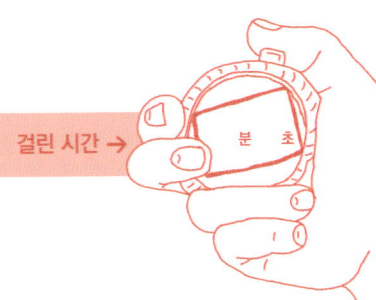

걸린 시간 → 분 초

8 나는 이 방을 청소되게 하지 않았어.

→ _____.

9 우리는 이 보트를 점검되게 하지 않았어.

→ _____.

10 그들은 그들의 시스템을 고쳐지게 하지 않았어.

→ _____.

11 Henry는 그의 셔츠를 다림질되게 하지 않았어.

→ _____.

12 너는 너의 머리카락을 잘라지게 했니?

→ _____?

13 너는 너의 라디오를 고쳐지게 했니?

→ _____?

14 너는 이 가방을 옮겨지게 했니?

→ _____?

15 그녀는 오늘 그녀의 블라우스를 다림질되게 했니?

→ _____?

패턴 ⑧⑦ have something p.p.

※ 패턴 ⑧⑧ → A뿐만 아니라 B도

not only A but also B

not only A but also B는 'A뿐만 아니라 B도'라고 해석되며,
A와 B는 같은 품사여야 합니다. (예: 동사-동사, 명사-명사, 형용사-형용사)

예를 들어,
"I not only love you but also care for you."의 경우에는
not only 앞에 I라는 주어까지만 나왔으므로
not only와 but also 뒤에는 모두 동사부터 와야 합니다.
그렇기 때문에 love와 care가 오게 되는 것입니다.

"I am not only pretty but also cute."의 경우에는
not only 앞에 am이라는 be동사까지 나왔으므로
not only와 but also 뒤에는 모두 형용사가 와야 합니다.
그렇기 때문에 pretty와 cute가 오게 되는 것입니다.

"I visited not only my mother but also my sister."의 경우에는
not only 앞에 visited라는 동사까지 나왔으므로
not only와 but also 뒤에는 모두 명사 목적어가 와야 합니다.
그렇기 때문에 my mother와 my sister가 오게 되는 것입니다.

I am not only pretty but also cute.

↳ **I am / not only pretty / but also cute**.

나는 / 예쁠 뿐만 아니라 / 귀엽기도 해. → 나는 예쁠 뿐만 아니라 귀엽기도 해.

↳ **She studies / not only English / but also Japanese**.

그녀는 공부해 / 영어뿐만 아니라 / 일본어도.
→ 그녀는 영어뿐만 아니라 일본어도 공부해.

↳ **We not only help / people / but also are cool**.

우리는 도와줄 뿐만 아니라 / 사람들을 / 쿨하기도 해. → 우리는 사람들을 도와줄 뿐만 아니라 쿨하기도 해.

↳ **I was not only hungry / but also lazy**.

우리는 배고팠을 뿐만 아니라 / 게으르기도 했어.
→ 우리는 배고팠을 뿐만 아니라 게으르기도 했어.

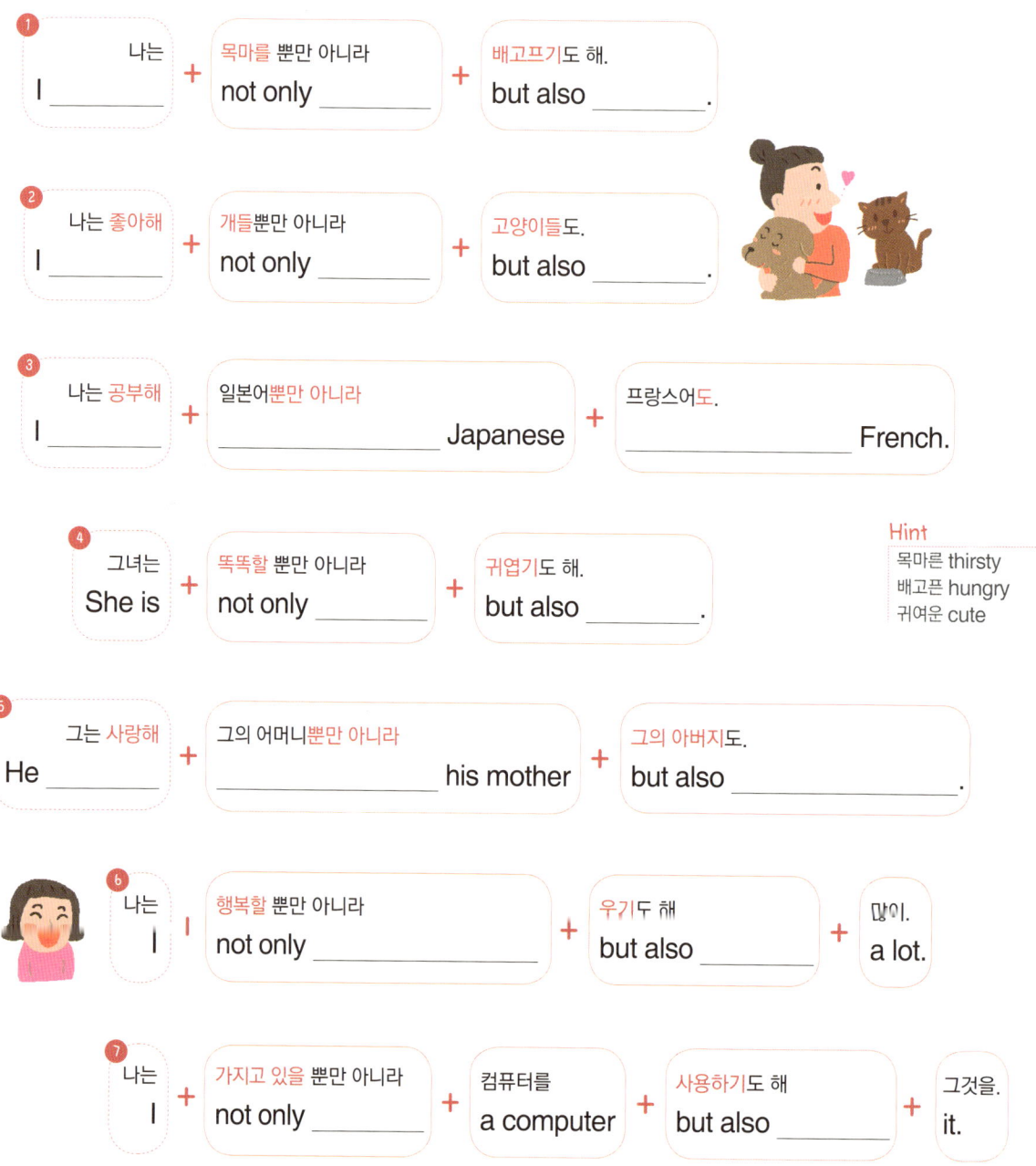

패턴 88 : A뿐만 아니라 B도

어순 손 영작
어순대로 영작해 보세요.

현재 긍정문

1. 나는 / 목마를 뿐만 아니라 / 배고프기도 해. (hungry)
   → _____ / _____ / _____ .

2. 나는 좋아해 / 개들뿐만 아니라 / 고양이들도. (like)
   → _____ / _____ / _____ .

3. 나는 공부해 / 일본어뿐만 아니라 / 프랑스어도. (French)
   → _____ / _____ / _____ .

4. 그녀는 / 똑똑할 뿐만 아니라 / 귀엽기도 해. (cute)
   → _____ / _____ / _____ .

5. 그는 사랑해 / 그의 어머니뿐만 아니라 / 그의 아버지도. (love)
   → _____ / _____ / _____ .

6. 나는 / 행복할 뿐만 아니라 / 웃기도 해 / 많이. (a lot)
   → _____ / _____ / _____ / _____ .

7. 나는 / 가지고 있을 뿐만 아니라 / 컴퓨터를 / 사용하기도 해 / 그것을. (use)
   → _____ / _____ / _____ / _____ / _____ .

8. 그녀는 / 가지고 있을 뿐만 아니라 / 자동차를 / 부유하기도 해. (rich)
   → _____ / _____ / _____ / _____ .

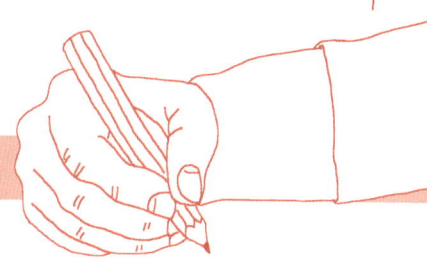

⑨ 그녀는 / 날씬할 뿐만 아니라 / 운동도 해 / 매일. (exercise)

↳ ⬜ / ⬜ / ⬜ / ⬜ .

과거 긍정문

⑩ 나는 / 노래했을 뿐만 아니라 / 춤도 췄어. (sing)

↳ ⬜ / ⬜ / ⬜ .

⑪ 나는 노래했어 / 크게뿐만 아니라 / 깊게도. (loudly)

↳ ⬜ / ⬜ / ⬜ .

⑫ 나는 달렸어 / 어제뿐만 아니라 / 오늘도. (run)

↳ ⬜ / ⬜ / ⬜ .

⑬ 우리는 걸었어 / 느리게뿐만 아니라 / 빠르게도. (fast)

↳ ⬜ / ⬜ / ⬜ .

⑭ 그들은 노래했어 / 거기에서뿐만 아니라 / 이 교실 안에서도. (there)

↳ ⬜ / ⬜ / ⬜ .

⑮ 그들은 살았어 / 행복하게뿐만 아니라 / 평화롭게도. (peacefully)

↳ ⬜ / ⬜ / ⬜ .

패턴 88 — A뿐만 아니라 B도

COMPLETE SENTENCES 완성 문장 확인
완성 문장을 확인해 보세요.

현재 긍정문

1. I am not only thirsty but also hungry.
   나는 목마를 뿐만 아니라 배고프기도 해.

2. I like not only dogs but also cats.
   나는 개들뿐만 아니라 고양이들도 좋아해.

3. I study not only Japanese but also French.
   나는 일본어뿐만 아니라 프랑스어도 공부해.

4. She is not only smart but also cute.
   그녀는 똑똑할 뿐만 아니라 귀엽기도 해.

5. He loves not only his mother but also his father.
   그는 그의 어머니뿐만 아니라 그의 아버지도 사랑해.

6. I not only am happy but also laugh a lot.
   나는 행복할 뿐만 아니라 많이 웃기도 해.

7. I not only have a computer but also use it.
   나는 컴퓨터를 가지고 있을 뿐만 아니라 그것을 사용하기도 해.

8. She not only has a car but also is rich.
   그녀는 자동차를 가지고 있을 뿐만 아니라 부유하기도 해.

9. She not only is slim but also exercises every day.
   그녀는 날씬할 뿐만 아니라 매일 운동도 해.

과거 긍정문

⑩ **I not only sang but also danced.**
나는 노래했을 뿐만 아니라 춤도 췄어.

⑪ **I sang not only loudly but also deeply.**
나는 크게뿐만 아니라 깊게도 노래했어.

⑫ **I ran not only yesterday but also today.**
나는 어제뿐만 아니라 오늘도 달렸어.

⑬ **We walked not only slowly but also fast.**
우리는 느리게뿐만 아니라 빠르게도 걸었어.

⑭ **They sang not only there but also in this classroom.**
그들은 거기에서뿐만 아니라 이 교실 안에서도 노래했어.

⑮ **They lived not only happily but also peacefully.**
그들은 행복하게뿐만 아니라 평화롭게도 살았어.

패턴 88 — A뿐만 아니라 B도

스피드 손 영작
최대한 빠른 속도로 한 번에 영작해 보세요.

1. 나는 목마를 뿐만 아니라 배고프기도 해.
   →

2. 나는 개들뿐만 아니라 고양이들도 좋아해.
   →

3. 나는 일본어뿐만 아니라 프랑스어도 공부해.
   →

4. 그녀는 똑똑할 뿐만 아니라 귀엽기도 해.
   →

5. 그는 그의 어머니뿐만 아니라 그의 아버지도 사랑해.
   →

6. 나는 행복할 뿐만 아니라 많이 웃기도 해.
   →

7. 나는 컴퓨터를 가지고 있을 뿐만 아니라 그것을 사용하기도 해.
   →

p.146에서 정답을 확인하세요.

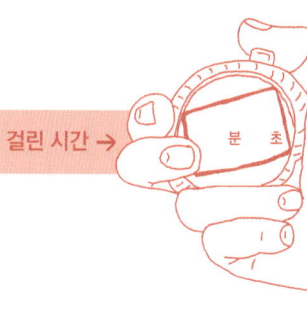

걸린 시간 → 분 초

⑧ 그녀는 자동차를 가지고 있을 뿐만 아니라 부유하기도 해.

→ _____.

⑨ 그녀는 날씬할 뿐만 아니라 매일 운동도 해.

→ _____.

⑩ 나는 노래했을 뿐만 아니라 춤도 췄어.

→ _____.

⑪ 나는 크게뿐만 아니라 깊게도 노래했어.

→ _____.

⑫ 나는 어제뿐만 아니라 오늘도 달렸어.

→ _____.

⑬ 우리는 느리게뿐만 아니라 빠르게도 걸었어.

→ _____.

⑭ 그들은 거기에서뿐만 아니라 이 교실 안에서도 노래했어.

→ _____.

⑮ 그들은 행복하게뿐만 아니라 평화롭게도 살았어.

→ _____.

패턴 ⑧ not only A but also B   149

★ 패턴 89 → ~할수록 더 …해

the 비교급, the 비교급

'the 비교급, the 비교급'은 '~할수록 더 …하다'라고 해석됩니다.

1. 비교할 형용사나 부사를 비교급으로 바꾼 후
2. 앞에 the를 붙여 문장 맨 앞쪽으로 이동시킵니다.

예를 들어,
"네가 더 열심히 공부할수록, 너는 더 행복할 거야."라고 하려면

네가 열심히 공부한다, = You study hard,
1. 네가 더 열심히 공부한다, = You study harder,
2. 네가 더 열심히 공부할수록, = The harder you study,

너는 행복할 거야. = you will be happy.
1. 너는 더 행복할 거야. = you will be happier.
2. 너는 더 행복할 거야. = the happier you will be.

이제 두 문장을 합쳐서
"The harder you study, the happier you will be."라고 표현합니다.

> The harder you study, the happier you will be.

만약 비교할 문장에 목적어를 포함시키려면 목적어를 주어 앞으로 이동시킵니다.
예를 들어, "네가 더 열심히 공부할수록, 너는 더 높은 점수를 받을 거야."라고 하려면
'점수 = score'가 목적어이므로, "The harder you study, the higher score you will get."이라고 표현합니다.

↳ **The more** you eat, /
the fatter you will become.
네가 더 많이 먹을수록, / 너는 더 뚱뚱해질 거야. → 네가 더 많이 먹을수록, 너는 더 뚱뚱해질 거야.

↳ **The faster** you move, /
the healthier you will get.
네가 더 빨리 움직일수록, / 너는 더 건강해질 거야. → 네가 더 빨리 움직일수록, 너는 더 건강해질 거야.

↳ **The less** you sleep, /
the more tired you will be.
네가 덜 잘수록, / 너는 더 피곤할 거야. → 네가 덜 잘수록, 너는 더 피곤할 거야.

↳ **The harder** you work, /
the more money you can make.
네가 더 열심히 일할수록, / 너는 더 많은 돈을 벌 수 있어. → 네가 더 열심히 일할수록, 너는 더 많은 돈을 벌 수 있어.

패턴 89 ~할수록 더 …해

의미 단위 손 영작

의미 단위로 나뉘어져 있는 문장 마디를 보고 Hint 단어를 참고하여 빈칸을 채워 보세요.

p.156 완성 문장 확인에서 정답을 확인하세요.

1 내가 더 먹을수록, + 나는 더 뚱뚱해졌어.
_____ I ate, _____ I got.

2 내가 더 빨리 읽을수록, + 나는 더 똑똑해졌어.
_____ I _____, _____ I got.

3 내가 더 느리게 걸을수록, + 나는 더 편해졌어.
_____ I _____, _____ I got.

4 내가 더 열심히 일할수록, + 나는 더 많은 돈을 벌었어.
_____ I _____, _____ money I _____.

5 내가 더 빠르게 뛸수록, + 나는 더 많은 칼로리들을 태웠어.
_____ I _____, _____ I burned.

6 내가 더 울수록, | 그녀는 더 화가 났어.
_____ I cried, _____ she got.

7 내가 더 오래 머무를수록, + 나는 더 지불할 거야.
_____ I _____, _____ I will pay.

Hint
뚱뚱해지다 get fat
편한 comfortable
화를 내다 get angry
칼로리를 태우다 burn calories

the 비교급, the 비교급

8. 네가 더 웃을수록, 너는 더 건강해질 거야.
The _____ you _____, + the _____ you will get.

9. 네가 더 열심히 운동할수록, 너는 더 가벼워질 거야.
_____ you _____, + _____ you will get.

10. 네가 더 열심히 춤출수록, 너는 더 행복해질 거야.
_____ you _____, + _____ you will get.

11. 네가 더 불평할수록, 너는 더 슬퍼질 거야.
_____ you _____, + _____ you will get.

12. 네가 덜 마실수록, 너는 덜 피곤해질 거야.
_____ you _____, + _____ you will get.

13. 네가 더 예쁠수록, 너는 더 인기가 많아질 거야.
_____ you are, + _____ you will get.

14. 네가 더 웃길수록, 너는 더 많은 돈을 벌 거야.
_____ you are, + _____ you will get.

15. 네가 더 많은 돈을 벌수록, 너는 더 행복해질 거야.
_____ money you make, + _____ you will get.

Hint
건강한 healthy
가벼운 light
불평하다 complain
피곤한 tired
인기 있는 popular

패턴 89 ~할수록 더 …해

어순 손 영작
어순대로 영작해 보세요.

과거 긍정문

① 내가 더 먹을수록, / 나는 더 뚱뚱해졌어. (fatter)
↳ _____ / _____ .

② 내가 더 빨리 읽을수록, / 나는 더 똑똑해졌어. (smarter)
↳ _____ / _____ .

③ 내가 더 느리게 걸을수록, / 나는 더 편해졌어. (more comfortable)
↳ _____ / _____ .

④ 내가 더 열심히 일할수록, / 나는 더 많은 돈을 벌었어. (more money)
↳ _____ / _____ .

⑤ 내가 더 빠르게 뛸수록, / 나는 더 많은 칼로리들을 태웠어. (more calories)
↳ _____ / _____ .

⑥ 내가 더 울수록, / 그녀는 더 화가 났어. (angrier)
↳ _____ / _____ .

미래 긍정문

⑦ 내가 더 오래 머물수록, / 나는 더 지불할 거야. (pay)
↳ _____ / _____ .

the 비교급, the 비교급

8 네가 더 웃을수록, / 너는 더 건강해질 거야. (healthier)
↳ ⬚ / ⬚ .

9 네가 더 열심히 운동할수록, / 너는 더 가벼워질 거야. (lighter)
↳ ⬚ / ⬚ .

10 네가 더 열심히 춤출수록, / 너는 더 행복해질 거야. (happier)
↳ ⬚ / ⬚ .

11 네가 더 불평할수록, / 너는 더 슬퍼질 거야. (sadder)
↳ ⬚ / ⬚ .

12 네가 덜 마실수록, / 너는 덜 피곤해질 거야. (less tired)
↳ ⬚ / ⬚ .

13 네가 더 예쁠수록, / 너는 더 인기 많아질 거야. (more popular)
↳ ⬚ / ⬚ .

14 네가 더 웃길수록, / 너는 더 많은 돈을 벌 거야. (funnier)
↳ ⬚ / ⬚ .

15 네가 더 많은 돈을 벌수록, / 너는 더 행복해질 거야. (happier)
↳ ⬚ / ⬚ .

패턴 89 the 비교급, the 비교급

COMPLETE SENTENCES 완성 문장 확인
완성 문장을 확인해 보세요.

과거 긍정문

❶ **The more I ate, the fatter I got.**
내가 더 먹을수록, 나는 더 뚱뚱해졌어.

❷ **The faster I read, the smarter I got.**
내가 더 빨리 읽을수록, 나는 더 똑똑해졌어.

❸ **The slower I walked, the more comfortable I got.**
내가 더 느리게 걸을수록, 나는 더 편해졌어.

❹ **The harder I worked, the more money I made.**
내가 더 열심히 일할수록, 나는 더 많은 돈을 벌었어.

❺ **The faster I ran, the more calories I burned.**
내가 더 빠르게 뛸수록, 나는 더 많은 칼로리들을 태웠어.

❻ **The more I cried, the angrier she got.**
내가 더 울수록, 그녀는 더 화가 났어.

미래 긍정문

❼ **The longer I stay, the more I will pay.**
내가 더 오래 머물수록, 나는 더 지불할 거야.

❽ **The more you laugh, the healthier you will get.**
네가 더 웃을수록, 너는 더 건강해질 거야.

❾ **The harder you exercise, the lighter you will get.**
네가 더 열심히 운동할수록, 너는 더 가벼워질 거야.

❿ **The harder you dance, the happier you will get.**
네가 더 열심히 춤출수록, 너는 더 행복해질 거야.

⓫ **The more you complain, the sadder you will get.**
네가 더 불평할수록, 너는 더 슬퍼질 거야.

⓬ **The less you drink, the less tired you will get.**
네가 덜 마실수록, 너는 덜 피곤해질 거야.

⓭ **The prettier you are, the more popular you will get.**
네가 더 예쁠수록, 너는 더 인기 많아질 거야.

⓮ **The funnier you are, the more money you will get.**
네가 더 웃길수록, 너는 더 많은 돈을 벌 거야.

⓯ **The more money you make, the happier you will get.**
네가 더 많은 돈을 벌수록, 너는 더 행복해질 거야.

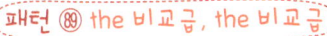

패턴 89 ~할수록 더 …해

스피드 손 영작
최대한 빠른 속도로 한 번에 영작해 보세요.

1 내가 더 먹을수록, 나는 더 뚱뚱해졌어.
→ _____

2 내가 더 빨리 읽을수록, 나는 더 똑똑해졌어.
→ _____

3 내가 더 느리게 걸을수록, 나는 더 편해졌어.
→ _____

4 내가 더 열심히 일할수록, 나는 더 많은 돈을 벌었어.
→ _____

5 내가 더 빠르게 뛸수록, 나는 더 많은 칼로리들을 태웠어.
→ _____

6 내가 더 울수록, 그녀는 더 화가 났어.
→ _____

7 내가 더 오래 머물수록, 나는 더 지불할 거야.
→ _____

p. 156에서 정답을 확인하세요.

the 비교급, the 비교급

걸린 시간 → 　분　　초

⑧ 네가 더 웃을수록, 너는 더 건강해질 거야.

→ _____.

⑨ 네가 더 열심히 운동할수록, 너는 더 가벼워질 거야.

→ _____.

⑩ 네가 더 열심히 춤출수록, 너는 더 행복해질 거야.

→ _____.

⑪ 네가 더 불평할수록, 너는 더 슬퍼질 거야.

→ _____.

⑫ 네가 덜 마실수록, 너는 덜 피곤해질 거야.

→ _____.

⑬ 네가 더 예쁠수록, 너는 더 인기 많아질 거야.

→ _____.

⑭ 네가 더 웃길수록, 너는 더 많은 돈을 벌 거야.

→ _____.

⑮ 네가 더 많은 돈을 벌수록, 너는 더 행복해질 거야.

→ _____.

패턴 90

~하기로 되어 있어

be supposed to
(평서문)

be supposed to 뒤에는 **동사원형**이 오면서,
'**~하기로 되어 있다**'라고 해석되며,
should보다 무언가를 해야 한다는 **의무적인 느낌이 더욱 강합니다.**

시제는 be동사에서 바꾸며,
supposed의 모양은 항상 그대로 유지합니다.

예를 들어,
"나는 지금 학교에 가기로 되어 있어."라고 하려면
"I am supposed to go to school now."라고 표현합니다.
또한 "그는 4시까지 여기 오기로 되어 있어."라고 하려면
"He is supposed to be here by 4."라고 표현합니다.

이 Unit에서는 평서문에 집중하도록 하겠습니다.
의문문은 다음 Unit에서 따로 훈련하겠습니다.

↳ I **am supposed to** help / him.
나는 도와주기로 되어 있어 / 그를. → 나는 그를 도와주기로 되어 있어.

↳ She **is supposed to** work / today.
그녀는 일하기로 되어 있어 / 오늘. → 그녀는 오늘 일하기로 되어 있어.

↳ We **are** not **supposed to** smoke / here.
우리는 담배 피우지 않기로 되어 있어 / 여기에서. → 우리는 여기에서 담배 피우지 않기로 되어 있어.

↳ They **were supposed to** come / to the meeting / yesterday.
그들은 오기로 되어 있었어 / 그 모임에 / 어제. → 그들은 어제 그 모임에 오기로 되어 있었어.

패턴 ⑨ be supposed to (평서문)

패턴 90 ~하기로 되어 있어

의미 단위 손 영작

의미 단위로 나뉘어져 있는 문장 마디를 보고 Hint 단어를 참고하여 빈칸을 채워 보세요.

p.166 완성 문장 확인에서 정답을 확인하세요.

1 나는 일하기로 되어 있어
I am supposed to _____ + 그를 위해 _____ him + 내일 _____.

2 나는 도와주기로 되어 있어
I _____ help + 그 신입 직원들을. the _____.

3 그녀는 오기로 되어 있어
She _____ supposed _____ + 이 수업에 _____ this _____ + 오늘. today.

4 그는 죽기로 되어 있었어
He was supposed _____ + 이 장면에서. in this _____.

Hint
직원 employee
장면 scene
상사; 사장 boss
제출하다 submit

5 나는 방문하기로 되어 있었어
I _____ supposed to _____ + 미국을 America + 작년에. _____ year.

6 나는 전화하기로 되어 있었어
I was supposed to _____ + 나의 상사에게 my _____ + 두 시에. _____ 2.

7 너는 제출하기로 되어 있었어
You _____ supposed to _____ + 너의 리포트를 your _____ + 나에게. _____ me.

be supposed to (평서문)

⑧ 우리는 뛰지 않기로 되어 있어
We _____ supposed to _____ + 이 도서관 안에서.
in this _____.

⑨ 너는 흡연하지 않기로 되어 있어
You _____ supposed to _____ + 일주일 동안.
_____ a week.

⑩ 그는 만지지 않기로 되어 있어
He _____ supposed to _____ + 이 기계를.
this _____.

⑪ 그녀는 입지 않기로 되어 있어
She _____ supposed to _____ + 미니스커트를
a _____ + 여기에서.
here.

⑫ 그늘은 오지 않기로 되어 있었어
They were _____ to _____ + 여기에.
here.

⑬ 나는 마시지 않기로 되어 있었어
I _____ supposed to _____ + 물을
_____ + 이틀 동안.
_____ two days.

⑭ 그녀는 방해하지 않기로 되어 있었어
She _____ supposed to _____ + 그 운전기사를.
the _____.

⑮ 그것은 벌어지지 않기로 되어 있었어
It _____ supposed to _____ + 전혀.
_____.

Hint
기계 machine
방해하다 interrupt
운전기사 driver
벌어지다 happen

패턴 ⑨⓪ be supposed to (평서문)　**163**

패턴 90 ~하기로 되어 있어

어순 손 영작
어순대로 영작해 보세요.

현재 긍정문

1. 나는 일하기로 되어 있어 / 그를 위해 / 내일. (work)
   ↳ [　　　] / [　　　] / [　　　].

2. 나는 도와주기로 되어 있어 / 그 신입 직원들을. (employee)
   ↳ [　　　] / [　　　].

3. 그녀는 오기로 되어 있어 / 이 수업에 / 오늘. (class)
   ↳ [　　　] / [　　　] / [　　　].

과거 긍정문

4. 그는 죽기로 되어 있었어 / 이 장면에서. (scene)
   ↳ [　　　] / [　　　].

5. 나는 방문하기로 되어 있었어 / 미국을 / 작년에. (visit)
   ↳ [　　　] / [　　　] / [　　　].

6. 나는 전화하기로 되어 있었어 / 나의 상사에게 / 두 시에. (boss)
   ↳ [　　　] / [　　　] / [　　　].

7. 너는 제출하기로 되어 있었어 / 너의 리포트를 / 나에게. (submit)
   ↳ [　　　] / [　　　] / [　　　].

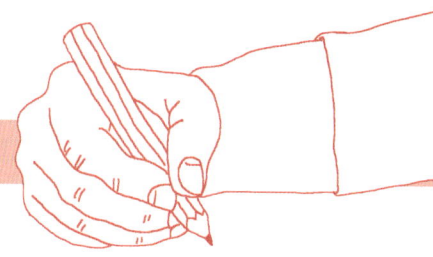

현재 부정문

8 우리는 뛰지 않기로 되어 있어 / 이 도서관 안에서. (in this library)
↳ _____ / _____ .

9 너는 흡연하지 않기로 되어 있어 / 일주일 동안. (for a week)
↳ _____ / _____ .

10 그는 만지지 않기로 되어 있어 / 이 기계를. (touch)
↳ _____ / _____ .

11 그녀는 입지 않기로 되어 있어 / 미니스커트를 / 여기에서. (miniskirt)
↳ _____ / _____ / _____ .

과거 부정문

12 그들은 오지 않기로 되어 있었어 / 여기에. (come here)
↳ _____ / _____ .

13 나는 마시지 않기로 되어 있었어 / 물을 / 이틀 동안. (for two days)
↳ _____ / _____ / _____ .

14 그녀는 방해하지 않기로 되어 있었어 / 그 운전기사를. (interrupt)
↳ _____ / _____ .

15 그것은 벌어지지 않기로 되어 있었어 / 전혀. (at all)
↳ _____ / _____ .

패턴 90 ~하기로 되어 있어

COMPLETE SENTENCES 완성 문장 확인 — 완성 문장을 확인해 보세요.

현재 긍정문

1. I am supposed to work for him tomorrow.
   나는 내일 그를 위해 일하기로 되어 있어.

2. I am supposed to help the new employees.
   나는 그 신입 직원들을 도와주기로 되어 있어.

3. She is supposed to come to this class today.
   그녀는 오늘 이 수업에 오기로 되어 있어.

과거 긍정문

4. He was supposed to die in this scene.
   그는 이 장면에서 죽기로 되어 있었어.

5. I was supposed to visit America last year.
   나는 작년에 미국을 방문하기로 되어 있었어.

6. I was supposed to call my boss at 2.
   나는 나의 상사에게 두 시에 전화하기로 되어 있었어.

7. You were supposed to submit your report to me.
   너는 너의 리포트를 나에게 제출하기로 되어 있었어.

현재 부정문

⑧ **We are not supposed to run in this library.**
우리는 이 도서관 안에서 뛰지 않기로 되어 있어.

⑨ **You are not supposed to smoke for a week.**
너는 일주일 동안 흡연하지 않기로 되어 있어.

⑩ **He is not supposed to touch this machine.**
그는 이 기계를 만지지 않기로 되어 있어.

⑪ **She is not supposed to wear a miniskirt here.**
그녀는 여기에서 미니스커트를 입지 않기로 되어 있어.

과거 부정문

⑫ **They were not supposed to come here.**
그들은 여기에 오지 않기로 되어 있었어.

⑬ **I was not supposed to drink water for two days.**
나는 이틀 동안 물을 마시지 않기로 되어 있었어.

⑭ **She was not supposed to interrupt the driver.**
그녀는 그 운전기사를 방해하지 않기로 되어 있었어.

⑮ **It was not supposed to happen at all.**
그것은 전혀 벌어지지 않기로 되어 있었어.

패턴 90 ~하기로 되어 있어

스피드 손 영작
최대한 빠른 속도로 한 번에 영작해 보세요.

① 나는 내일 그를 위해 일하기로 되어 있어.

→ _____

② 나는 그 신입 직원들을 도와주기로 되어 있어.

→ _____

③ 그녀는 오늘 이 수업에 오기로 되어 있어.

→ _____

④ 그는 이 장면에서 죽기로 되어 있었어.

→ _____

⑤ 나는 작년에 미국을 방문하기로 되어 있었어.

→ _____

⑥ 나는 나의 상사에게 두 시에 전화하기로 되어 있었어.

→ _____

⑦ 너는 너의 리포트를 나에게 제출하기로 되어 있었어.

→ _____

p. 166에서 정답을 확인하세요.

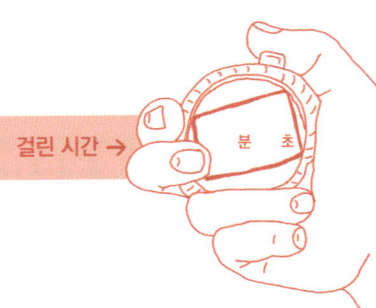

걸린 시간 → 분 초

❽ 우리는 이 도서관 안에서 뛰지 않기로 되어 있어.

→ _____.

❾ 너는 일주일 동안 흡연하지 않기로 되어 있어.

→ _____.

❿ 그는 이 기계를 만지지 않기로 되어 있어.

→ _____.

⓫ 그녀는 여기에서 미니스커트를 입지 않기로 되어 있어.

→ _____.

⓬ 그들은 여기에 오지 않기로 되어 있었어.

→ _____.

⓭ 나는 이틀 동안 물을 마시지 않기로 되어 있었어.

→ _____.

⓮ 그녀는 그 운전기사를 방해하지 않기로 되어 있었어.

→ _____.

⓯ 그것은 전혀 벌어지지 않기로 되어 있었어.

→ _____.

패턴 ⑩ be supposed to (평서문)

★ 패턴 91

~하기로 되어 있니?

be supposed to
(의문문)

바로 앞 Unit에서도 말했듯, **be supposed to 뒤에는 동사원형이 오면서**
'**~하기로 되어 있다**'라고 해석되며,
should보다 무언가를 해야 한다는 **의무의 느낌이 더 강합니다.**

시제는 be동사에서 바꾸며,
supposed의 모양은 항상 그대로 유지합니다.
물론 **의문문의 경우 be동사를 주어 앞에 위치시키면 됩니다.**

예를 들어,
"내가 지금 학교에 가기로 되어 있니?"라고 하려면
"Am I supposed to go to school now?"라고 표현합니다.

평서문은 앞 Unit에서 훈련했으므로
이 Unit에서는 의문문에 집중하겠습니다.

Am I supposed to go to school now?

Example

↳ **Am I supposed to** help / him?

내가 도와주기로 되어 있니 / 그를? → 내가 그를 도와주기로 되어 있니?

↳ **Is she supposed to** work / today?

그녀는 일하기로 되어 있니 / 오늘? → 그녀는 오늘 일하기로 되어 있니?

↳ **Are we not supposed to** smoke / here?

우리는 담배 피우지 않기로 되어 있니 / 여기에서? → 우리는 여기에서 담배 피우지 않기로 되어 있니?

↳ **Were they supposed to** come / to the meeting / yesterday?

그들은 오기로 되어 있었니 / 그 모임에 / 어제? → 그들은 어제 그 모임에 오기로 되어 있었니?

패턴 91 ~하기로 되어 있니?

의미 단위 손 영작

의미 단위로 나뉘어져 있는 문장 마디를 보고 Hint 단어를 참고하여 빈칸을 채워 보세요.

p.176 완성 문장 확인에서 정답을 확인하세요.

1
내가 일하기로 되어 있니
Am I supposed to _____ + 그를 위해 _____ him + 내일? _____ ?

2
내가 도와주기로 되어 있니
_____ I _____ help + 그 신입 직원들을? the _____ ?

3
그녀가 오기로 되어 있니
_____ she supposed _____ + 이 수업에 _____ this _____ + 오늘? today?

4
그가 죽기로 되어 있었니
Was he _____ to _____ + 이 장면에서? in this _____ ?

Hint
직원 employee
장면 scene
상사; 사장 boss
제출하다 submit

5
내가 방문하기로 되어 있었니
_____ I supposed to _____ + 미국을 America + 작년에? _____ year?

6
내가 전화하기로 되어 있었니
Was I supposed to _____ + 나의 상사에게 my _____ + 두 시에? _____ 2?

7
네가 제출하기로 되어 있었니
_____ you supposed to _____ + 너의 리포트를 your _____ + 나에게? _____ me?

be supposed to (의문문)

⑧ 우리는 뛰지 않기로 되어 있니 ＿＿＿ we ＿＿＿ supposed to ＿＿＿
+ 이 도서관 안에서? in this ＿＿＿?

⑨ 너는 흡연하지 않기로 되어 있니 ＿＿＿ you ＿＿＿ supposed to ＿＿＿
+ 일주일 동안? ＿＿＿ a week?

⑩ 그는 만지지 않기로 되어 있니 ＿＿＿ he ＿＿＿ supposed to ＿＿＿
+ 이 기계를? this ＿＿＿?

⑪ 그녀는 입지 않기로 되어 있니 ＿＿＿ she ＿＿＿ supposed to ＿＿＿
+ 미니스커트를 a ＿＿＿
+ 여기에서? here?

⑫ 그들은 오지 않기로 되어 있었니 Were they ＿＿＿ supposed to ＿＿＿
+ 여기에? here?

⑬ 나는 마시지 않기로 되어 있었니 ＿＿＿ I ＿＿＿ supposed to ＿＿＿
+ 물을 ＿＿＿
+ 이틀 동안? ＿＿＿ two days?

⑭ 그녀는 방해하지 않기로 되어 있었니 ＿＿＿ she ＿＿＿ supposed to ＿＿＿
+ 그 운전기사를? the ＿＿＿?

⑮ 그것은 벌어지지 않기로 되어 있었니 ＿＿＿ it ＿＿＿ supposed to ＿＿＿
+ 전혀? ＿＿＿?

Hint
기계 machine
방해하다 interrupt
운전기사 driver
벌어지다 happen

패턴 91 ~하기로 되어 있니?

어순 손 영작
어순대로 영작해 보세요.

현재 의문문

① 내가 일하기로 되어 있니 / 그를 위해 / 내일? (work)
↳ _____ / _____ / _____ ?

② 내가 도와주기로 되어 있니 / 그 신입 직원들을? (employee)
↳ _____ / _____ ?

③ 그녀가 오기로 되어 있니 / 이 수업에 / 오늘? (class)
↳ _____ / _____ / _____ ?

과거 의문문

④ 그가 죽기로 되어 있었니 / 이 장면에서? (scene)
↳ _____ / _____ ?

⑤ 내가 방문하기로 되어 있었니 / 미국을 / 작년에? (visit)
↳ _____ / _____ / _____ ?

⑥ 내가 전화하기로 되어 있었니 / 나의 상사에게 / 두 시에? (boss)
↳ _____ / _____ / _____ ?

⑦ 네가 제출하기로 되어 있었니 / 너의 리포트를 / 나에게? (sumit)
↳ _____ / _____ / _____ ?

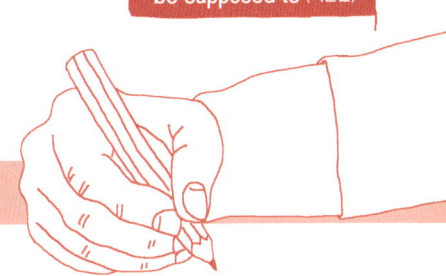

be supposed to (의문문)

현재 부정 의문문

8 우리는 뛰지 않기로 되어 있니 / 이 도서관 안에서? (library)
↳ ⬜⬜⬜ / ⬜⬜⬜ ?

9 너는 흡연하지 않기로 되어 있니 / 일주일 동안? (for a week)
↳ ⬜⬜⬜ / ⬜⬜⬜ ?

10 그는 만지지 않기로 되어 있니 / 이 기계를? (machine)
↳ ⬜⬜⬜ / ⬜⬜⬜ ?

11 그녀는 입지 않기로 되어 있니 / 미니스커트를 / 여기에서? (wear)
↳ ⬜⬜⬜ / ⬜⬜⬜ / ⬜⬜⬜ ?

과거 부정 의문문

12 그들은 오지 않기로 되어 있었니 / 여기에? (come here)
↳ ⬜⬜⬜ / ⬜⬜⬜ ?

13 나는 마시지 않기로 되어 있었니 / 물을 / 이틀 동안? (for two days)
↳ ⬜⬜⬜ / ⬜⬜⬜ / ⬜⬜⬜ ?

14 그녀는 방해하지 않기로 되어 있었니 / 그 운전기사를? (interrupt)
↳ ⬜⬜⬜ / ⬜⬜⬜ ?

15 그것은 벌어지지 않기로 되어 있었니 / 전혀? (happen)
↳ ⬜⬜⬜ / ⬜⬜⬜ ?

패턴 91 be supposed to (의문문)

패턴 91 ~하기로 되어 있니?

COMPLETE SENTENCES 완성 문장 확인 완성 문장을 확인해 보세요.

현재 의문문

1. **Am I supposed to work for him tomorrow?**
   내가 내일 그를 위해 일하기로 되어 있니?

2. **Am I supposed to help the new employees?**
   내가 그 신입 직원들을 도와주기로 되어 있니?

3. **Is she supposed to come to this class today?**
   그녀가 오늘 이 수업에 오기로 되어 있니?

과거 의문문

4. **Was he supposed to die in this scene?**
   그가 이 장면에서 죽기로 되어 있었니?

5. **Was I supposed to visit America last year?**
   내가 작년에 미국을 방문하기로 되어 있었니?

6. **Was I supposed to call my boss at 2?**
   내가 나의 상사에게 두 시에 전화하기로 되어 있었니?

7. **Were you supposed to submit your report to me?**
   네가 너의 리포트를 나에게 제출하기로 되어 있었니?

현재 부정 의문문

⑧ **Are we not supposed to run in this library?**
우리는 이 도서관 안에서 뛰지 않기로 되어 있니?

⑨ **Are you not supposed to smoke for a week?**
너는 일주일 동안 흡연하지 않기로 되어 있니?

⑩ **Is he not supposed to touch this machine?**
그는 이 기계를 만지지 않기로 되어 있니?

⑪ **Is she not supposed to wear a miniskirt here?**
그녀는 여기에서 미니스커트를 입지 않기로 되어 있니?

과거 부정 의문문

⑫ **Were they not supposed to come here?**
그들은 여기에 오지 않기로 되어 있었니?

⑬ **Was I not supposed to drink water for two days?**
나는 이틀 동안 물을 마시지 않기로 되어 있었니?

⑭ **Was she not supposed to interrupt the driver?**
그녀는 그 운전기사를 방해하지 않기로 되어 있었니?

⑮ **Was it not supposed to happen at all?**
그것은 전혀 벌어지지 않기로 되어 있었니?

패턴 91 ~하기로 되어 있니?

스피드 손 영작
최대한 빠른 속도로 한 번에 영작해 보세요.

1. 내가 내일 그를 위해 일하기로 되어 있니?
   → _____ ?

2. 내가 그 신입 직원들을 도와주기로 되어 있니?
   → _____ ?

3. 그녀가 오늘 이 수업에 오기로 되어 있니?
   → _____ ?

4. 그가 이 장면에서 죽기로 되어 있었니?
   → _____ ?

5. 내가 작년에 미국을 방문하기로 되어 있었니?
   → _____ ?

6. 내가 나의 상사에게 두 시에 전화하기로 되어 있었니?
   → _____ ?

7. 네가 너의 리포트를 나에게 제출하기로 되어 있었니?
   → _____ ?

p.176에서 정답을 확인하세요.

be supposed to (의문문)

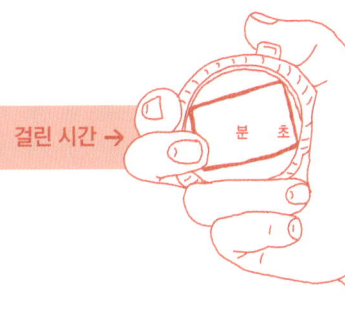

걸린 시간 →   분   초

8 우리는 이 도서관 안에서 뛰지 않기로 되어 있니?

→ _____ ?

9 너는 일주일 동안 흡연하지 않기로 되어 있니?

→ _____ ?

10 그는 이 기계를 만지지 않기로 되어 있니?

→ _____ ?

11 그녀는 여기에서 미니스커트를 입지 않기로 되어 있니?

→ _____ ?

12 그들은 여기에 오지 않기로 되어 있었니?

→ _____ ?

13 나는 이틀 동안 물을 마시지 않기로 되어 있었니?

→ _____ ?

14 그녀는 그 운전기사를 방해하지 않기로 되어 있었니?

→ _____ ?

15 그것은 전혀 벌어지지 않기로 되어 있었니?

→ _____ ?

패턴 **91** be supposed to (의문문)

✱ 패턴 92 → ~라면, …할 수 있을 텐데

If I were ~, I could....

실제로 일어날 가능성이 희박하거나 아예 없는 현재 사실에 대한 가정은 과거 시제를 써서 표현합니다.
(예: were, loved, used, moved, etc.)

그러므로
If 절의 be동사의 과거형(was/were)은 '~라면'으로,
일반동사의 과거형(loved/did 등)은 '~한다면'으로,
주절 내의 could 이하는 '~할 수 있을 텐데'로 해석합니다.

예를 들어,
"그녀에게 여동생이 있다면, 그녀는 행복할 수 있을 텐데."라고 하려면
"If she had a sister, she could be happy."라고 표현합니다.

단, **If 절의 be동사는 주어의 인칭에 관계없이 were로 고정**합니다.

예를 들어,
"그녀가 내 여동생이라면, 나는 행복할 수 있을 텐데."라고 하려면
"If she were my sister, I could be happy."라고 표현합니다.

최근에는 주어의 인칭에 따라 was를 사용하는 경우도 많지만,
이 Unit에서는 were로 고정하겠습니다.

Example

↳ **If I were** a boy, / **I could** jump / higher.
내가 남자애라면, / 나는 점프할 수 있을 텐데 / 더 높이. → 내가 남자애라면, 나는 더 높이 점프할 수 있을 텐데.

↳ **If I were** rich, / **I could** buy / this mansion.
내가 부자라면, / 나는 살 수 있을 텐데 / 이 저택을. → 내가 부자라면, 나는 이 저택을 살 수 있을 텐데.

↳ **If I were** a pilot, / **I could** make / more money.
내가 조종사라면, / 나는 벌 수 있을 텐데 / 더 많은 돈을.
→ 내가 조종사라면, 나는 더 많은 돈을 벌 수 있을 텐데.

↳ **If she were** my girlfriend, / **I could** make / her / happy.
그녀가 내 여자 친구라면, / 나는 만들 수 있을 텐데 / 그녀를 / 행복하게. → 그녀가 내 여자 친구라면, 나는 그녀를 행복하게 만들 수 있을 텐데.

패턴 92 ~라면, …할 수 있을 텐데

의미 단위 손 영작
의미 단위로 나뉘어져 있는 문장 마디를 보고 Hint 단어를 참고하여 빈칸을 채워 보세요.

p.186 완성 문장 확인에서 정답을 확인하세요.

1. 내가 가지고 있다면 / 돈을, / 나는 도울 수 있을 텐데 / 너를.
   If I _____, + _____ + I _____ + you.

2. 내가 가지고 있다면 / 자동차를, / 나는 픽업할 수 있을 텐데 / 내 친구를.
   If I _____, + a _____, + I _____ + my friend.

3. 내가 날 수 있다면, / 나는 볼 수 있을 텐데 / 너를 / 지금.
   If I _____, + I _____ + you + now.

4. 내가 남자라면, / 나는 달릴 수 있을 텐데 / 더 빠르게.
   If I were a _____, + I could _____ + faster.

5. 내가 돌고래라면, / 나는 수영할 수 있을 텐데 / 더 빠르게.
   If I _____ a _____, + I could _____ + _____.

6. 내가 너라면, / 내 인생은 더 쉬울 수 있을 텐데.
   _____ I _____ you, + my _____ could _____.

7. 내가 말랐다면, / 나는 입을 수 있을 텐데 / 이 드레스를.
   If I were _____, + I could _____ + this _____.

Hint
돌고래 dolphin
인생 life
마른 skinny

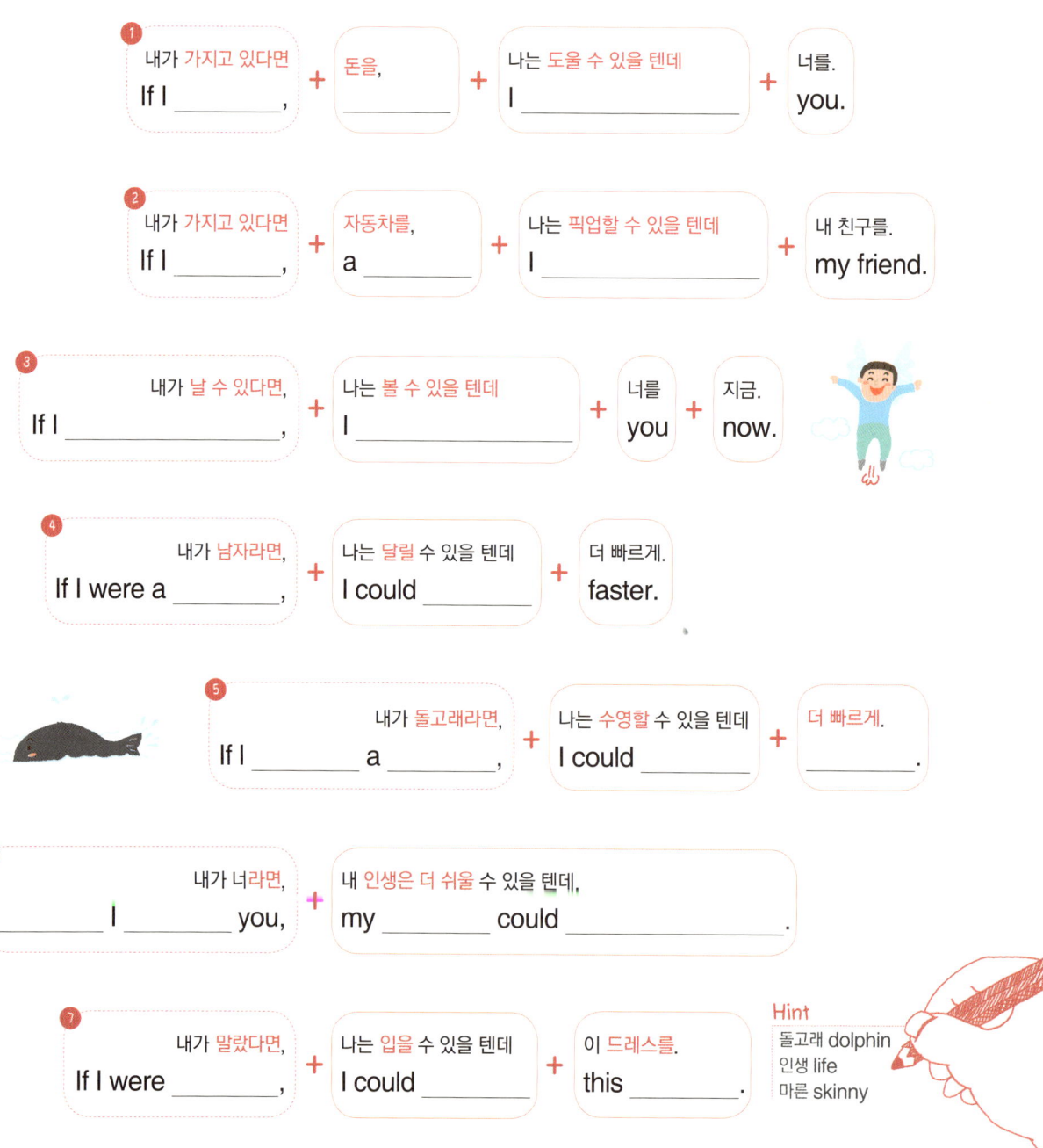

If I were ~, I could....

8. 내가 강하다면, If I were _____ , + 나는 오를 수 있을 텐데 I _____ + 이 산을. this _____ .

9. 내가 웃긴다면, If I were _____ , + 그녀는 내 여자 친구일 수 있을 텐데. she _____ be my _____ .

10. 네가 여기 있다면, If you _____ , + 너는 즐길 수 있을 텐데 you _____ + 이 파티를. this party.

11. 네가 부자라면, If you _____ , + 너는 살 수 있을 텐데 you _____ + 이 섬을. this _____ .

12. 그가 잘생겼다면, If he were _____ , + 그는 인기 있을 수 있을 텐데. he could be _____ .

Hint
올라가다 climb
웃기는 funny
섬 island
잘생긴 handsome
인기 있는 popular
귀여운 cute
손님 customer

13. 그녀가 귀엽다면, If she were _____ , + 그녀는 될 수 있을 텐데 she _____ be + 모델이. a _____ .

14. 그들이 친절하다면, If they _____ , + 그들은 가질 수 있을 텐데 they _____ + 더 많은 손님들을. more _____ .

15. 이 자동차가 내 것이라면, If this _____ , + 나는 운전할 수 있을 텐데 I could _____ + 그것을. _____ .

패턴 92 If I were ~, I could.... 183

패턴 92 ~라면, …할 수 있을 텐데

어순 손 영작
어순대로 영작해 보세요.

1인칭 가정법 과거

① 내가 가지고 있다면 / 돈을, / 나는 도울 수 있을 텐데 / 너를. (help)
↳ ⬚ / ⬚ / ⬚ / ⬚ .

② 내가 가지고 있다면 / 자동차를, / 나는 픽업할 수 있을 텐데 / 내 친구를. (pick up)
↳ ⬚ / ⬚ / ⬚ / ⬚ .

③ 내가 날 수 있다면 / 나는 볼 수 있을 텐데 / 너를 / 지금. (fly)
↳ ⬚ / ⬚ / ⬚ / ⬚ .

④ 내가 남자라면, / 나는 달릴 수 있을 텐데 / 더 빠르게. (faster)
↳ ⬚ / ⬚ / ⬚ .

⑤ 내가 돌고래라면, / 나는 수영할 수 있을 텐데 / 더 빠르게. (dolphin)
↳ ⬚ / ⬚ / ⬚ .

⑥ 내가 너라면, / 내 인생은 더 쉬울 수 있을 텐데. (easier)
↳ ⬚ / ⬚ .

⑦ 내가 말랐다면, / 나는 입을 수 있을 텐데 / 이 드레스를. (skinny)
↳ ⬚ / ⬚ / ⬚ .

⑧ 내가 강하다면, / 나는 오를 수 있을 텐데 / 이 산을. (climb)
↳ ⬚ / ⬚ / ⬚ .

⑨ 내가 웃긴다면, / 그녀는 내 여자 친구일 수 있을 텐데. (funny)

↳ ⬜⬜⬜ / ⬜⬜⬜ .

2, 3인칭 가정법 과거

⑩ 네가 여기 있다면, / 너는 즐길 수 있을 텐데 / 이 파티를. (enjoy)

↳ ⬜⬜⬜ / ⬜⬜⬜ / ⬜⬜⬜ .

⑪ 네가 부자라면, / 너는 살 수 있을 텐데 / 이 섬을. (island)

↳ ⬜⬜⬜ / ⬜⬜⬜ / ⬜⬜⬜ .

⑫ 그가 잘생겼다면, / 그는 인기 있을 수 있을 텐데. (handsome)

↳ ⬜⬜⬜ / ⬜⬜⬜ .

⑬ 그녀가 귀엽다면, / 그녀는 될 수 있을 텐데 / 모델이. (cute)

↳ ⬜⬜⬜ / ⬜⬜⬜ / ⬜⬜⬜ .

⑭ 그들이 친절하다면, / 그들은 가질 수 있을 텐데 / 더 많은 손님들을. (customer)

↳ ⬜⬜⬜ / ⬜⬜⬜ / ⬜⬜⬜ .

⑮ 이 자동차가 내 것이라면, / 나는 운전할 수 있을 텐데 / 그것을. (mine)

↳ ⬜⬜⬜ / ⬜⬜⬜ / ⬜⬜⬜ .

패턴 ㉒ If I were ~, I could….

패턴 92 ~라면, ...할 수 있을 텐데

COMPLETE SENTENCES 완성 문장 확인 완성 문장을 확인해 보세요.

1인칭 가정법 과거

1. **If I had money, I could help you.**
   내가 돈을 가지고 있다면, 나는 너를 도울 수 있을 텐데.

2. **If I had a car, I could pick up my friend.**
   내가 자동차를 가지고 있다면, 나는 내 친구를 픽업할 수 있을 텐데.

3. **If I could fly, I could see you now.**
   내가 날 수 있다면, 나는 지금 너를 볼 수 있을 텐데.

4. **If I were a man, I could run faster.**
   내가 남자라면, 나는 더 빠르게 달릴 수 있을 텐데.

5. **If I were a dolphin, I could swim faster.**
   내가 돌고래라면, 나는 더 빠르게 수영할 수 있을 텐데.

6. **If I were you, my life could be easier.**
   내가 너라면, 내 인생은 더 쉬울 수 있을 텐데.

7. **If I were skinny, I could wear this dress.**
   내가 말랐다면, 나는 이 드레스를 입을 수 있을 텐데.

8. **If I were strong, I could climb this mountain.**
   내가 강하다면, 나는 이 산을 오를 수 있을 텐데.

9. **If I were funny, she could be my girlfriend.**
   내가 웃긴다면, 그녀는 내 여자 친구일 수 있을 텐데.

2, 3인칭 가정법 과거

⑩ If you were here, you could enjoy this party.
네가 여기 있다면, 너는 이 파티를 즐길 수 있을 텐데.

⑪ If you were rich, you could buy this island.
네가 부자라면, 너는 이 섬을 살 수 있을 텐데.

⑫ If he were handsome, he could be popular.
그가 잘생겼다면, 그는 인기 있을 수 있을 텐데.

⑬ If she were cute, she could be a model.
그녀가 귀엽다면, 그녀는 모델이 될 수 있을 텐데.

⑭ If they were kind, they could have more customers.
그들이 친절하다면, 그들은 더 많은 손님들을 가질 수 있을 텐데.

⑮ If this car were mine, I could drive it.
이 자동차가 내 것이라면, 나는 그것을 운전할 수 있을 텐데.

패턴 92 ~라면, …할 수 있을 텐데

스피드 손 영작
최대한 빠른 속도로 한 번에 영작해 보세요.

① 내가 돈을 가지고 있다면, 나는 너를 도울 수 있을 텐데.

  → _____.

② 내가 자동차를 가지고 있다면, 나는 내 친구를 픽업할 수 있을 텐데.

  → _____.

③ 내가 날 수 있다면, 나는 지금 너를 볼 수 있을 텐데.

  → _____.

④ 내가 남자라면, 나는 더 빠르게 달릴 수 있을 텐데.

  → _____.

⑤ 내가 돌고래라면, 나는 더 빠르게 수영할 수 있을 텐데.

  → _____.

⑥ 내가 너라면, 내 인생은 더 쉬울 수 있을 텐데.

  → _____.

⑦ 내가 말랐다면, 나는 이 드레스를 입을 수 있을 텐데.

  → _____.

p.186에서 정답을 확인하세요.

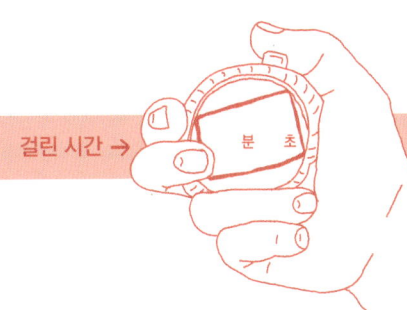

걸린 시간 →   분   초

⑧ 내가 강하다면, 나는 이 산을 오를 수 있을 텐데.

→ _____

⑨ 내가 웃긴다면, 그녀는 내 여자 친구일 수 있을 텐데.

→ _____

⑩ 네가 여기 있다면, 너는 이 파티를 즐길 수 있을 텐데.

→ _____

⑪ 네가 부자라면, 너는 이 섬을 살 수 있을 텐데.

→ _____

⑫ 그가 잘생겼다면, 그는 인기 있을 수 있을 텐데.

→ _____

⑬ 그녀가 귀엽다면, 그녀는 모델이 될 수 있을 텐데.

→ _____

⑭ 그들이 친절하다면, 그들은 더 많은 손님들을 가질 수 있을 텐데.

→ _____

⑮ 이 자동차가 내 것이라면, 나는 그것을 운전할 수 있을 텐데.

→ _____

패턴 ⑨² If I were ~, I could ....

패턴 93

~라면, …할 텐데

If I were ~, I would....

실제 일어날 가능성이 희박하거나 아예 없는 현재 사실에 대한 가정은 과거 시제를 써서 표현합니다.
(예: were, loved, used, moved, etc.)

그리고
If 절의 be동사의 과거형(was/were)은 '~라면'으로,
일반동사의 과거형(loved/did 등)은 '~한다면'으로,
주절 내의 would 이하는 '~할 텐데'로 해석합니다.
(바로 이전 Unit의 'could = ~할 수 있을 텐데'와는 아주 미세하게 의미가 다름)

예를 들어,
"그녀에게 여동생이 있다면, 그녀는 행복할 텐데."라고 하려면
"If she had a sister, she would be happy."라고 표현합니다.

단, **If 절의 be동사는 주어의 인칭에 관계없이 were로 고정**합니다.

예를 들어,
"그녀가 내 여동생이라면, 나는 행복할 텐데."라고 하려면
"If she were my sister, I would be happy."라고 표현합니다.

최근에는 주어의 인칭에 따라 was를 사용하는 경우도 많지만,
이 Unit에서는 were로 고정하겠습니다.

If she had a sister, she would be happy.

Example

↳ **If I were** a boy, / **I would** like / her.
내가 남자애라면, / 나는 좋아할 텐데 / 그녀를. → 내가 남자애라면, 나는 그녀를 좋아할 텐데.

↳ **If I were** rich, / **I would** buy / this mansion.

내가 부자라면, / 나는 살 텐데 / 이 저택을. → 내가 부자라면, 나는 이 저택을 살 텐데.

↳ **If I were** a girl, / **I would** not wear / pants.
내가 소녀라면, / 나는 입지 않을 텐데 / 바지를. → 내가 소녀라면, 나는 바지를 입지 않을 텐데.

↳ **If she were** my girlfriend, / **I would** make / her / happy.
그녀가 내 여자 친구라면, / 나는 만들 텐데 / 그녀를 / 행복하게. → 그녀가 내 여자 친구라면, 나는 그녀를 행복하게 만들 텐데.

패턴 93 ~라면, …할 텐데

의미 단위 손 영작

의미 단위로 나뉘어져 있는 문장 마디를 보고 Hint 단어를 참고하여 빈칸을 채워 보세요.

p.196 완성 문장 확인에서 정답을 확인하세요.

1 내가 날 수 있다면, + 나는 갈 텐데 + 어디든.
If I _____, I _____ anywhere.

2 내가 가지고 있다면 + 돈을, + 나는 도울 텐데 + 너를.
If I _____ _____, I _____ you.

3 내가 가지고 있다면 + 자동차를, + 나는 픽업할 텐데 + 내 친구를.
If I _____ a _____, I _____ my friend.

4 내가 남자라면, + 나는 즐길 텐데 + 이 상황을.
If I were a _____, I would _____ this _____.

Hint
상황, 처지 situation
돌고래 dolphin
~와 사귀다 go out with

5 내가 돌고래라면, + 나는 수영할 텐데 + 매일.
If I _____ a _____, I would _____ _____.

6 내가 너라면, + 나는 공부할 텐데 + 미국에서.
If I _____ you, I would _____ _____ America.

7 내가 웃긴다면, + 그녀는 사귈 텐데 + 나와.
If I were _____, she _____ _____ me.

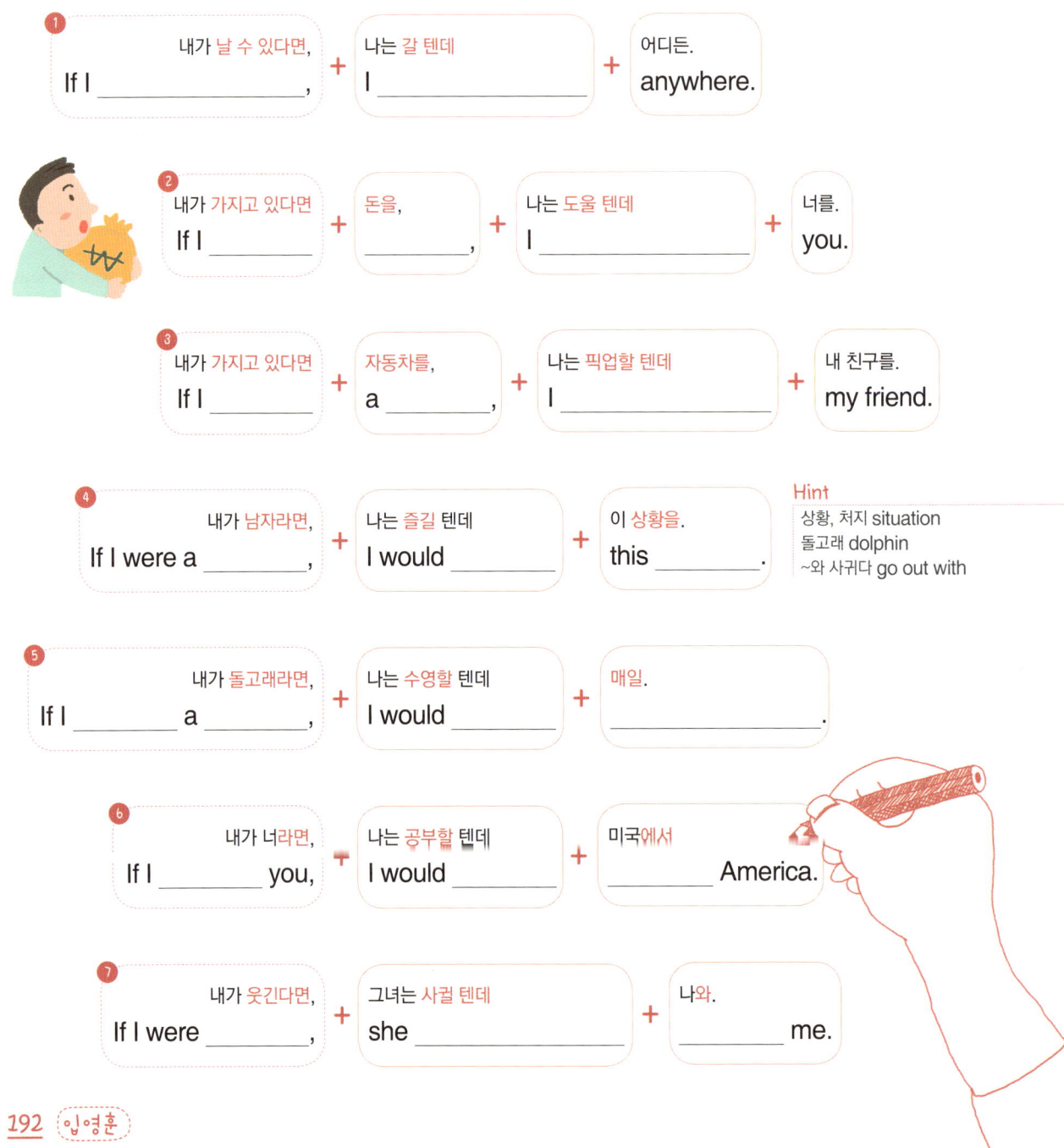

If I were ~, I would....

⑧ 내가 말랐다면, + 나는 입을 텐데 + 이 드레스를.
If I were _____, I would _____ this _____.

⑨ 내가 강하다면, + 나는 오를 텐데 + 이 산을.
If I were _____, I _____ this _____.

⑩ 네가 여기 있다면, + 너는 즐길 텐데 + 이 파티를.
If you _____, you _____ this party.

⑪ 네가 부자라면, + 너는 살 텐데 + 이 섬을.
If you _____, you _____ this _____.

⑫ 그가 잘생겼다면, + 그는 인기 있을 텐데.
If he were _____, he would be _____.

⑬ 그녀가 내 동생이라면, + 나는 줄 텐데 + 이 로션을 + 그녀에게.
If she were _____, I _____ this _____ to her.

⑭ 이 자동차가 내 것이라면, + 나는 운전할 텐데 + 그것을.
If this _____, I would _____ _____.

⑮ 이것이 내 회사라면, + 나는 행복할 텐데.
If this _____ my _____, I _____ be _____.

Hint
마른 skinny
올라가다 climb
섬 island
인기 있는 popular
로션 lotion
회사 company

패턴 93 ~라면, …할 텐데

어순 손 영작
어순대로 영작해 보세요.

1인칭 가정법 과거

1. 내가 날 수 있다면, / 나는 갈 텐데 / 어디든. (anywhere)
↳ _____ / _____ / _____ .

2. 내가 가지고 있다면 / 돈을, / 나는 도울 텐데 / 너를. (help)
↳ _____ / _____ / _____ / _____ .

3. 내가 가지고 있다면 / 자동차를, / 나는 픽업할 텐데 / 내 친구를. (pick up)
↳ _____ / _____ / _____ / _____ .

4. 내가 남자라면, / 나는 즐길 텐데 / 이 상황을. (situation)
↳ _____ / _____ / _____ .

5. 내가 돌고래라면, / 나는 수영할 텐데 / 매일. (dolphin)
↳ _____ / _____ / _____ .

6. 내가 너라면, / 나는 공부할 텐데 / 미국에서. (in America)
↳ _____ / _____ / _____ .

7. 내가 웃긴다면, / 그녀는 사귈 텐데 / 나와. (go out with)
↳ _____ / _____ / _____ .

8. 내가 말랐다면, / 나는 입을 텐데 / 이 드레스를. (skinny)
↳ _____ / _____ / _____ .

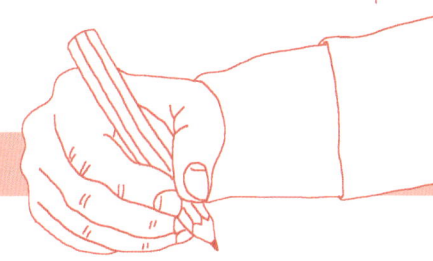

⑨ 내가 강하다면, / 나는 오를 텐데 / 이 산을. (climb)

↳ ⬚ / ⬚ / ⬚ .

2, 3인칭 가정법 과거

⑩ 네가 여기 있다면, / 너는 즐길 텐데 / 이 파티를. (enjoy)

↳ ⬚ / ⬚ / ⬚ .

⑪ 네가 부자라면, / 너는 살 텐데 / 이 섬을. (island)

↳ ⬚ / ⬚ / ⬚ .

⑫ 그가 잘생겼다면, / 그는 인기 있을 텐데. (popular)

↳ ⬚ / ⬚ .

⑬ 그녀가 내 동생이라면, / 나는 줄 텐데 / 이 로션을 / 그녀에게. (lotion)

↳ ⬚ / ⬚ / ⬚ / ⬚ .

⑭ 이 자동차가 내 것이라면, / 나는 운전할 텐데 / 그것을. (mine)

↳ ⬚ / ⬚ / ⬚ .

⑮ 이것이 내 회사라면, / 나는 행복할 텐데. (company)

↳ ⬚ / ⬚ .

패턴 93 ~라면, …할 텐데

COMPLETE SENTENCES 완성 문장 확인 완성 문장을 확인해 보세요.

1인칭 가정법 과거

1. **If I could fly, I would go anywhere.**
   내가 날 수 있다면, 나는 어디든 갈 텐데.

2. **If I had money, I would help you.**
   내가 돈을 가지고 있다면, 나는 너를 도울 텐데.

3. **If I had a car, I would pick up my friend.**
   내가 자동차를 가지고 있다면, 나는 내 친구를 픽업할 텐데.

4. **If I were a boy, I would enjoy this situation.**
   내가 남자라면, 나는 이 상황을 즐길 텐데.

5. **If I were a dolphin, I would swim every day.**
   내가 돌고래라면, 나는 매일 수영할 텐데.

6. **If I were you, I would study in America.**
   내가 너라면, 나는 미국에서 공부할 텐데.

7. **If I were funny, she would go out with me.**
   내가 웃긴다면, 그녀는 나와 사귈 텐데.

8. **If I were skinny, I would wear this dress.**
   내가 말랐다면, 나는 이 드레스를 입을 텐데.

9. **If I were strong, I would climb this mountain.**
   내가 강하다면, 나는 이 산을 오를 텐데.

2, 3인칭 가정법 과거

⑩ **If you were here, you would enjoy this party.**
네가 여기 있다면, 너는 이 파티를 즐길 텐데.

⑪ **If you were rich, you would buy this island.**
네가 부자라면, 너는 이 섬을 살 텐데.

⑫ **If he were handsome, he would be popular.**
그가 잘생겼다면, 그는 인기 있을 텐데.

⑬ **If she were my sister, I would give this lotion to her.**
그녀가 내 동생이라면, 나는 이 로션을 그녀에게 줄 텐데.

⑭ **If this car were mine, I would drive it.**
이 자동차가 내 것이라면, 나는 그것을 운전할 텐데.

⑮ **If this were my company, I would be happy.**
이것이 내 회사라면, 나는 행복할 텐데.

패턴 93 ~라면, …할 텐데

스피드 손 영작
최대한 빠른 속도로 한 번에 영작해 보세요.

1. 내가 날 수 있다면, 나는 어디든 갈 텐데.
   →

2. 내가 돈을 가지고 있다면, 나는 너를 도울 텐데.
   →

3. 내가 자동차를 가지고 있다면, 나는 내 친구를 픽업할 텐데.
   →

4. 내가 남자라면, 나는 이 상황을 즐길 텐데.
   →

5. 내가 돌고래라면, 나는 매일 수영할 텐데.
   →

6. 내가 너라면, 나는 미국에서 공부할 텐데.
   →

7. 내가 웃긴다면, 그녀는 나와 사귈 텐데.
   →

p.196에서 정답을 확인하세요.

If I were ~, I would....

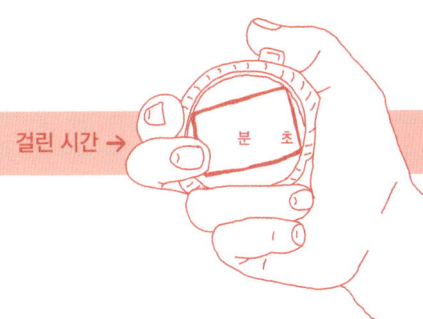

걸린 시간 → 　분　초

⑧ 내가 말랐다면, 나는 이 드레스를 입을 텐데.

→ _____.

⑨ 내가 강하다면, 나는 이 산을 오를 텐데.

→ _____.

⑩ 네가 여기 있다면, 너는 이 파티를 즐길 텐데.

→ _____.

⑪ 네가 부자라면, 너는 이 섬을 살 텐데.

→ _____.

⑫ 그가 잘생겼다면, 그는 인기 있을 텐데.

→ _____.

⑬ 그녀가 내 동생이라면, 나는 이 로션을 그녀에게 줄 텐데.

→ _____.

⑭ 이 자동차가 내 것이라면, 나는 그것을 운전할 텐데.

→ _____.

⑮ 이것이 내 회사라면, 나는 행복할 텐데.

→ _____.

패턴 ⑬ If I were ~, I would....

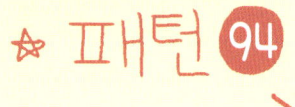

패턴 94: ~했어야 했어

should have p.p.
(평서문)

should have p.p.는 '~했어야 했다'로 해석되며,
실제로는 하지 못한 것에 대한 후회나 아쉬움을 표현합니다.
이 Unit에서는 평서문에 집중하겠습니다.

예를 들어,
"넌 영어를 공부했어야 했어." (실제로는 공부하지 못했을 때)라고 하려면
"You should have studied English."라고 표현합니다.

부정문을 만들려면 should 뒤에 not을 붙입니다.

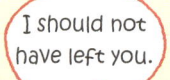

예를 들어,
"나는 당신을 떠나지 말았어야 했어."(실제로는 떠났을 때)라고 하려면
"I should not have left you."라고 표현합니다.

실제 구어에서는
should have는 should've로,
should not have는 shouldn't have로 줄여 쓰는 것이 일반적입니다.

↳ I **should have loved** / you / more.
나는 사랑했어야 했어 / 너를 / 더. → 나는 너를 더 사랑했어야 했어.

↳ She **should have taken** / this class.
그녀는 들었어야 했어 / 이 수업을. → 그녀는 이 수업을 들었어야 했어.

↳ We **should** not **have invited** / her.
우리는 초대하지 말았어야 했어 / 그녀를.
→ 우리는 그녀를 초대하지 말았어야 했어.

↳ He **should** not **have given up** / the opportunity.
그는 포기하지 말았어야 했어 / 그 기회를. → 그는 그 기회를 포기하지 말았어야 했어.

패턴 94 ~했어야 했어

의미 단위 손 영작

의미 단위로 나뉘어져 있는 문장 마디를 보고 Hint 단어를 참고하여 빈칸을 채워 보세요.

p.206 완성 문장 확인에서 정답을 확인하세요.

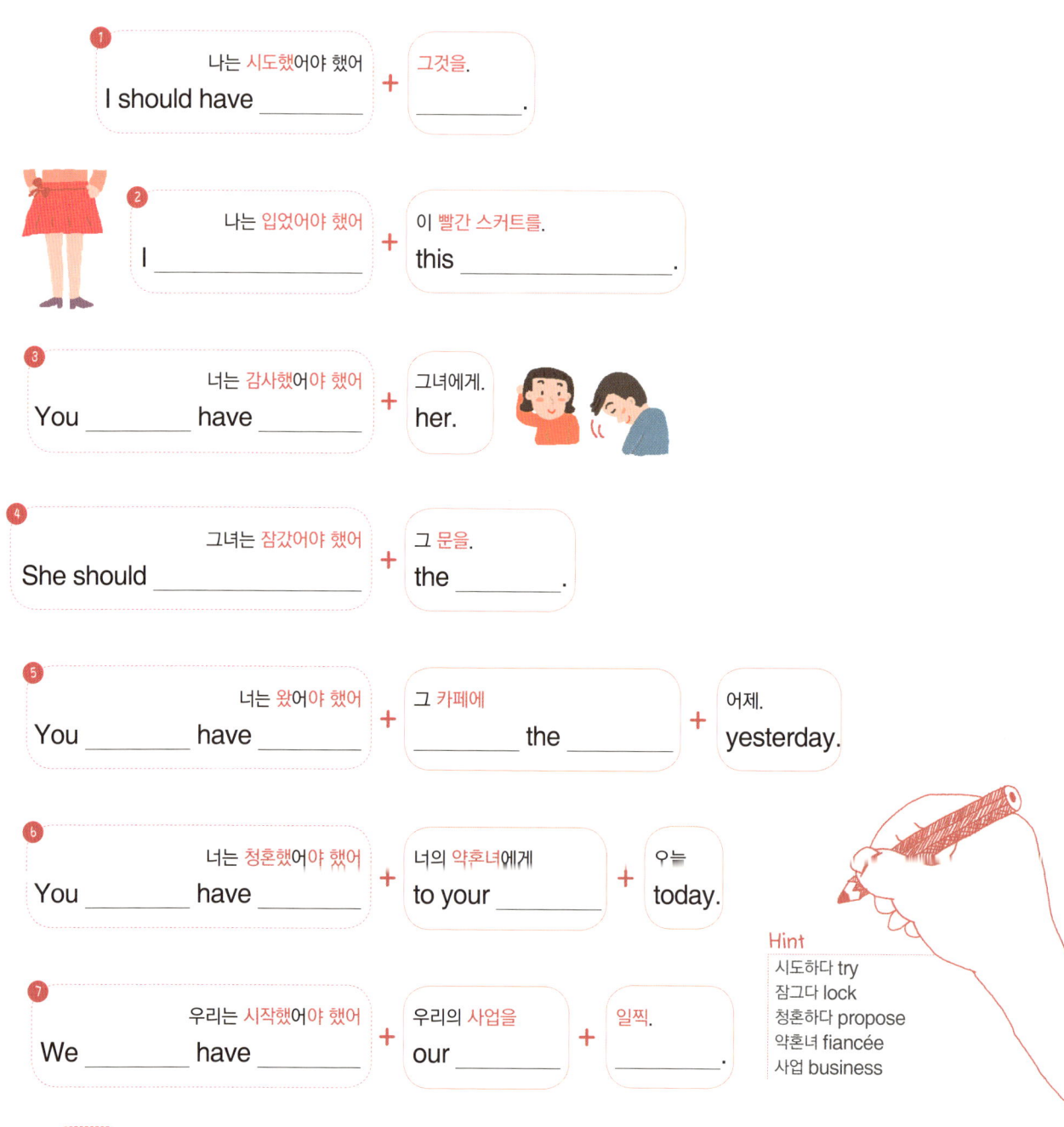

1 나는 시도했어야 했어 + 그것을.
I should have _____ + _____.

2 나는 입었어야 했어 + 이 빨간 스커트를.
I _____ + this _____.

3 너는 감사했어야 했어 + 그녀에게.
You _____ have _____ + her.

4 그녀는 잠갔어야 했어 + 그 문을.
She should _____ + the _____.

5 너는 왔어야 했어 + 그 카페에 + 어제.
You _____ have _____ + _____ the _____ + yesterday.

6 너는 청혼했어야 했어 + 너의 약혼녀에게 + 오늘.
You _____ have _____ + to your _____ + today.

7 우리는 시작했어야 했어 + 우리의 사업을 + 일찍.
We _____ have _____ + our _____ + _____.

Hint
시도하다 try
잠그다 lock
청혼하다 propose
약혼녀 fiancée
사업 business

should have p.p. (평서문)

8. 우리는 공부했어야 했어 + 더 열심히 + 우리의 미래를 위해.
We should _____ _____ for our _____.

9. 나는 전화하지 말았어야 했어 + 그에게.
I should not have _____ him.

10. 나는 울지 말았어야 했어 + 그의 앞에서.
I should _____ have _____ in _____ of _____.

11. 나는 기다리지 말았어야 했어 + 그 마지막 버스를.
I should not have _____ for the _____.

12. 너는 던지지 말았어야 했어 + 이 가방을.
You should _____ have _____ this _____.

Hint
미래 future
~의 앞에서 in front of
~을 기다리다 wait for
던지다 throw(throw-threw-thrown)
~을 끄다 turn off
~와 헤어지다 break up with (break-broke-broken)

13. 너는 끄지 말았어야 했어 + 그 기계를.
You _____ have _____ the _____.

14. 그녀는 헤어지지 말았어야 했어 + 그녀의 남자 친구와.
She should _____ have _____ up _____ her boyfriend.

15. 우리는 가지 말았어야 했어 + 강남에 + 어젯밤.
We _____ not have _____ _____ Gangnam _____ night.

패턴 ⑭ should have p.p. (평서문)

패턴 94 ~했어야 했어

어순 손 영작
어순대로 영작해 보세요.

should have p.p. 긍정문

1. 나는 시도했어야 했어 / 그것을. (try)
   → _____ / _____ .

2. 나는 입었어야 했어 / 이 빨간 스커트를. (wear)
   → _____ / _____ .

3. 너는 감사했어야 했어 / 그녀에게. (thank)
   → _____ / _____ .

4. 그녀는 잠갔어야 했어 / 그 문을. (lock)
   → _____ / _____ .

5. 너는 왔어야 했어 / 그 카페에 / 어제. (café)
   → _____ / _____ / _____ .

6. 너는 청혼했어야 했어 / 너의 약혼녀에게 / 오늘. (propose)
   → _____ / _____ / _____ .

7. 우리는 시작했어야 했어 / 우리의 사업을 / 일찍. (business)
   → _____ / _____ / _____ .

8. 우리는 공부했어야 했어 / 더 열심히 / 우리의 미래를 위해. (for our future)
   → _____ / _____ / _____ .

should have p.p. (평서문)

should have p.p. 부정문

9. 나는 전화하지 말았어야 했어 / 그에게. (call)
   ↳ ⬜⬜⬜ / ⬜⬜⬜ .

10. 나는 울지 말았어야 했어 / 그의 앞에서. (in front of)
    ↳ ⬜⬜⬜ / ⬜⬜⬜ .

11. 나는 기다리지 말았어야 했어 / 그 마지막 버스를. (wait for)
    ↳ ⬜⬜⬜ / ⬜⬜⬜ .

12. 너는 던지지 말았어야 했어 / 이 가방을. (throw)
    ↳ ⬜⬜⬜ / ⬜⬜⬜ .

13. 너는 끄지 말았어야 했어 / 그 기계를. (turn off)
    ↳ ⬜⬜⬜ / ⬜⬜⬜ .

14. 그녀는 헤어지지 말았어야 했어 / 그녀의 남자 친구와. (break up with)
    ↳ ⬜⬜⬜ / ⬜⬜⬜ .

15. 우리는 가지 말았어야 했어 / 강남에 / 어젯밤. (last night)
    ↳ ⬜⬜⬜ / ⬜⬜⬜ / ⬜⬜⬜ .

패턴 94 should have p.p. (평서문)

패턴 94 ~했어야 했어

COMPLETE SENTENCES 완성 문장 확인 — 완성 문장을 확인해 보세요.

should have p.p. 긍정문

1. **I should have tried it.**
   나는 그것을 시도했어야 했어.

2. **I should have worn this red skirt.**
   나는 이 빨간 스커트를 입었어야 했어.

3. **You should have thanked her.**
   너는 그녀에게 감사했어야 했어.

4. **She should have locked the door.**
   그녀는 그 문을 잠갔어야 했어.

5. **You should have come to the café yesterday.**
   너는 어제 그 카페에 왔어야 했어.

6. **You should have proposed to your fiancée today.**
   너는 오늘 너의 약혼녀에게 청혼했어야 했어.

7. **We should have started our business early.**
   우리는 우리의 사업을 일찍 시작했어야 했어.

8. **We should have studied harder for our future.**
   우리는 우리의 미래를 위해 더 열심히 공부했어야 했어.

should have p.p. 부정문

9. I should not have called him.
나는 그에게 전화하지 말았어야 했어.

10. I should not have cried in front of him.
나는 그의 앞에서 울지 말았어야 했어.

11. I should not have waited for the last bus.
나는 그 마지막 버스를 기다리지 말았어야 했어.

12. You should not have thrown this bag.
너는 이 가방을 던지지 말았어야 했어.

13. You should not have turned off the machine.
너는 그 기계를 끄지 말았어야 했어.

14. She should not have broken up with her boyfriend.
그녀는 그녀의 남자 친구와 헤어지지 말았어야 했어.

15. We should not have gone to Gangnam last night.
우리는 어젯밤 강남에 가지 말았어야 했어.

패턴 94 ~했어야 했어

스피드 손 영작
최대한 빠른 속도로 한 번에 영작해 보세요.

① 나는 그것을 시도했어야 했어.

→ _____.

② 나는 이 빨간 스커트를 입었어야 했어.

→ _____.

③ 너는 그녀에게 감사했어야 했어.

→ _____.

④ 그녀는 그 문을 잠갔어야 했어.

→ _____.

⑤ 너는 어제 그 카페에 왔어야 했어.

→ _____.

⑥ 너는 오늘 너의 약혼녀에게 청혼했어야 했어.

→ _____.

⑦ 우리는 우리의 사업을 일찍 시작했어야 했어.

→ _____.

p.206에서 정답을 확인하세요.

should have p.p. (평서문)

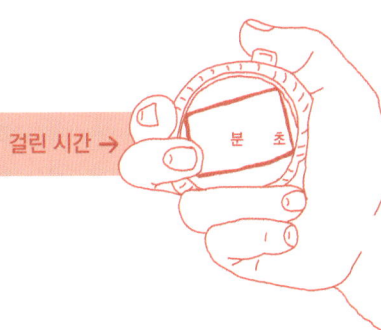

걸린 시간 → 분 초

⑧ 우리는 우리의 미래를 위해 더 열심히 공부했어야 했어.

→ _____

⑨ 나는 그에게 전화하지 말았어야 했어.

→ _____

⑩ 나는 그의 앞에서 울지 말았어야 했어.

→ _____

⑪ 나는 그 마지막 버스를 기다리지 말았어야 했어.

→ _____

⑫ 너는 이 가방을 던지지 말았어야 했어.

→ _____

⑬ 너는 그 기계를 끄지 말았어야 했어.

→ _____

⑭ 그녀는 그녀의 남자 친구와 헤어지지 말았어야 했어.

→ _____

⑮ 우리는 어젯밤 강남에 가지 말았어야 했어.

→ _____

★ 패턴 95

~했어야 했니?

should have p.p. (의문문)

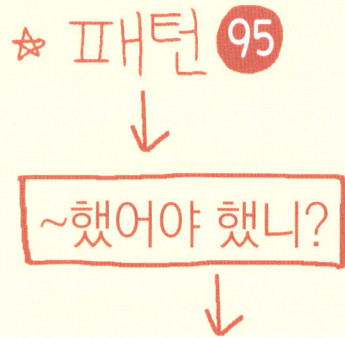

should have p.p.는 '~했어야 했다'로 해석되며,
실제로는 하지 못한 것에 대한 후회나 아쉬움을 표현합니다.
의문문의 경우에는 should를 문장 맨 앞에 위치시킵니다.
이 Unit에서는 의문문에 집중하겠습니다.

예를 들어,
"내가 영어를 공부했어야 했니?"(실제로는 공부하지 못했을 때)라고 하려면
"Should I have studied English?"라고 표현합니다.

부정 의문문을 만들려면 주어 뒤에 not을 붙이면 됩니다.

예를 들어,
"내가 널 떠나지 말았어야 했니?"(실제로는 떠났을 때)라고 하려면
"Should I not have left you?"라고 표현합니다.

실제 구어에서는
should have는 should've로,
should not have는 shouldn't have로 줄여 쓰는 것이 일반적입니다.

↳ **Should I have loved** / you / **more**?
나는 사랑했어야 했니 / 너를 / 더? → 나는 너를 더 사랑했어야 했니?

↳ **Should she have taken** / this class?
그녀는 들었어야 했니 / 이 수업을? → 그녀는 이 수업을 들었어야 했니?

↳ **Should we not have invited** / her?
우리는 초대하지 말았어야 했니 / 그녀를? → 우리는 그녀를 초대하지 말았어야 했니?

↳ **Should he not have given up** / the opportunity?
그는 포기하지 말았어야 했니 / 그 기회를? → 그는 그 기회를 포기하지 말았어야 했니?

패턴 ⑨⑤ should have p.p. (의문문) 211

패턴 95 ~했어야 했니?

의미 단위 손 영작

의미 단위로 나뉘어져 있는 문장 마디를 보고 Hint 단어를 참고하여 빈칸을 채워 보세요.

p.216 완성 문장 확인에서 정답을 확인하세요.

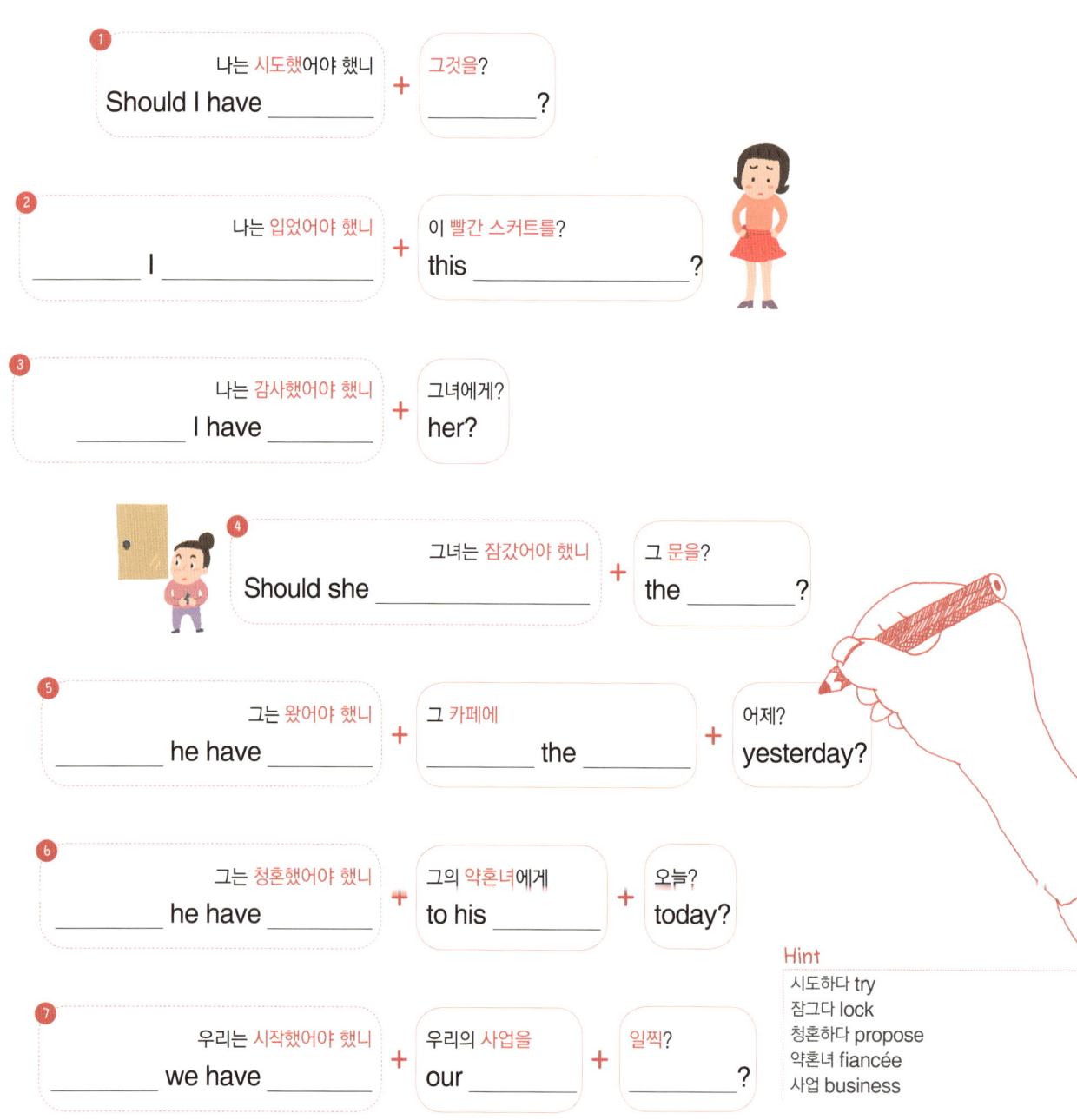

1 나는 시도했어야 했니 + 그것을?
Should I have _____ + _____ ?

2 나는 입었어야 했니 + 이 빨간 스커트를?
_____ I _____ + this _____ ?

3 나는 감사했어야 했니 + 그녀에게?
_____ I have _____ + her?

4 그녀는 잠갔어야 했니 + 그 문을?
Should she _____ + the _____ ?

5 그는 왔어야 했니 + 그 카페에 + 어제?
_____ he have _____ + _____ the _____ + yesterday?

6 그는 청혼했어야 했니 + 그의 약혼녀에게 + 오늘?
_____ he have _____ + to his _____ + today?

7 우리는 시작했어야 했니 + 우리의 사업을 + 일찍?
_____ we have _____ + our _____ + _____ ?

Hint
시도하다 try
잠그다 lock
청혼하다 propose
약혼녀 fiancée
사업 business

should have p.p. (의문문)

8 우리는 공부했어야 했니 + 더 열심히 + 우리의 미래를 위해?
Should we _____ + _____ + for our _____?

9 나는 전화하지 말았어야 했니 + 그에게?
Should I not have _____ + him?

10 나는 울지 말았어야 했니 + 그의 앞에서?
Should I _____ have _____ + in _____ of _____?

11 나는 기다리지 말았어야 했니 + 그 마지막 버스를?
Should I not have _____ + for the _____?

Hint
미래 future
~의 앞에서 in front of
~을 기다리다 wait for
던지다 throw(throw-threw-thrown)
~을 끄다 turn off
~와 헤어지다 break up with (break-broke-broken)

12 그는 던지지 말았어야 했니 + 이 가방을?
Should he _____ have _____ + this _____?

13 그는 끄지 말았어야 했니 + 그 기계를?
Should _____ have _____ + the _____?

14 그녀는 헤어지지 말았어야 했니 + 그녀의 남자 친구와?
Should she _____ have _____ up + _____ her boyfriend?

15 우리는 가지 말았어야 했니 + 강남에 + 어젯밤?
_____ we not have _____ + _____ Gangnam + _____ night?

패턴 ⑨⑤ should have p.p. (의문문)

패턴 95 ~했어야 했니?

어순 손 영작
어순대로 영작해 보세요.

should have p.p. 긍정 의문문

① 나는 시도했어야 했니 / 그것을? (try)
↳ _____ / _____ ?

② 나는 입었어야 했니 / 이 빨간 스커트를? (wear)
↳ _____ / _____ ?

③ 나는 감사했어야 했니 / 그녀에게? (thank)
↳ _____ / _____ ?

④ 그녀는 잠갔어야 했니 / 그 문을? (lock)
↳ _____ / _____ ?

⑤ 그는 왔어야 했니 / 그 카페에 / 어제? (café)
↳ _____ / _____ / _____ ?

⑥ 그는 청혼했어야 했니 / 그의 약혼녀에게 / 오늘? (propose)
↳ _____ / _____ / _____ ?

⑦ 우리는 시작했어야 했니 / 우리의 사업을 / 일찍? (business)
↳ _____ / _____ / _____ ?

⑧ 우리는 공부했어야 했니 / 더 열심히 / 우리의 미래를 위해? (for our future)
↳ _____ / _____ / _____ ?

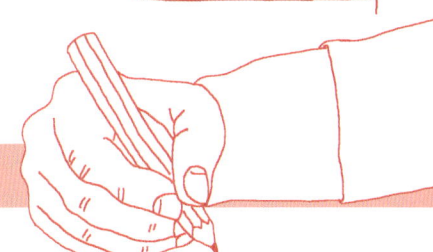

should have p.p. (의문문)

should have p.p. 부정 의문문

9. 나는 전화하지 말았어야 했니 / 그에게? (call)
↳ ⬚ / ⬚ ?

10. 나는 울지 말았어야 했니 / 그의 앞에서? (in front of)
↳ ⬚ / ⬚ ?

11. 나는 기다리지 말았어야 했니 / 그 마지막 버스를? (wait for)
↳ ⬚ / ⬚ ?

12. 그는 던지지 말았어야 했니 / 이 가방을? (throw)
↳ ⬚ / ⬚ ?

13. 그는 끄지 말았어야 했니 / 그 기계를? (turn off)
↳ ⬚ / ⬚ ?

14. 그녀는 헤어지지 말았어야 했니 / 그녀의 남자 친구와? (break up with)
↳ ⬚ / ⬚ ?

15. 우리는 가지 말았어야 했니 / 강남에 / 어젯밤? (last night)
↳ ⬚ / ⬚ / ⬚ ?

패턴 95 should have p.p. (의문문)

패턴 95 ~했어야 했니?

COMPLETE SENTENCES 완성 문장 확인 완성 문장을 확인해 보세요.

should have p.p. 긍정 의문문

1. **Should I have tried it?**
   나는 그것을 시도했어야 했니?

2. **Should I have worn this red skirt?**
   나는 이 빨간 스커트를 입었어야 했니?

3. **Should I have thanked her?**
   나는 그녀에게 감사했어야 했니?

4. **Should she have locked the door?**
   그녀는 그 문을 잠갔어야 했니?

5. **Should he have come to the café yesterday?**
   그는 어제 그 카페에 왔어야 했니?

6. **Should he have proposed to his fiancée today?**
   그는 오늘 그의 약혼녀에게 청혼했어야 했니?

7. **Should we have started our business early?**
   우리는 우리의 사업을 일찍 시작했어야 했니?

8. **Should we have studied harder for our future?**
   우리는 우리의 미래를 위해 더 열심히 공부했어야 했니?

should have p.p. (의문문)

 95_01

should have p.p. 부정 의문문

9. **Should I not have called him?**
나는 그에게 전화하지 말았어야 했니?

10. **Should I not have cried in front of him?**
나는 그의 앞에서 울지 말았어야 했니?

11. **Should I not have waited for the last bus?**
나는 그 마지막 버스를 기다리지 말았어야 했니?

12. **Should he not have thrown this bag?**
그는 이 가방을 던지지 말았어야 했니?

13. **Should he not have turned off the machine?**
그는 그 기계를 끄지 말았어야 했니?

14. **Should she not have broken up with her boyfriend?**
그녀는 그녀의 남자 친구와 헤어지지 말았어야 했니?

15. **Should we not have gone to Gangnam last night?**
우리는 어젯밤 강남에 가지 말았어야 했니?

패턴 95 ~했어야 했니?

스피드 손 영작
최대한 빠른 속도로 한 번에 영작해 보세요.

① 나는 그것을 시도했어야 했니?

→ _____ ?

② 나는 이 빨간 스커트를 입었어야 했니?

→ _____ ?

③ 나는 그녀에게 감사했어야 했니?

→ _____ ?

④ 그녀는 그 문을 잠갔어야 했니?

→ _____ ?

⑤ 그는 어제 그 카페에 왔어야 했니?

→ _____ ?

⑥ 그는 오늘 그의 약혼녀에게 청혼했어야 했니?

→ _____ ?

⑦ 우리는 우리의 사업을 일찍 시작했어야 했니?

→ _____ ?

p.216에서 정답을 확인하세요.

should have p.p. (의문문)

걸린 시간 → 　　분　　초

8 우리는 우리의 미래를 위해 더 열심히 공부했어야 했니?

→ _____ ?

9 나는 그에게 전화하지 말았어야 했니?

→ _____ ?

10 나는 그의 앞에서 울지 말았어야 했니?

→ _____ ?

11 나는 그 마지막 버스를 기다리지 말았어야 했니?

→ _____ ?

12 그는 이 가방을 던지지 말았어야 했니?

→ _____ ?

13 그는 그 기계를 끄지 말았어야 했니?

→ _____ ?

14 그녀는 그녀의 남자 친구와 헤어지지 말았어야 했니?

→ _____ ?

15 우리는 어젯밤 강남에 가지 말았어야 했니?

→ _____ ?

패턴 ⑨⑤ should have p.p. (의문문)

패턴 96

~할 수도 있었어

could have p.p.
(평서문)

could have p.p.는 '~할 수도 있었다'로 해석되며,
실제로는 하지 못했거나 일부러 하지 않은 것을 나타내는 표현입니다.
이 Unit에서는 평서문에 집중하겠습니다.

예를 들어,
"난 너에게 거짓말을 할 수도 있었어."(실제로는 거짓말하지 않았을 때)라고 하려면
"I could have lied to you."라고 표현합니다.

not을 넣어 부정문을 만들면, '~할 수 없었을 것이다'로 해석되며,
실제로는 해서 다행이라는 사실을 나타냅니다.
not은 could 뒤에 위치시킵니다.

예를 들어,
"너의 도움 없이 나는 이 숙제를 할 수 없었을 거야."(실제로는 했을 때)라고 하려면
"I could not have done this homework without your help."라고 표현합니다.

실제 구어에서는
could have는 could've로,
could not have는 couldn't have로 줄여 쓰는 것이 일반적입니다.

I could have lied to you.

↳ I **could have hit** / you.
나는 때릴 수도 있었어 / 너를. → 나는 너를 때릴 수도 있었어.(hit – hit – hit)

↳ She **could have sued** / us.
그녀는 고소할 수도 있었어 / 우리를. → 그녀는 우리를 고소할 수도 있었어.

↳ We **could** not **have finished** / this project / without you.
우리는 끝마치지 못했을 거야 / 이 프로젝트를 / 너 없이는.
→ 우리는 너 없이는 이 프로젝트를 끝마치지 못했을 거야.

↳ He **could** not **have done** / it / if I had not helped / him.
그는 할 수 없었을 거야 / 그것을 / 내가 도와주지 않았다면 / 그를.
→ 내가 그를 도와주지 않았다면 그는 그것을 할 수 없었을 거야.

could have p.p. (평서문)

8. 그녀는 잠글 수도 있었어 + 그 문을.
She could _____ + the _____.

9. 나는 잡을 수 없었을 거야 + 그 마지막 버스를.
I could not have _____ + the _____.

10. 너는 읽을 수 없었을 거야 + 그의 메시지를.
You _____ have _____ + his _____.

11. 그녀는 헤어질 수 없었을 거야 + 그녀의 남자 친구와.
She could _____ have _____ up + _____ her boyfriend.

Hint
잠그다 lock
잡다 catch
~와 헤어지다 break up with (break-broke-broken)
정보 information
옮기다 move
작동시키다 operate
도구 tool

12. 나는 미소 지을 수 없었을 거야 + 너 없이는.
I could _____ have _____ + _____ you.

13. 나는 통과할 수 없었을 거야 + 그 시험을 + 너의 정보 없이는.
I could not have _____ + the exam + without _____.

14. 너는 옮길 수 없었을 거야 + 이 상자를 + 내 도움 없이는.
You could _____ have _____ + this _____ + without _____.

15. 너는 작동할 수 없었을 거야 + 그 기계를 + 이 도구 없이는.
You _____ have operated + the _____ + without this _____.

패턴 96 could have p.p. (평서문)

패턴 96 ~할 수도 있었어

어순 손 영작
어순대로 영작해 보세요.

could have p.p. 긍정문

① 나는 시도할 수도 있었어 / 그것을. (try)
→ _____ / _____.

② 나는 입을 수도 있었어 / 이 빨간 스커트를. (wear)
→ _____ / _____.

③ 너는 감사할 수도 있었어 / 그녀에게. (thank)
→ _____ / _____.

④ 너는 올 수도 있었어 / 그 카페에 / 어제. (café)
→ _____ / _____ / _____.

⑤ 너는 청혼할 수도 있었어 / 너의 약혼녀에게 / 오늘. (propose)
→ _____ / _____ / _____.

⑥ 우리는 시작할 수도 있었어 / 우리의 사업을 / 일찍. (business)
→ _____ / _____ / _____.

⑦ 우리는 공부할 수도 있었어 / 더 열심히 / 우리의 미래를 위해. (harder)
→ _____ / _____ / _____.

⑧ 그녀는 잠글 수도 있었어 / 그 문을. (lock)
→ _____ / _____.

could have p.p. (평서문)

could have p.p. 부정문

⑨ 나는 잡을 수 없었을 거야 / 그 마지막 버스를. (catch)
↳ ⬚ / ⬚ .

⑩ 너는 읽을 수 없었을 거야 / 그의 메시지를. (message)
↳ ⬚ / ⬚ .

⑪ 그녀는 헤어질 수 없었을 거야 / 그녀의 남자 친구와. (break up with)
↳ ⬚ / ⬚ .

⑫ 나는 미소 지을 수 없었을 거야 / 너 없이는. (without you)
↳ ⬚ / ⬚ .

⑬ 나는 통과할 수 없었을 거야 / 그 시험을 / 너의 정보 없이는. (information)
↳ ⬚ / ⬚ / ⬚ .

⑭ 너는 옮길 수 없었을 거야 / 이 상자를 / 내 도움 없이는. (move)
↳ ⬚ / ⬚ / ⬚ .

⑮ 너는 작동할 수 없었을 거야 / 그 기계를 / 이 도구 없이는. (operate)
↳ ⬚ / ⬚ / ⬚ .

패턴 96 ~할 수도 있었어

COMPLETE SENTENCES 완성 문장 확인 — 완성 문장을 확인해 보세요.

could have p.p. 긍정문

1. **I could have tried it.**
   나는 그것을 시도할 수도 있었어.

2. **I could have worn this red skirt.**
   나는 이 빨간 스커트를 입을 수도 있었어.

3. **You could have thanked her.**
   너는 그녀에게 감사할 수도 있었어.

4. **You could have come to the café yesterday.**
   너는 어제 그 카페에 올 수도 있었어.

5. **You could have proposed to your fiancée today.**
   너는 오늘 너의 약혼녀에게 청혼할 수도 있었어.

6. **We could have started our business early.**
   우리는 우리의 사업을 일찍 시작할 수도 있었어.

7. **We could have studied harder for our future.**
   우리는 우리의 미래를 위해 더 열심히 공부할 수도 있었어.

8. **She could have locked the door.**
   그녀는 그 문을 잠글 수도 있었어.

 96_01

could have p.p. 부정문

9. **I could not have caught the last bus.**
나는 그 마지막 버스를 잡을 수 없었을 거야.

10. **You could not have read his message.**
너는 그의 메시지를 읽을 수 없었을 거야.

11. **She could not have broken up with her boyfriend.**
그녀는 그녀의 남자 친구와 헤어질 수 없었을 거야.

12. **I could not have smiled without you.**
나는 너 없이는 미소 지을 수 없었을 거야.

13. **I could not have passed the exam without your information.**
나는 너의 정보 없이는 그 시험을 통과할 수 없었을 거야.

14. **You could not have moved this box without my help.**
너는 내 도움 없이는 이 상자를 옮길 수 없었을 거야.

15. **You could not have operated the machine without this tool.**
너는 이 도구 없이는 그 기계를 작동할 수 없었을 거야.

패턴 96 ~할 수도 있었어

스피드 손 영작
최대한 빠른 속도로 한 번에 영작해 보세요.

① 나는 그것을 시도할 수도 있었어.
→ _____.

② 나는 이 빨간 스커트를 입을 수도 있었어.
→ _____.

③ 너는 그녀에게 감사할 수도 있었어.
→ _____.

④ 너는 어제 그 카페에 올 수도 있었어.
→ _____.

⑤ 너는 오늘 너의 약혼녀에게 청혼할 수도 있었어.
→ _____.

⑥ 우리는 우리의 사업을 일찍 시작할 수도 있었어.
→ _____.

⑦ 우리는 우리의 미래를 위해 더 열심히 공부할 수도 있었어.
→ _____.

p.226에서 정답을 확인하세요.

could have p.p. (평서문)

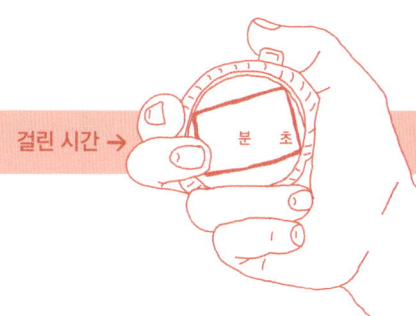
걸린 시간 → 분 초

⑧ 그녀는 그 문을 잠글 수도 있었어.

→ _____.

⑨ 나는 그 마지막 버스를 잡을 수 없었을 거야.

→ _____.

⑩ 너는 그의 메시지를 읽을 수 없었을 거야.

→ _____.

⑪ 그녀는 그녀의 남자 친구와 헤어질 수 없었을 거야.

→ _____.

⑫ 나는 너 없이는 미소 지을 수 없었을 거야.

→ _____.

⑬ 나는 너의 정보 없이는 그 시험을 통과할 수 없었을 거야.

→ _____.

⑭ 너는 내 도움 없이는 이 상자를 옮길 수 없었을 거야.

→ _____.

⑮ 너는 이 도구 없이는 그 기계를 작동할 수 없었을 거야.

→ _____.

패턴 ⑯ could have p.p. (평서문)　**229**

패턴 97 → ~했더라면 …할 수도 있었을 거야

could have p.p.
+ 과거 가정

could have p.p.는 '~할 수도 있었다'로 해석되며,
실제로는 하지 못했거나 일부러 하지 않은 것을 표현합니다.

이 Unit에서는 could have p.p.에
'과거 가정 = ~했더라면'을 추가해 보겠습니다.
과거 가정은 'if + 주어 + had p.p.'로 표현합니다.

예를 들어,
"내가 널 싫어했더라면 난 네게 거짓말을 할 수도 있었어."라고 하려면
'난 네게 거짓말을 할 수도 있었어 = I could have lied to you'에
'내가 널 싫어했더라면 = if I had hated you'를 더해서
"I could have lied to you if I had hated you."라고 표현합니다.

부정문을 만들 때는 could 뒤에 not을 위치시킵니다.
예를 들어,
"네가 날 도와주지 않았더라면 난 이 숙제를 할 수 없었을 거야."라고 하려면
'난 이 숙제를 할 수 없었을 거야 = I could not have done this homework'에
'네가 나를 도와주지 않았더라면 = if you had not helped me'를 더해서
"I could not have done this homework if you had not helped me."라고 표현합니다.

실제 구어에서는
could have는 could've로, could not have는 couldn't have로 줄여 쓰는 것이 일반적입니다.

↪ **I could have hit** / you / **if I had been** really mad.
나는 때릴 수도 있었어 / 너를 / 만약 내가 정말로 화가 났더라면.
→ 만약 내가 정말로 화가 났더라면 나는 너를 때릴 수도 있었어.

↪ **She could have sued** / us / **if she had** really **wanted** to.
그녀는 고소할 수도 있었어 / 우리를 / 그녀가 정말로 원했더라면.
→ 그녀가 정말로 원했더라면 그녀는 우리를 고소할 수도 있었어.

↪ **We could** not **have finished** / this project / **if you had** not **helped** / us.
우리는 끝마치지 못했을 거야 / 이 프로젝트를 / 네가 도와주지 않았더라면 / 우리를.
→ 네가 우리를 도와주지 않았더라면 우리는 이 프로젝트를 끝마치지 못했을 거야.

↪ **He could** not **have done** / it / **if I had** not **helped** / him.
그는 할 수 없었을 거야 / 그것을 / 내가 도와주지 않았더라면 / 그를.
→ 내가 그를 도와주지 않았더라면 그는 그것을 할 수 없었을 거야.

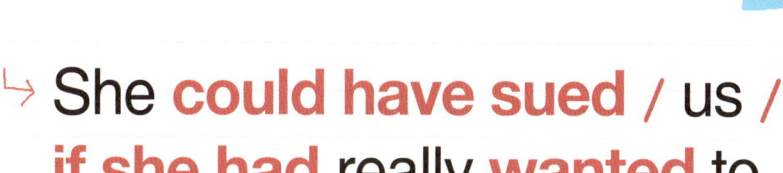

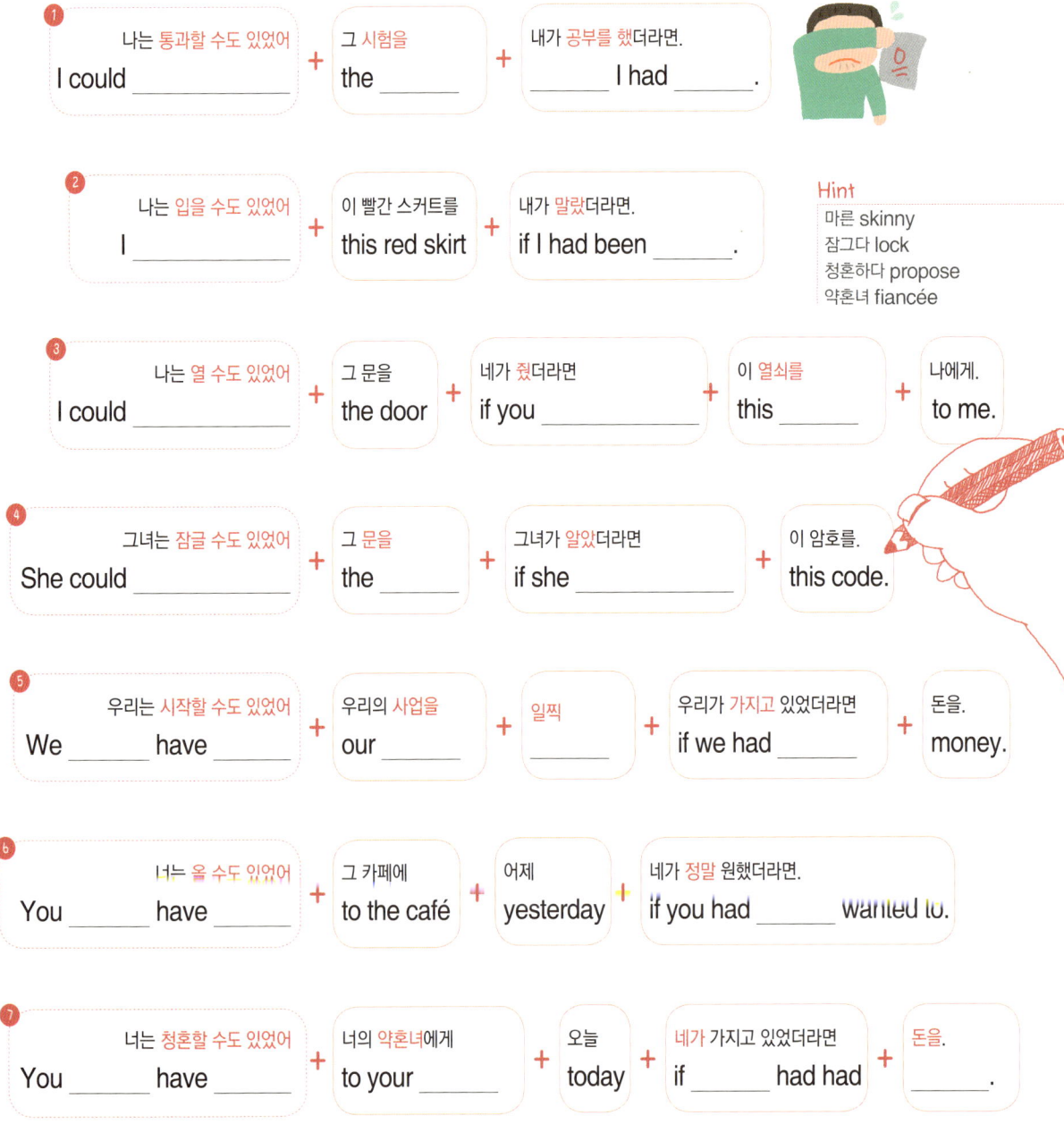

could have p.p. + 과거 가정

⑧ 나는 전화할 수 없었을 거야
I could not have _____ + 그에게 him + 내가 가지고 있지 않았더라면 if I had not _____ + 전화기를. a _____.

Hint
용기 courage
잡다 catch
끄다 turn off
기계 machine

⑨ 나는 미소 지을 수 없었을 거야
I could not have _____ + 내가 행복하지 않았더라면. if I _____ not _____ happy.

⑩ 나는 키스할 수 없었을 거야
I could not have _____ + 그녀에게 her + 내가 가지지 않았더라면 if I had not _____ + 용기를. _____.

⑪ 나는 잡을 수 없었을 거야
I could not have _____ + 그 마지막 버스를 the last bus + 내가 일어났더라면 if I had _____ + 늦게. late.

⑫ 너는 읽을 수 없었을 거야
You could not have _____ + 그의 메시지를 his _____ + 내가 말하지 않았더라면 if I had _____ + 너에게. you.

⑬ 너는 끌 수 없었을 거야
You could not have turned off + 그 기계를 the _____ + 네가 오지 않았더라면 if you _____ + 여기에. here.

⑭ 그녀는 헤어질 수 없었을 거야
She could not have _____ up + 그녀의 남자 친구와 with her boyfriend + 그가 부유했더라면. if he _____.

⑮ 우리는 갈 수 없었을 거야
We _____ not have _____ + 강남에 to Gangnam + 내가 가지고 있지 않았더라면 if I had not _____ + 차를. a car.

패턴 ㉗ could have p.p. + 과거 가정

패턴 97 ~했더라면 …할 수도 있었을 거야

어순 손 영작
어순대로 영작해 보세요.

could have p.p. + 과거 가정 (긍정)

① 나는 통과할 수도 있었어 / 그 시험을 / 내가 공부를 했더라면. (pass)
↳ _____ / _____ / _____ .

② 나는 입을 수도 있었어 / 이 빨간 스커트를 / 내가 말랐더라면. (wear)
↳ _____ / _____ / _____ .

③ 나는 열 수도 있었어 / 그 문을 / 네가 줬더라면 / 이 열쇠를 / 나에게. (open)
↳ _____ / _____ / _____ / _____ / _____ .

④ 그녀는 잠글 수도 있었어 / 그 문을 / 그녀가 알았더라면 / 이 암호를. (lock)
↳ _____ / _____ / _____ / _____ .

⑤ 우리는 시작할 수도 있었어 / 우리의 사업을 / 일찍 / 우리가 가지고 있었더라면 / 돈을. (business)
↳ _____ / _____ / _____ / _____ .

⑥ 너는 올 수도 있었어 / 그 카페에 / 어제 / 네가 정말 원했더라면. (want to)
↳ _____ / _____ / _____ / _____ .

⑦ 너는 청혼할 수도 있었어 / 너의 약혼녀에게 / 오늘 / 네가 가지고 있었더라면 / 돈을. (propose)
↳ _____ / _____ / _____ / _____ / _____ .

could have p.p. + 과거 가정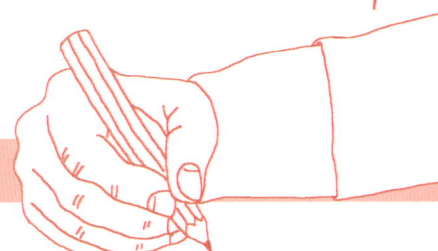

could have p.p. + 과거 가정 (부정)

⑧ 나는 전화할 수 없었을 거야 / 그에게 / 내가 가지고 있지 않았더라면 / 전화기를. (call)
↳ ⬜ / ⬜ / ⬜ / ⬜ .

⑨ 나는 미소 지을 수 없었을 거야 / 내가 행복하지 않았더라면. (smile)
↳ ⬜ / ⬜ .

⑩ 나는 키스할 수 없었을 거야 / 그녀에게 / 내가 가지지 않았더라면 / 용기를. (courage)
↳ ⬜ / ⬜ / ⬜ / ⬜ .

⑪ 나는 잡을 수 없었을 거야 / 그 마지막 버스를 / 내가 일어났더라면 / 늦게. (catch)
↳ ⬜ / ⬜ / ⬜ / ⬜ .

⑫ 너는 읽을 수 없었을 거야 / 그의 메시지를 / 내가 말하지 않았더라면 / 너에게. (message)
↳ ⬜ / ⬜ / ⬜ / ⬜ .

⑬ 너는 끌 수 없었을 거야 / 그 기계를 / 네가 오지 않았더라면 / 여기에. (turn off)
↳ ⬜ / ⬜ / ⬜ / ⬜ .

⑭ 그녀는 헤어질 수 없었을 거야 / 그녀의 남자 친구와 / 그가 부유했더라면. (break up with)
↳ ⬜ / ⬜ / ⬜ .

⑮ 우리는 갈 수 없었을 거야 / 강남에 / 내가 가지고 있지 않았더라면 / 차를. (go)
↳ ⬜ / ⬜ / ⬜ / ⬜ .

패턴 ⑨⑦ could have p.p. + 과거 가정

패턴 97 ~했더라면 …할 수도 있었을 거야

COMPLETE SENTENCES 완성 문장 확인
완성 문장을 확인해 보세요.

could have p.p. + 과거 가정 (긍정)

❶ I could have passed the test if I had studied.
내가 공부를 했더라면 나는 그 시험을 통과할 수도 있었어.

❷ I could have worn this red skirt if I had been skinny.
내가 말랐더라면 나는 이 빨간 스커트를 입을 수도 있었어.

❸ I could have opened the door if you had given this key to me.
네가 나에게 이 열쇠를 줬더라면 나는 그 문을 열 수도 있었어.

❹ She could have locked the door if she had known this code.
그녀가 이 암호를 알았더라면 그녀는 그 문을 잠글 수도 있었어.

❺ We could have started our business early if we had had money.
우리가 돈을 가지고 있었더라면 우리는 우리의 사업을 일찍 시작할 수도 있었어.

❻ You could have come to the café yesterday if you had really wanted to.
네가 정말 원했더라면 너는 어제 그 카페에 올 수도 있었어.

❼ You could have proposed to your fiancée today if you had had money.
네가 돈을 가지고 있었더라면 너는 오늘 너의 약혼녀에게 청혼할 수도 있었어.

 97_01

could have p.p. + 과거 가정 (부정)

⑧ **I could not have called him if I had not had a phone.**
내가 전화기를 가지고 있지 않았더라면 나는 그에게 전화할 수 없었을 거야.

⑨ **I could not have smiled if I had not been happy.**
내가 행복하지 않았더라면 나는 미소 지을 수 없었을 거야.

⑩ **I could not have kissed her if I had not had courage.**
내가 용기를 가지지 않았더라면 나는 그녀에게 키스할 수 없었을 거야.

⑪ **I could not have caught the last bus if I had woken up late.**
내가 늦게 일어났더라면 나는 그 마지막 버스를 잡을 수 없었을 거야.

⑫ **You could not have read his message if I had not told you.**
내가 너에게 말하지 않았더라면 너는 그의 메시지를 읽을 수 없었을 거야.

⑬ **You could not have turned off the machine if you had not come here.**
네가 여기에 오지 않았더라면 너는 그 기계를 끌 수 없었을 거야.

⑭ **She could not have broken up with her boyfriend if he had been rich.**
그가 부유했더라면 그녀는 그녀의 남자 친구와 헤어질 수 없었을 거야.

⑮ **We could not have gone to Gangnam if I had not had a car.**
내가 차를 가지고 있지 않았더라면 우리는 강남에 갈 수 없었을 거야.

패턴 97 ~했더라면 …할 수도 있었을 거야

스피드 손 영작
최대한 빠른 속도로 한 번에 영작해 보세요.

① 내가 공부를 했더라면 나는 그 시험을 통과할 수도 있었어.

→ _____

② 내가 말랐더라면 나는 이 빨간 스커트를 입을 수도 있었어.

→ _____

③ 네가 나에게 이 열쇠를 줬더라면 나는 그 문을 열 수도 있었어.

→ _____

④ 그녀가 이 암호를 알았더라면 그녀는 그 문을 잠글 수도 있었어.

→ _____

⑤ 우리가 돈을 가지고 있었더라면 우리는 우리의 사업을 일찍 시작할 수도 있었어.

→ _____

⑥ 네가 정말 원했더라면 너는 어제 그 카페에 올 수도 있었어.

→ _____

⑦ 네가 돈을 가지고 있었더라면 너는 오늘 너의 약혼녀에게 청혼할 수도 있었어.

→ _____

p. 236에서 정답을 확인하세요.

could have p.p.+ 과거 가정

걸린 시간 → 　분　초

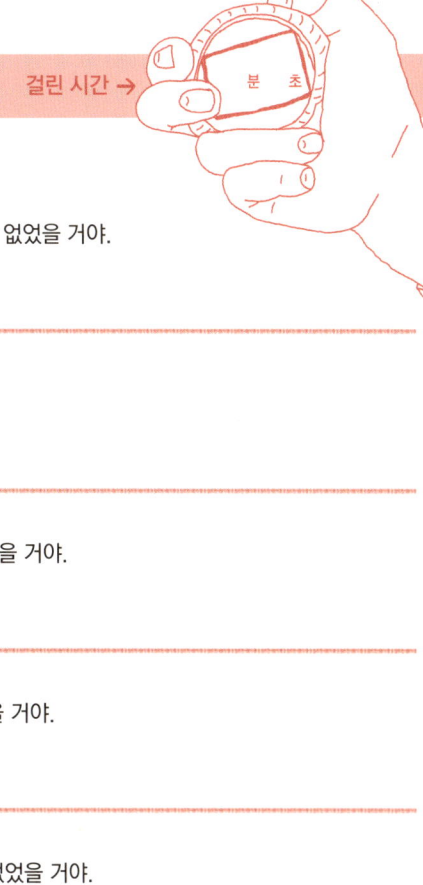

⑧ 내가 전화기를 가지고 있지 않았더라면 나는 그에게 전화할 수 없었을 거야.

→ _____

⑨ 내가 행복하지 않았더라면 나는 미소 지을 수 없었을 거야.

→ _____

⑩ 내가 용기를 가지지 않았더라면 나는 그녀에게 키스할 수 없었을 거야.

→ _____

⑪ 내가 늦게 일어났더라면 나는 그 마지막 버스를 잡을 수 없었을 거야.

→ _____

⑫ 내가 너에게 말하지 않았더라면 너는 그의 메시지를 읽을 수 없었을 거야.

→ _____

⑬ 네가 여기에 오지 않았더라면 너는 그 기계를 끌 수 없었을 거야.

→ _____

⑭ 그가 부유했더라면 그녀는 그녀의 남자 친구와 헤어질 수 없었을 거야.

→ _____

⑮ 내가 차를 가지고 있지 않았더라면 우리는 강남에 갈 수 없었을 거야.

→ _____

패턴 ⑨⑦ could have p.p.+ 과거 가정

★ 패턴 98

~할 수도 있었을까?

could have p.p.
(의문문)

could have p.p.는 '~할 수도 있었다'로 해석되며, **실제로는 하지 못했거나 일부러 하지 않은 것을 표현**합니다. **의문문의 경우에는 Could를 주어 앞에 위치시킵니다.** 이 Unit에서는 의문문에 집중하겠습니다.

예를 들어,
"그녀가 날 좋아할 수도 있었을까?"라고 하려면
"Could she have liked me?"라고 표현합니다.

비슷하게,
"우리가 포인트를 놓칠 수도 있었을까?"라고 하려면
"Could we have missed the point?"라고 표현합니다.

Could we have missed the point?

↳ **Could I have hit** / you?
내가 때릴 수도 있었을까 / 너를? → 내가 너를 때릴 수도 있었을까?

↳ **Could she have sued** / us?
그녀가 고소할 수도 있었을까 / 우리를? → 그녀가 우리를 고소할 수도 있었을까?

↳ **Could we have finished** / this project / without you?
우리가 끝마칠 수 있었을까 / 이 프로젝트를 / 너 없이도? → 우리가 너 없이도 이 프로젝트를 끝마칠 수 있었을까?

↳ **Could he have done** / it / if I had not helped / him?
그가 할 수 있었을까 / 그것을 / 내가 도와주지 않았더라면 / 그를.
→ 내가 그를 도와주지 않았더라면 그는 그것을 할 수 있었을까?

패턴 98 ~할 수도 있었을까?

의미 단위 손 영작

의미 단위로 나뉘어져 있는 문장 마디를 보고 Hint 단어를 참고하여 빈칸을 채워 보세요.

p.246 완성 문장 확인에서 정답을 확인하세요.

1 내가 시도할 수도 있었을까 + 그것을?
Could I have _____ _____?

2 내가 입을 수도 있었을까 + 이 빨간 스커트를?
_____ I _____ this _____?

3 내가 잡을 수도 있었을까 + 그 마지막 버스를?
Could I have _____ the _____?

4 네가 감사할 수도 있었을까 + 그녀에게?
_____ you have _____ her?

5 네가 올 수도 있었을까 + 그 카페에 + 어제?
_____ you have _____ to the _____ yesterday?

6 네가 청혼할 수도 있었을까 + 너의 약혼녀에게 | 오늘?
_____ you have _____ to your _____ today?

7 그녀가 읽을 수도 있었을까 + 그의 메시지를?
_____ she have _____ his _____?

Hint
잡다 catch
감사하다 thank
청혼하다 propose
약혼녀 fiancée

could have p.p. (의문문)

⑧ 그녀가 헤어질 수도 있었을까 + 그녀의 남자 친구와?
Could she have _____ up + _____ her boyfriend?

⑨ 우리가 시작할 수도 있었을까 + 우리의 사업을 + 일찍?
_____ we have _____ + our _____ + _____?

⑩ 우리가 공부할 수도 있었을까 + 더 열심히 + 우리의 미래를 위해?
Could we _____ + _____ + for our _____?

⑪ 우리가 갈 수도 있었을까 + 강남에 + 어젯밤?
_____ we have _____ + _____ Gangnam + _____ night?

⑫ 내가 미소 지을 수 있었을까 + 너 없이도?
Could I have _____ + _____ you?

Hint
~와 헤어지다 break up with
미래 future
용기 courage
옮기다 move
끄다 turn off
도구 tool

⑬ 나는 키스할 수도 있었을까 + 그녀에게 + 내가 가졌더라면 + 용기를?
Could I have _____ + her + if I had _____ + _____?

⑭ 네가 옮길 수 있었을까 + 이 상자를 + 내 도움 없이도?
Could you have _____ + this _____ + without my _____?

⑮ 네가 끌 수 있었을까 + 그 기계를 + 이 도구 없이도?
_____ you have _____ + the _____ + without this _____?

패턴 ⑱ could have p.p. (의문문)

패턴 98 ~할 수도 있었을까?

어순 손 영작
어순대로 영작해 보세요.

could have p.p. 의문문

① 내가 시도할 수도 있었을까 / 그것을? (try)
↪ _____ / _____ ?

② 내가 입을 수도 있었을까 / 이 빨간 스커트를? (wear)
↪ _____ / _____ ?

③ 내가 잡을 수도 있었을까 / 그 마지막 버스를? (catch)
↪ _____ / _____ ?

④ 네가 감사할 수도 있었을까 / 그녀에게? (thank)
↪ _____ / _____ ?

⑤ 네가 올 수도 있었을까 / 그 카페에 / 어제? (café)
↪ _____ / _____ / _____ ?

⑥ 네가 청혼할 수도 있었을까 / 너의 약혼녀에게 / 오늘? (propose)
↪ _____ / _____ / _____ ?

⑦ 그녀가 읽을 수도 있었을까 / 그의 메시지를? (message)
↪ _____ / _____ ?

⑧ 그녀가 헤어질 수도 있었을까 / 그녀의 남자 친구와? (break up with)
↪ _____ / _____ ?

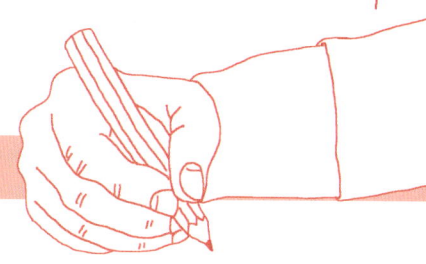

could have p.p. (의문문)

⑨ 우리가 시작할 수도 있었을까 / 우리의 사업을 / 일찍? (business)
↳ ⬚ / ⬚ / ⬚ ?

⑩ 우리가 공부할 수도 있었을까 / 더 열심히 / 우리의 미래를 위해? (harder)
↳ ⬚ / ⬚ / ⬚ ?

⑪ 우리가 갈 수도 있었을까 / 강남에 / 어젯밤? (last night)
↳ ⬚ / ⬚ / ⬚ ?

could have p.p. 의문문 + 가정

⑫ 내가 미소 지을 수 있었을까 / 너 없이도? (without you)
↳ ⬚ / ⬚ ?

⑬ 나는 키스할 수도 있었을까 / 그녀에게 / 내가 가졌더라면 / 용기를? (courage)
↳ ⬚ / ⬚ / ⬚ / ⬚ ?

⑭ 네가 옮길 수 있었을까 / 이 상자를 / 내 도움 없이도? (move)
↳ ⬚ / ⬚ / ⬚ ?

⑮ 네가 끌 수 있었을까 / 그 기계를 / 이 도구 없이도? (turn off)
↳ ⬚ / ⬚ / ⬚ ?

패턴 98 ~할 수도 있었을까?

COMPLETE SENTENCES 완성 문장 확인 완성 문장을 확인해 보세요.

could have p.p. 의문문

1. **Could I have tried it?**
   내가 그것을 시도할 수도 있었을까?

2. **Could I have worn this red skirt?**
   내가 이 빨간 스커트를 입을 수도 있었을까?

3. **Could I have caught the last bus?**
   내가 그 마지막 버스를 잡을 수도 있었을까?

4. **Could you have thanked her?**
   네가 그녀에게 감사할 수도 있었을까?

5. **Could you have come to the café yesterday?**
   네가 어제 그 카페에 올 수도 있었을까?

6. **Could you have proposed to your fiancée today?**
   네가 오늘 너의 약혼녀에게 청혼할 수도 있었을까?

7. **Could she have read his message?**
   그녀가 그의 메시지를 읽을 수도 있었을까?

8. **Could she have broken up with her boyfriend?**
   그녀가 그녀의 남자 친구와 헤어질 수도 있었을까?

9. **Could we have started our business early?**
   우리가 우리의 사업을 일찍 시작할 수도 있었을까?

10. **Could we have studied harder for our future?**
    우리가 우리의 미래를 위해 더 열심히 공부할 수도 있었을까?

11. **Could we have gone to Gangnam last night?**
    우리가 어젯밤 강남에 갈 수도 있었을까?

could have p.p. (의문문)

could have p.p. 의문문 + 가정

⑫ **Could I have smiled without you?**
내가 너 없이도 미소 지을 수 있었을까?

⑬ **Could I have kissed her if I had had courage?**
내가 용기를 가졌더라면 나는 그녀에게 키스할 수도 있었을까?

⑭ **Could you have moved this box without my help?**
네가 내 도움 없이도 이 상자를 옮길 수 있었을까?

⑮ **Could you have turned off the machine without this tool?**
네가 이 도구 없이도 그 기계를 끌 수 있었을까?

패턴 98 ~할 수도 있었을까?

스피드 손 영작
최대한 빠른 속도로 한 번에 영작해 보세요.

1. 내가 그것을 시도할 수도 있었을까?

   → _____ ?

2. 내가 이 빨간 스커트를 입을 수도 있었을까?

   → _____ ?

3. 내가 그 마지막 버스를 잡을 수도 있었을까?

   → _____ ?

4. 네가 그녀에게 감사할 수도 있었을까?

   → _____ ?

5. 네가 어제 그 카페에 올 수도 있었을까?

   → _____ ?

6. 네가 오늘 너의 약혼녀에게 청혼할 수도 있었을까?

   → _____ ?

7. 그녀가 그의 메시지를 읽을 수도 있었을까?

   → _____ ?

p.246에서 정답을 확인하세요.

could have p.p. (의문문)

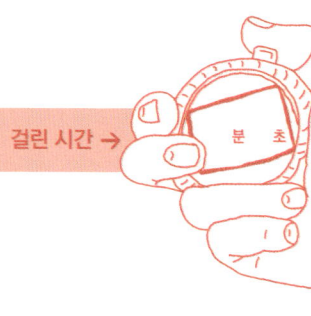

걸린 시간 → 　분　초

⑧ 그녀가 그녀의 남자 친구와 헤어질 수도 있었을까?

→ _____?

⑨ 우리가 우리의 사업을 일찍 시작할 수도 있었을까?

→ _____?

⑩ 우리가 우리의 미래를 위해 더 열심히 공부할 수도 있었을까?

→ _____?

⑪ 우리가 어젯밤 강남에 갈 수도 있었을까?

→ _____?

⑫ 내가 너 없이도 미소 지을 수 있었을까?

→ _____?

⑬ 내가 용기를 가졌더라면 나는 그녀에게 키스할 수도 있었을까?

→ _____?

⑭ 네가 내 도움 없이도 이 상자를 옮길 수 있었을까?

→ _____?

⑮ 네가 이 도구 없이도 그 기계를 끌 수 있었을까?

→ _____?

패턴 ⑨⑧ could have p.p. (의문문)　249

✶ 패턴 99

~했을 거야

would have p.p.
(평서문)

would have p.p.는 과거에 '~했을 것이다'로 해석되며,
실제로는 하지 않은 것을 아쉬워하는 표현입니다.

예를 들어,
"난 그녀의 번호를 물어봤을 거야."(실제로는 물어보지 않았을 때)라고 하려면
"I would have asked for her number."라고 표현합니다.

부정문은 would 뒤에 not을 위치시킵니다.

예를 들어,
"나는 널 떠나지 않았을 거야."(실제로는 떠났을 때)라고 하려면
"I would not have left you."라고 표현합니다.

실제 구어에서는
would have는 would've로,
would not have는 wouldn't have로 줄여 쓰는 것이 일반적입니다.

I would have asked for her number.

250 입영훈

↳ **I would have loved** / you / more.
나는 사랑했을 거야 / 너를 / 더. → 나는 너를 더 사랑했을 거야.

↳ You **would have taken** / this class.
너는 들었을 거야 / 이 수업을. → 너는 이 수업을 들었을 거야.

↳ We **would** not **have invited** / her.
우리는 초대하지 않았을 거야 / 그녀를. → 우리는 그녀를 초대하지 않았을 거야.

↳ He **would** not **have given up** / the opportunity.
그는 포기하지 않았을 거야 / 그 기회를. → 그는 그 기회를 포기하지 않았을 거야.

패턴 99 ~했을 거야

의미 단위 손 영작
의미 단위로 나뉘어져 있는 문장 마디를 보고 Hint 단어를 참고하여 빈칸을 채워 보세요.

p.256 완성 문장 확인에서 정답을 확인하세요.

1 나는 시도했을 거야 + 그것을.
I would have _____ _____.

2 나는 입었을 거야 + 이 빨간 스커트를.
I _____ this _____.

3 너는 감사했을 거야 + 그녀에게.
You _____ have _____ her.

4 너는 왔을 거야 + 그 카페에 + 어제.
You _____ have _____ to the _____ yesterday.

5 그녀는 잠갔을 거야 + 그 문을.
She would _____ the _____.

6 우리는 공부했을 거야 + 더 열심히 + 우리의 미래를 위해.
We would _____ + _____ + for our _____.

7 우리는 시작했을 거야 + 우리의 사업을 + 일찍.
We _____ have _____ our _____ _____.

Hint
입다 wear
잠그다 lock
미래 future
사업 business

252 입영훈

would have p.p. (평서문)

⑧ 나는 전화하지 않았을 거야 + 그에게.
I would not have _____ him.

⑨ 나는 울지 않았을 거야 + 그의 앞에서.
I would _____ have _____ in _____ of _____.

⑩ 나는 기다리지 않았을 거야 + 그 마지막 버스를.
I would not have _____ for the _____.

⑪ 나는 키스하지 않았을 거야 + 그녀에게 + 애초에.
I would not have _____ her in the _____.

⑫ 너는 던지지 않았을 거야 + 이 가방을.
You would _____ have _____ this _____.

⑬ 너는 끄지 않았을 거야 + 그 기계를.
You _____ have _____ the _____.

Hint
~의 앞에 in front of
애초에 in the first place
던지다 throw
끄다 turn off
~와 헤어지다 break up with

⑭ 그녀는 헤어지지 않았을 거야 + 그녀의 남자 친구와.
She would _____ have _____ up _____ her boyfriend.

⑮ 우리는 가지 않았을 거야 + 강남에 + 어젯밤.
We _____ not have _____ _____ Gangnam + _____ night.

패턴 ⑨⑨ would have p.p. (평서문)

어순 손 영작
어순대로 영작해 보세요.

would have p.p. 긍정문

① 나는 시도했을 거야 / 그것을. (try)
↳ _____ / _____ .

② 나는 입었을 거야 / 이 빨간 스커트를. (wear)
↳ _____ / _____ .

③ 너는 감사했을 거야 / 그녀에게. (thank)
↳ _____ / _____ .

④ 너는 왔을 거야 / 그 카페에 / 어제. (café)
↳ _____ / _____ / _____ .

⑤ 그녀는 잠갔을 거야 / 그 문을. (lock)
↳ _____ / _____ .

⑥ 우리는 공부했을 거야 / 더 열심히 / 우리의 미래를 위해. (for our future)
↳ _____ / _____ / _____ .

⑦ 우리는 시작했을 거야 / 우리의 사업을 / 일찍. (business)
↳ _____ / _____ / _____ .

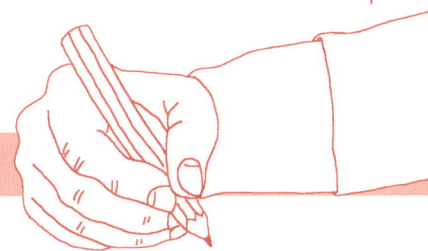

would have p.p. 부정문

8 나는 전화하지 않았을 거야 / 그에게. (call)

↳ ◯ / ◯ .

9 나는 울지 않았을 거야 / 그의 앞에서. (in front of)

↳ ◯ / ◯ .

10 나는 기다리지 않았을 거야 / 그 마지막 버스를. (wait for)

↳ ◯ / ◯ .

11 나는 키스하지 않았을 거야 / 그녀에게 / 애초에. (in the first place)

↳ ◯ / ◯ / ◯ .

12 너는 던지지 않았을 거야 / 이 가방을. (throw)

↳ ◯ / ◯ .

13 너는 끄지 않았을 거야 / 그 기계를. (turn off)

↳ ◯ / ◯ .

14 그녀는 헤어지지 않았을 거야 / 그녀의 남자 친구와. (break up with)

↳ ◯ / ◯ .

15 우리는 가지 않았을 거야 / 강남에 / 어젯밤. (last night)

↳ ◯ / ◯ / ◯ .

패턴 ⑨⑨ would have p.p. (평서문)

패턴 99 ~했을 거야

COMPLETE SENTENCES 완성 문장 확인
완성 문장을 확인해 보세요.

would have p.p. 긍정문

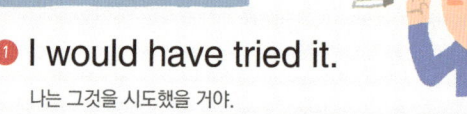

1. I would have tried it.
   나는 그것을 시도했을 거야.

2. I would have worn this red skirt.
   나는 이 빨간 스커트를 입었을 거야.

3. You would have thanked her.
   너는 그녀에게 감사했을 거야.

4. You would have come to the café yesterday.
   너는 어제 그 카페에 왔을 거야.

5. She would have locked the door.
   그녀는 그 문을 잠갔을 거야.

6. We would have studied harder for our future.
   우리는 우리의 미래를 위해 더 열심히 공부했을 거야.

7. We would have started our business early.
   우리는 우리의 사업을 일찍 시작했을 거야.

would have p.p. (평서문)

would have p.p. 부정문

⑧ **I would not have called him.**
나는 그에게 전화하지 않았을 거야.

⑨ **I would not have cried in front of him.**
나는 그의 앞에서 울지 않았을 거야.

⑩ **I would not have waited for the last bus.**
나는 그 마지막 버스를 기다리지 않았을 거야.

⑪ **I would not have kissed her in the first place.**
나는 애초에 그녀에게 키스하지 않았을 거야.

⑫ **You would not have thrown this bag.**
너는 이 가방을 던지지 않았을 거야.

⑬ **You would not have turned off the machine.**
너는 그 기계를 끄지 않았을 거야.

⑭ **She would not have broken up with her boyfriend.**
그녀는 그녀의 남자 친구와 헤어지지 않았을 거야.

⑮ **We would not have gone to Gangnam last night.**
우리는 어젯밤 강남에 가지 않았을 거야.

패턴 ⑨⑨ would have p.p. (평서문) 257

패턴 99 ~했을 거야

스피드 손 영작
최대한 빠른 속도로 한 번에 영작해 보세요.

1. 나는 그것을 시도했을 거야.
   → _____

2. 나는 이 빨간 스커트를 입었을 거야.
   → _____

3. 너는 그녀에게 감사했을 거야.
   → _____

4. 너는 어제 그 카페에 왔을 거야.
   → _____

5. 그녀는 그 문을 잠갔을 거야.
   → _____

6. 우리는 우리의 미래를 위해 더 열심히 공부했을 거야.
   → _____

7. 우리는 우리의 사업을 일찍 시작했을 거야.
   → _____

p.256에서 정답을 확인하세요.

would have p.p. (평서문)

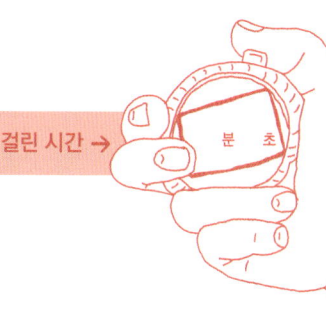

걸린 시간 → 분 초

8 나는 그에게 전화하지 않았을 거야.
→ _____

9 나는 그의 앞에서 울지 않았을 거야.
→ _____

10 나는 그 마지막 버스를 기다리지 않았을 거야.
→ _____

11 나는 애초에 그녀에게 키스하지 않았을 거야.
→ _____

12 너는 이 가방을 던지지 않았을 거야.
→ _____

13 너는 그 기계를 끄지 않았을 거야.
→ _____

14 그녀는 그녀의 남자 친구와 헤어지지 않았을 거야.
→ _____

15 우리는 어젯밤 강남에 가지 않았을 거야.
→ _____

패턴 99 would have p.p. (평서문)

★ 패턴 100 → ~했더라면 …했을 거야

would have p.p. + 과거 가정

would have p.p.는 과거에 '~했을 것이다'로 해석되며,
실제로는 하지 않은 것을 아쉬워하는 표현입니다.

이 Unit에서는 would have p.p.에
'과거 가정 = ~했더라면'을 추가해 보겠습니다.
과거 가정은 'if + 주어 + had p.p.'로 표현합니다.

예를 들어,
"그녀가 싱글이었더라면 난 그녀의 번호를 물어봤을 거야."라고 하려면
'난 그녀의 번호를 물어봤을 거야 = I would have asked for her number'에
'그녀가 싱글이었더라면. = if she had been single'을 더해서
"I would have asked for her number if she had been single."이라고 표현합니다.

부정문은 would 뒤에 not을 붙이며, '~하지 않았을 것이다'라고 해석됩니다.

예를 들어,
"네가 날 사랑했더라면 나는 널 떠나지 않았을 거야."라고 하려면
'나는 널 떠나지 않았을 거야 = I would not have left you'에
'네가 날 사랑했더라면 = if you had loved me'를 더해서
"I would not have left you if you had loved me."라고 표현합니다.
실제 구어에서는 would have는 would've로,
would not have는 wouldn't have로 줄여 쓰는 것이 일반적입니다.

I would have asked for her number if she had been single.

↳ **I would have hit** / you / **if I had been** really mad.
나는 때렸을 거야 / 너를 / 만약 내가 정말로 화가 났더라면.
→ 만약 내가 정말로 화가 났더라면 나는 너를 때렸을 거야.

↳ **She would have sued** / us / **if she had** really **wanted** to.
그녀는 고소했을 거야 / 우리를 / 그녀가 정말로 원했더라면. → 그녀가 정말로 원했더라면 그녀는 우리를 고소했을 거야.

↳ **We would** not **have finished** / this project / **if he had** not **paid** / us.
우리는 끝마치지 않았을 거야 / 이 프로젝트를 / 그가 지불하지 않았다면 / 우리에게.
→ 그가 우리에게 지불하지 않았다면 우리는 이 프로젝트를 끝마치지 않았을 거야.

↳ **He would** not **have done** / it / **if I had** not **helped** / him.
그는 하지 않았을 거야 / 그것을 / 내가 도와주지 않았다면 / 그를.
→ 내가 그를 도와주지 않았다면 그는 그것을 하지 않았을 거야.

패턴 ⑩ would have p.p.+ 과거 가정

패턴 100 ~했더라면 …했을 거야

의미 단위 손 영작

의미 단위로 나뉘어져 있는 문장 마디를 보고 Hint 단어를 참고하여 빈칸을 채워 보세요.

p.266 완성 문장 확인에서 정답을 확인하세요.

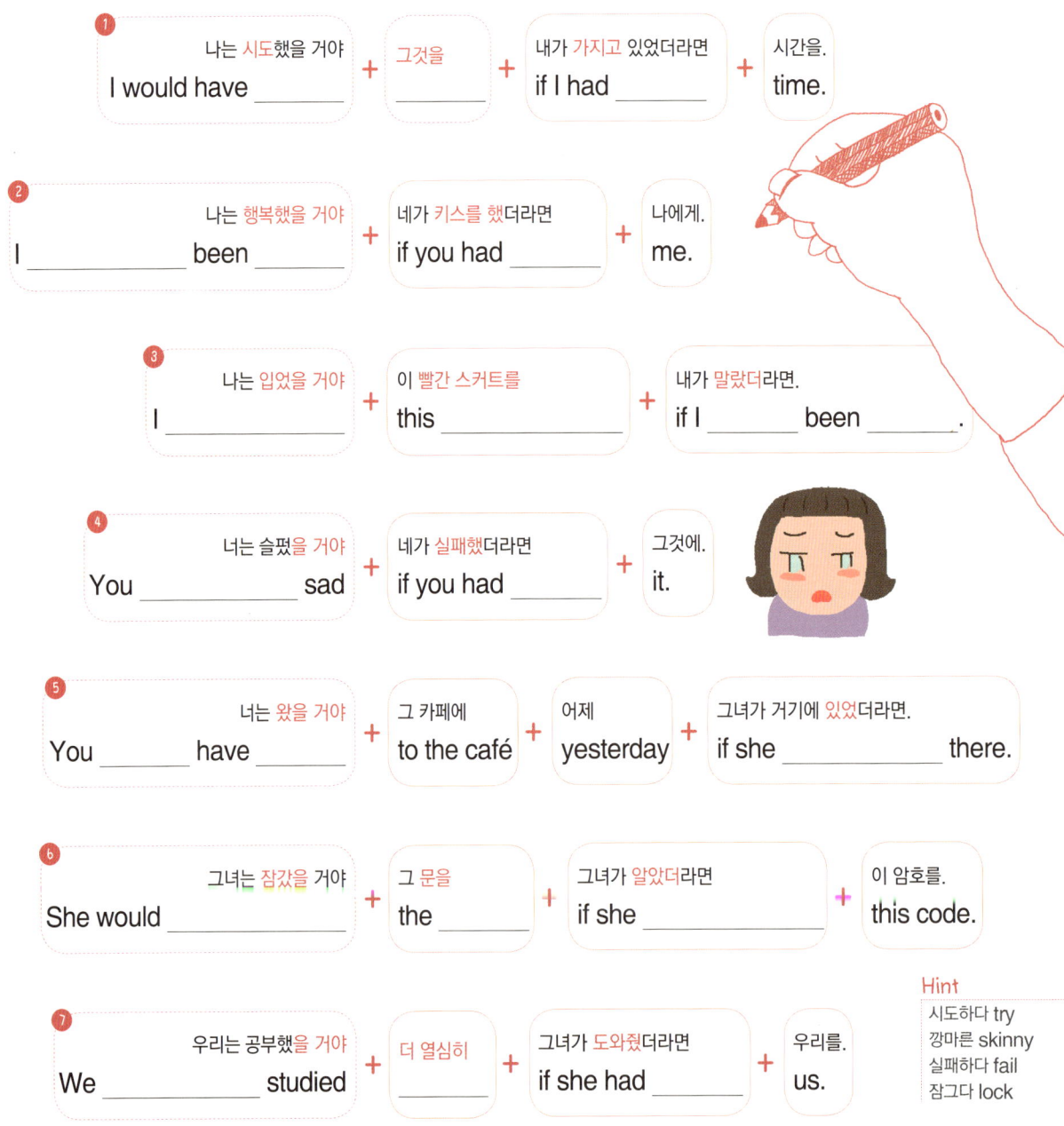

1 나는 시도했을 거야 / 그것을 / 내가 가지고 있었더라면 / 시간을.
I would have _____ + _____ + if I had _____ + time.

2 나는 행복했을 거야 / 네가 키스를 했더라면 / 나에게.
I _____ been _____ + if you had _____ + me.

3 나는 입었을 거야 / 이 빨간 스커트를 / 내가 말랐더라면.
I _____ + this _____ + if I _____ been _____.

4 너는 슬펐을 거야 / 네가 실패했더라면 / 그것에.
You _____ sad + if you had _____ + it.

5 너는 왔을 거야 / 그 카페에 / 어제 / 그녀가 거기에 있었더라면.
You _____ have _____ + to the café + yesterday + if she _____ there.

6 그녀는 잠갔을 거야 / 그 문을 / 그녀가 알았더라면 / 이 암호를.
She would _____ + the _____ + if she _____ + this code.

7 우리는 공부했을 거야 / 더 열심히 / 그녀가 도와줬더라면 / 우리를.
We _____ studied + _____ + if she had _____ + us.

Hint
시도하다 try
깡마른 skinny
실패하다 fail
잠그다 lock

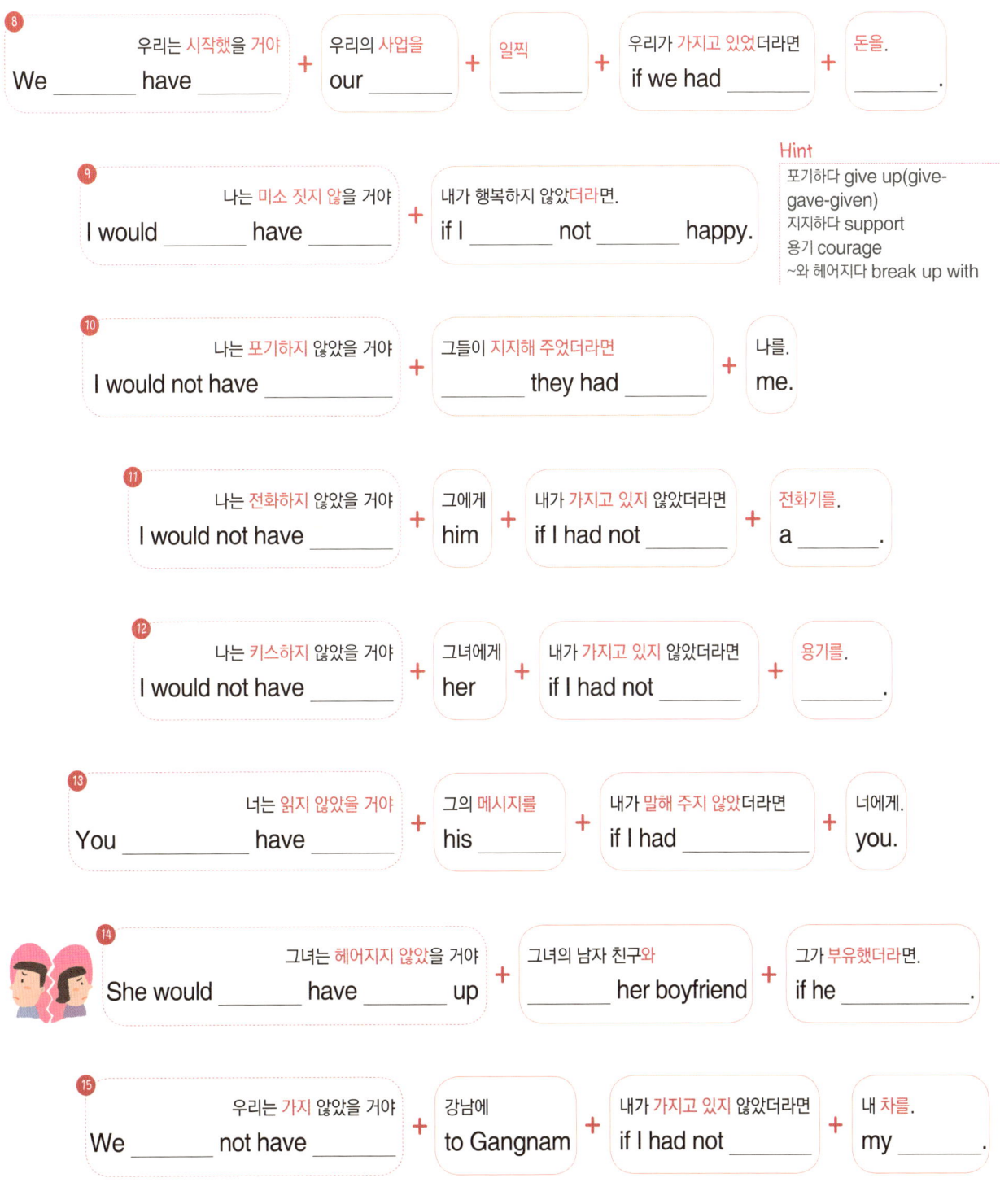

패턴 100 ~했더라면 ...했을 거야

어순 손 영작
어순대로 영작해 보세요.

would have p.p. + 과거 가정 (긍정)

1. 나는 시도했을 거야 / 그것을 / 내가 가지고 있었더라면 / 시간을. (try)
   ↳ _____ / _____ / _____ / _____ .

2. 나는 행복했을 거야 / 네가 키스를 했더라면 / 나에게. (kiss)
   ↳ _____ / _____ / _____ .

3. 나는 입었을 거야 / 이 빨간 스커트를 / 내가 말랐더라면. (wear)
   ↳ _____ / _____ / _____ .

4. 너는 슬펐을 거야 / 네가 실패했더라면 / 그것에. (fail)
   ↳ _____ / _____ / _____ .

5. 너는 왔을 거야 / 그 카페에 / 어제 / 그녀가 거기에 있었더라면. (café)
   ↳ _____ / _____ / _____ / _____ .

6. 그녀는 잠갔을 거야 / 그 문을 / 그녀가 알았더라면 / 이 암호를. (lock)
   ↳ _____ / _____ / _____ / _____ .

7. 우리는 공부했을 거야 / 더 열심히 / 그녀가 도와줬더라면 / 우리를. (harder)
   ↳ _____ / _____ / _____ / _____ .

8. 우리는 시작했을 거야 / 우리의 사업을 / 일찍 / 우리가 가지고 있었더라면 / 돈을. (business)
   ↳ _____ / _____ / _____ / _____ / _____ .

would have p.p.+ 과거 가정

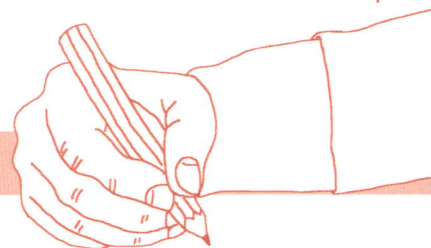

would have p.p. + 과거 가정 (부정)

9. 나는 미소 짓지 않았을 거야 / 내가 행복하지 않았더라면. (smile)
↳ ⬚ / ⬚ .

10. 나는 포기하지 않았을 거야 / 그들이 지지해 주었었더라면 / 나를. (give up)
↳ ⬚ / ⬚ / ⬚ .

11. 나는 전화하지 않았을 거야 / 그에게 / 내가 가지고 있지 않았더라면 / 전화기를. (call)
↳ ⬚ / ⬚ / ⬚ / ⬚ .

12. 나는 키스하지 않았을 거야 / 그녀에게 / 내가 가지고 있지 않았더라면 / 용기를. (courage)
↳ ⬚ / ⬚ / ⬚ / ⬚ .

13. 너는 읽지 않았을 거야 / 그의 메시지를 / 내가 말해 주지 않았더라면 / 너에게. (message)
↳ ⬚ / ⬚ / ⬚ / ⬚ .

14. 그녀는 헤어지지 않았을 거야 / 그녀의 남자 친구와 / 그가 부유했더라면. (break up with)
↳ ⬚ / ⬚ / ⬚ .

15. 우리는 가지 않았을 거야 / 강남에 / 내가 가지고 있지 않았더라면 / 내 차를. (go)
↳ ⬚ / ⬚ / ⬚ / ⬚ .

패턴 ⑩ would have p.p.+ 과거 가정

패턴 100 ~했더라면 …했을 거야

COMPLETE SENTENCES 완성 문장 확인
완성 문장을 확인해 보세요.

would have p.p. + 과거 가정 (긍정)

❶ I would have tried it if I had had time.
내가 시간을 가지고 있었더라면 나는 그것을 시도했을 거야.

❷ I would have been happy if you had kissed me.
네가 나에게 키스를 했더라면 나는 행복했을 거야.

❸ I would have worn this red skirt if I had been skinny.
내가 말랐더라면 나는 이 빨간 스커트를 입었을 거야.

❹ You would have been sad if you had failed it.
네가 그것에 실패했더라면 너는 슬펐을 거야.

❺ You would have come to the café yesterday if she had been there.
그녀가 거기에 있었더라면 너는 어제 그 카페에 왔을 거야.

❻ She would have locked the door if she had known this code.
그녀가 이 암호를 알았더라면 그녀는 그 문을 잠갔을 거야.

❼ We would have studied harder if she had helped us.
그녀가 우리를 도와줬더라면 우리는 더 열심히 공부했을 거야.

❽ We would have started our business early if we had had money.
우리가 돈을 가지고 있었더라면 우리는 우리의 사업을 일찍 시작했을 거야.

would have p.p.+ 과거 가정

would have p.p. + 과거 가정 (부정)

9 I would not have smiled if I had not been happy.
내가 행복하지 않았더라면 나는 미소 짓지 않았을 거야.

10 I would not have given up if they had supported me.
그들이 나를 지지해 주었더라면 나는 포기하지 않았을 거야.

11 I would not have called him if I had not had a phone.
내가 전화기를 가지고 있지 않았더라면 나는 그에게 전화하지 않았을 거야.

12 I would not have kissed her if I had not had courage.
내가 용기를 가지고 있지 않았더라면 나는 그녀에게 키스하지 않았을 거야.

13 You would not have read his message if I had not told you.
내가 너에게 말해 주지 않았더라면 너는 그의 메시지를 읽지 않았을 거야.

14 She would not have broken up with her boyfriend if he had been rich.
그가 부유했더라면 그녀는 그녀의 남자 친구와 헤어지지 않았을 거야.

15 We would not have gone to Gangnam if I had not had my car.
내가 내 차를 가지고 있지 않았더라면 우리는 강남에 가지 않았을 거야.

패턴 100 ~했더라면 …했을 거야

스피드 손 영작
최대한 빠른 속도로 한 번에 영작해 보세요.

① 내가 시간을 가지고 있었더라면 나는 그것을 시도했을 거야.
→

② 네가 나에게 키스를 했더라면 나는 행복했을 거야.
→

③ 내가 말랐더라면 나는 이 빨간 스커트를 입었을 거야.
→

④ 네가 그것에 실패했더라면 너는 슬펐을 거야.
→

⑤ 그녀가 거기에 있었더라면 너는 어제 그 카페에 왔을 거야.
→

⑥ 그녀가 이 암호를 알았더라면 그녀는 그 문을 잠갔을 거야.
→

⑦ 기계가 우리를 도와줬더라면 우리는 더 열심히 공부했을 거야.
→

p. 266에서 정답을 확인하세요.

would have p.p.+ 과거 가정

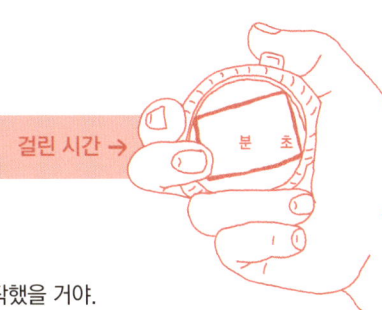

걸린 시간 → 　분　　초

❽ 우리가 돈을 가지고 있었더라면 우리는 우리의 사업을 일찍 시작했을 거야.

→ _____

❾ 내가 행복하지 않았더라면 나는 미소 짓지 않았을 거야.

→ _____

❿ 그들이 나를 지지해 주었더라면 나는 포기하지 않았을 거야.

→ _____

⓫ 내가 전화기를 가지고 있지 않았더라면 나는 그에게 전화하지 않았을 거야.

→ _____

⓬ 내가 용기를 가지고 있지 않았더라면 나는 그녀에게 키스하지 않았을 거야.

→ _____

⓭ 내가 너에게 말해 주지 않았더라면 너는 그의 메시지를 읽지 않았을 거야.

→ _____

⓮ 그가 부유했더라면 그녀는 그녀의 남자 친구와 헤어지지 않았을 거야.

→ _____

⓯ 내가 내 차를 가지고 있지 않았더라면 우리는 강남에 가지 않았을 거야.

→ _____

패턴 ⑩ would have p.p.+ 과거 가정

영어 회화 훈련 실천 다이어리 시리즈

심재원, Danton Ford 지음 | 각 권 15,000원 | 훈련용 MP3 CD 1

**한국인이 가장 많이 겪게 되는 영어 회화 장면에서 내가 말하고 싶은 표현을
3초 안에 말할 수 있게 되는 훈련**

영어 회화 훈련 실천 다이어리는 오직 한국인을 위한 영어 회화 훈련서입니다. 한국인이 영어로 의사소통을 해야 하는 상황에서 나에게 꼭 필요한 표현들을 반복 암송하고 체화해서 영어를 습관처럼 말할 수 있도록 훈련하는 것입니다. 대화할 때, 상대방의 답변을 기다려 줄 수 있는 시간은 불과 3초에서 길어야 5초 정도밖에 되지 않습니다. 영어 표현이 바로 튀어나와 줘야 하는 바로 그 순간 말문이 막혀 괴롭다면, 특정 상황을 시뮬레이션하면서 훈련해야 합니다. 〈상황 해결 스피킹 → 상황 해결 게임 → 실전 대화 롤플레이〉로 이어지는 3단계 스피킹 훈련을 통해 해외 여행 시 또는 영어로 자신의 의견을 표해야 하는 상황에서 3초 내에 내가 말하고 싶은 표현을 바로바로 말할 수 있게 됩니다.

❶ Picture Tell [사진 보고 설명하기] | ❷ Tale Tell [동화 요약해서 말하기] | ❸ Novel Tell [소설 요약해서 말하기] | ❹ Solomon Tell [주제별 잠언 말하기] | ❺ Topic Tell [주어진 주제에 대해 의견 말하기] | ❻ Vegas Tell Ⅰ [라스베이거스 체험 여행 프레젠테이션 – Easy Version] | ❼ Vegas Tell Ⅱ [라스베이거스 체험 여행 프레젠테이션 – High Version]

영어 낭독 훈련 Show&Tell 시리즈

박광희 · 캐나다 교사 영낭훈 연구팀 지음

각 권 16,000원(본책+코치매뉴얼+세 가지 속도로 녹음된 MP3 CD 1장 포함)

〈영어 낭독 훈련 실천 다이어리〉에 이어 〈Show&Tell 시리즈〉가 본격적인 낭독 훈련의 세계로 안내합니다

〈Show&Tell 시리즈〉는 흥미를 잃지 않고 장기간 영어 낭독 훈련을 지속할 수 있도록 내용별, 수준별 총 7권으로 구성된 본격 영어 낭독 훈련 프로그램입니다.

사진, 동화, 소설, 주제별 잠언, 라스베이거스 체험 여행 등 다양한 자료들로 구성된 〈Show&Tell 시리즈〉는 낭독 훈련에서 시작하여 암송으로까지 이어질 수 있게 해주며, 낭독한 내용을 응용하여 실제 커뮤니케이션에 활용할 수 있는 능력을 키워 줍니다. 나홀로 낭독 훈련에 도전하시는 분들은 물론 학교나 학원에서도 활용하기 용이하도록 Coach's Manual이 별도로 포함되어 있습니다.

필수 패턴 100 영어회화 입영작 훈련

패턴 76~100

손으로 깨우친 문장
입으로 영작하기

2단계 OUTPUT 손으로 깨우친 문장 입으로 영작하기

패턴 76	It turns out 알고 보니 ~야	04
패턴 77	make sure + that 절 꼭 ~해/~인 것을 확실히 해	09
패턴 78	make sure + to 동사원형 꼭 ~해/~을 확실히 해	14
패턴 79	can't help -ing ~하지 않을 수가 없어	19
패턴 80	end up -ing 결국 ~하게 되다	24
패턴 81	must have p.p. 분명히 ~했을 거야	29
패턴 82	might have p.p. 어쩌면 ~했을지도 몰라	34
패턴 83	Just because A doesn't mean B 단지 A라고 해서 B인 것은 아냐	39
패턴 84	keep 명사 + 형용사 ~을 …하게 유지해	44
패턴 85	with 명사 + 형용사 ~가 …한 채	49
패턴 86	be동사 + p.p. ~받아/~되어	54
패턴 87	have something p.p. ~을 …되게 해/시켜	59
패턴 88	not only A but also B A뿐만 아니라 B도	64
패턴 89	the 비교급, the 비교급 ~할수록 더 …해	69
패턴 90	be supposed to (평서문) ~하기로 되어 있어	74
패턴 91	be supposed to (의문문) ~하기로 되어 있니?	79
패턴 92	If I were ~, I could…. ~라면, …할 수 있을 텐데	84
패턴 93	If I were ~, I would…. ~라면, …할 텐데	89
패턴 94	should have p.p. (평서문) ~했어야 했어	94
패턴 95	should have p.p. (의문문) ~해야야 하나?	99
패턴 96	could have p.p. (평서문) ~할 수도 있었어	104
패턴 97	could have p.p. + 과거 가정 ~했더라면 …할 수도 있었을 거야	109
패턴 98	could have p.p. (의문문) ~할 수도 있었을까?	114
패턴 99	would have p.p. (평서문) ~했을 거야	119
패턴 100	would have p.p. + 과거 가정 ~했더라면 …했을 거야	124

패턴 76 — 알고 보니 ~야 It turns out

의미 단위 입 영작
이번에는 빈칸 부분을 채워서 말해 보세요.

① 알고 보니 + 나는 겁쟁이야. It turns out | I am a _____.

② 알고 보니 + 이것은 그의 지갑이야. It turns out | this is _____.

③ 알고 보니 + 우리는 사랑해 + 서로를. _____ we _____ each other.

④ 알고 보니 + 우리의 회사가 만들어 + 이 트럭을. _____ our _____ this truck.

⑤ 알고 보니 + 오늘이 내 생일이야. It turns out | today is _____.

⑥ 알고 보니 + 나는 통과했어 + 그 시험을. It turns out | I _____ the _____.

⑦ 알고 보니 + 그녀는 화나 있었어 + 나에게. It turns out | she _____ at _____.

⑧ 알고 보니 + 그녀는 일했어 + 어제. It turns out | she _____ _____.

⑨ 알고 보니 + 그의 여자 친구가 내 여동생이었어. _____ his _____ was _____.

⑩ 알고 보니 + 내 자동차는 더 빨랐어 + 그의 자동차보다. It turns out | my car _____ _____ his car.

⑪ 알고 보니 + 그녀는 나쁜 소녀가 아니었어. It turns out | she _____ a _____ girl.

⑫ 알고 보니 + 이 바지는 내 것이 아니었어. It turns out | these _____ were _____.

⑬ 알고 보니 + 나는 사랑하지 않았어 + 그녀를. _____ I did not _____ _____.

⑭ 알고 보니 + 그들은 가지 않았어 + 거기에. It turns out | they did _____ there.

⑮ 알고 보니 + 그는 하지 않았어 + 그의 숙제를 + 어제. _____ he _____ not _____ his _____ _____.

알고 보니 ~야 It turns out

어순 입 영작
어순대로 우리말 부분을 입으로 영작해 보세요.

1. 알고 보니 / 나는 겁쟁이야. _____ / _____ .

2. 알고 보니 / 이것은 그의 지갑이야. _____ / _____ .

3. 알고 보니 / 우리는 사랑해 / 서로를. _____ / _____ / _____ .

4. 알고 보니 / 우리의 회사가 만들어 / 이 트럭을. _____ / _____ / _____ .

5. 알고 보니 / 오늘이 내 생일이야. _____ / _____ .

6. 알고 보니 / 나는 통과했어 / 그 시험을. _____ / _____ / _____ .

7. 알고 보니 / 그녀는 화나 있었어 / 나에게. _____ / _____ / _____ .

8. 알고 보니 / 그녀는 일했어 / 어제. _____ / _____ / _____ .

9. 알고 보니 / 그의 여자 친구가 내 여동생이었어. _____ / _____ .

10. 알고 보니 / 내 자동차는 더 빨랐어 / 그의 자동차보다. _____ / _____ / _____ .

11. 알고 보니 / 그녀는 나쁜 소녀가 아니었어. _____ / _____ .

12. 알고 보니 / 이 바지는 내 것이 아니었어. _____ / _____ .

13. 알고 보니 / 나는 사랑하지 않았어 / 그녀를. _____ / _____ / _____ .

14. 알고 보니 / 그들은 가지 않았어 / 거기에. _____ / _____ / _____ .

15. 알고 보니 / 그는 하지 않았어 / 그의 숙제를 / 어제. _____ / _____ / _____ / _____ .

패턴 76 It turns out

COMPLETE SENTENCES 완성 문장 낭독 훈련

이번에는 완성 문장을 잘 듣고 10회 이상 낭독 훈련해 보세요.

낭독 훈련 횟수 체크

① 알고 보니 / 나는 겁쟁이야.
It turns out / I am a coward.

② 알고 보니 / 이것은 그의 지갑이야.
It turns out / this is his wallet.

③ 알고 보니 / 우리는 사랑해 / 서로를.
It turns out / we love / each other.

④ 알고 보니 / 우리의 회사가 만들어 / 이 트럭을.
It turns out / our company makes / this truck.

⑤ 알고 보니 / 오늘이 내 생일이야.
It turns out / today is my birthday.

⑥ 알고 보니 / 나는 통과했어 / 그 시험을.
It turns out / I passed / the test.

⑦ 알고 보니 / 그녀는 화나 있었어 / 나에게.
It turns out / she was angry / at me.

알고 보니 ~야 It turns out

8 알고 보니 / 그녀는 일했어 / 어제.
It turns out / she worked / yesterday.

9 알고 보니 / 그의 여자 친구가 내 여동생이었어.
It turns out / his girlfriend was my sister.

10 알고 보니 / 내 자동차는 더 빨랐어 / 그의 자동차보다.
It turns out / my car was faster / than his car.

11 알고 보니 / 그녀는 나쁜 소녀가 아니었어.
It turns out / she was not a bad girl.

12 알고 보니 / 이 바지는 내 것이 아니었어.
It turns out / these pants were not mine.

13 알고 보니 / 나는 사랑하지 않았어 / 그녀를.
It turns out / I did not love / her.

14 알고 보니 / 그들은 가지 않았어 / 거기에.
It turns out / they did not go / there.

15 알고 보니 / 그는 하지 않았어 / 그의 숙제를 / 어제.
It turns out / he did not do / his homework / yesterday.

패턴 76

알고 보니 ~야 It turns out

스피드 입영작
한글 해석을 보고 0.5초 내로 한번에 입 영작하세요.

완성도 체크 100%

1. 알고 보니 나는 겁쟁이야.
2. 알고 보니 이것은 그의 지갑이야.
3. 알고 보니 우리는 서로를 사랑해.
4. 알고 보니 우리의 회사가 이 트럭을 만들어.
5. 알고 보니 오늘이 내 생일이야.
6. 알고 보니 나는 그 시험을 통과했어.
7. 알고 보니 그녀는 나에게 화나 있었어.
8. 알고 보니 그녀는 어제 일했어.
9. 알고 보니 그의 여자 친구가 내 여동생이었어.
10. 알고 보니 내 자동차는 그의 자동차보다 더 빨랐어.
11. 알고 보니 그녀는 나쁜 소녀가 아니었어.
12. 알고 보니 이 바지는 내 것이 아니었어.
13. 알고 보니 나는 그녀를 사랑하지 않았어.
14. 알고 보니 그들은 거기에 가지 않았어.
15. 알고 보니 그는 어제 그의 숙제를 하지 않았어.

녹음하여 '완성 문장 낭독 훈련'과 비교하세요.

꼭 ~해 / ~인 것을 확실히 해
make sure + that 절

의미 단위 입 영작
이번에는 빈칸 부분을 채워서 말해 보세요.

① 나는 확실히 했어 + 그녀가 간 것을 + 집으로.　　I made sure _____ home.

② 나는 확실히 했어 + 그들이 안전한 것을.　　I _____ they were _____.

③ 나는 확실히 했어 + 그가 받은 것을 + 너의 편지를.　　I made _____ he _____ your _____.

④ 나는 확실히 했어 + 그녀가 보낸 것을 + 카드를 + 너에게.　　I _____ sure she _____ a card _____ you.

⑤ 그는 확실히 했어 + 그녀가 떠난 것을 + 중국을.　　He _____ sure she _____ _____.

⑥ 나는 확실히 하고 싶어 + 이 반지가 너의 것이라는 것을.　　I want to _____ this _____ is _____.

⑦ 우리는 확실히 하고 싶어 + 네가 동의하는 것을 + 우리에게.　　We _____ to _____ sure you _____ _____ us.

⑧ 꼭 + 네가 자도록 해라 + 일찍 + 오늘 밤.　　_____ you _____ early _____.

⑨ 꼭 + 그녀가 돌아오게 해라 + 우리에게.　　_____ she _____ back to _____.

⑩ 꼭 + 너는 일어나라 + 일찍 + 오늘.　　Make sure you _____ _____ today.

⑪ 꼭 + 너는 제출해라 + 너의 숙제를 + 너의 선생님께.　　_____ you _____ your _____ to your _____.

⑫ 너는 확실히 했니 + 그녀가 끝마친 것을 + 그녀의 일을?　　Did you _____ she _____ her _____?

⑬ 너는 확실히 했니 + 네가 잠그는 것을 + 그 문을?　　_____ make sure you _____ the _____?

⑭ 너는 확실히 했니 + 그가 먹은 것을 + 나의 케이크를?　　Did you _____ he _____ my _____?

⑮ 너는 확실히 했니 + 모든 것이 준비된 것을?　　_____ you _____ _____ was _____?

어순 입영작 어순대로 우리말 부분을 입으로 영작해 보세요.

❶ 나는 확실히 했어 / 그녀가 간 것을 / 집으로. _____ / _____ / _____.

❷ 나는 확실히 했어 / 그들이 안전한 것을. _____ / _____.

❸ 나는 확실히 했어 / 그가 받은 것을 / 너의 편지를. _____ / _____ / _____.

❹ 나는 확실히 했어 / 그녀가 보낸 것을 / 카드를 / 너에게. _____ / _____ / _____ / _____.

❺ 그는 확실히 했어 / 그녀가 떠난 것을 / 중국을. _____ / _____ / _____.

❻ 나는 확실히 하고 싶어 / 이 반지가 너의 것이라는 것을. _____ / _____.

❼ 우리는 확실히 하고 싶어 / 네가 동의하는 것을 / 우리에게. _____ / _____ / _____.

❽ 꼭 / 네가 자도록 해라 / 일찍 / 오늘 밤. _____ / _____ / _____ / _____.

❾ 꼭 / 그녀가 돌아오게 해라 / 우리에게. _____ / _____ / _____.

❿ 꼭 / 너는 일어나라 / 일찍 / 오늘. _____ / _____ / _____ / _____.

⓫ 꼭 / 너는 제출해라 / 너의 숙제를 / 너의 선생님께. _____ / _____ / _____ / _____.

⓬ 너는 확실히 했니 / 그녀가 끝마친 것을 / 그녀의 일을? _____ / _____ / _____?

⓭ 너는 확실히 했니 / 네가 잠그는 것을 / 그 문을? _____ / _____ / _____?

⓮ 너는 확실히 했니 / 그가 먹은 것을 / 나의 케이크를? _____ / _____ / _____?

⓯ 너는 확실히 했니 / 모든 것이 준비된 것을? _____ / _____?

꼭 ~해 / ~인 것을 확실히 해 make sure + that 절

COMPLETE SENTENCES

완성 문장 낭독 훈련

이번에는 완성 문장을 잘 듣고 10회 이상 낭독 훈련해 보세요.

① 나는 확실히 했어 / 그녀가 간 것을 / 집으로.
I made sure / she went / home.

② 나는 확실히 했어 / 그들이 안전한 것을.
I made sure / they were safe.

③ 나는 확실히 했어 / 그가 받은 것을 / 너의 편지를.
I made sure / he received / your letter.

④ 나는 확실히 했어 / 그녀가 보낸 것을 / 카드를 / 너에게.
I made sure / she sent / a card / to you.

⑤ 그는 확실히 했어 / 그녀가 떠난 것을 / 중국을.
He made sure / she left / China.

⑥ 나는 확실히 하고 싶어 / 이 반지가 너의 것이라는 것을.
I want to make sure / this ring is yours.

⑦ 우리는 확실히 하고 싶어 / 네가 동의하는 것을 / 우리에게.
We want to make sure / you agree / with us.

⑧ 꼭 / 네가 자도록 해라 / 일찍 / 오늘 밤.
Make sure / you sleep / early / tonight.

⑨ 꼭 / 그녀가 돌아오게 해라 / 우리에게.
Make sure / she comes back / to us.

⑩ 꼭 / 너는 일어나라 / 일찍 / 오늘.
Make sure / you wake up / early / today.

⑪ 꼭 / 너는 제출해라 / 너의 숙제를 / 너의 선생님께.
Make sure / you submit / your homework / to your teacher.

⑫ 너는 확실히 했니 / 그녀가 끝마친 것을 / 그녀의 일을?
Did you make sure / she finished / her work?

⑬ 너는 확실히 했니 / 네가 잠그는 것을 / 그 문을?
Did you make sure / you locked / the door?

⑭ 너는 확실히 했니 / 그가 먹은 것을 / 나의 케이크를?
Did you make sure / he ate / my cake?

⑮ 너는 확실히 했니 / 모든 것이 준비된 것을?
Did you make sure / everything was ready?

꼭 ~해 / ~인 것을 확실히 해 make sure + that 절

스피드 입영작
한글 해석을 보고 0.5초 내로 한번에 입 영작하세요.

완성도 체크 100%

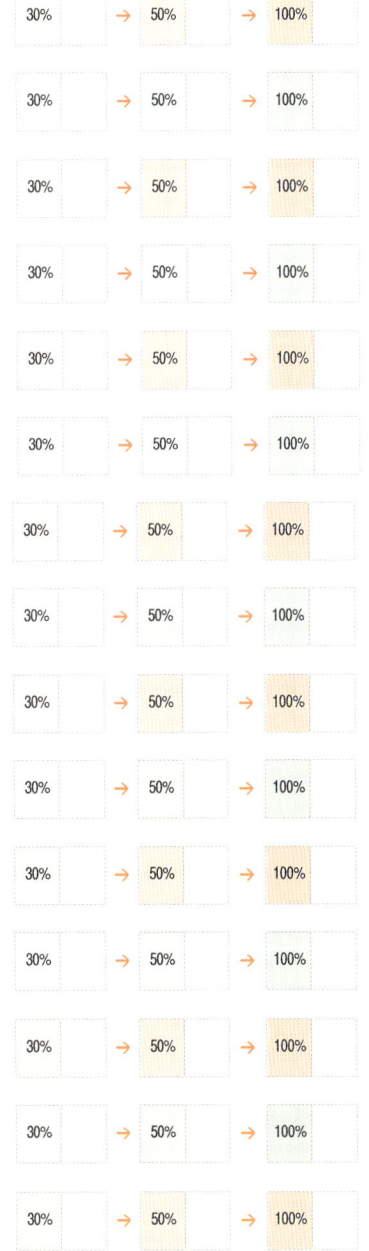

1. 나는 그녀가 집으로 간 것을 확실히 했어.
2. 나는 그들이 안전한 것을 확실히 했어.
3. 나는 그가 너의 편지를 받은 것을 확실히 했어.
4. 나는 그녀가 너에게 카드를 보낸 것을 확실히 했어.
5. 그는 그녀가 중국을 떠난 것을 확실히 했어.
6. 나는 이 반지가 너의 것이라는 것을 확실히 하고 싶어.
7. 우리는 네가 우리에게 동의하는 것을 확실히 하고 싶어.
8. 꼭 네가 오늘 밤 일찍 자도록 해라.
9. 꼭 그녀가 우리에게 돌아오게 해라.
10. 꼭 너는 오늘 일찍 일어나라.
11. 꼭 너는 너의 숙제를 너의 선생님께 제출해라.
12. 너는 그녀가 그녀의 일을 끝마친 것을 확실히 했니?
13. 너는 네가 그 문을 잠그는 것을 확실히 했니?
14. 너는 그가 나의 케이크를 먹은 것을 확실히 했니?
15. 너는 모든 것이 준비된 것을 확실히 했니?

패턴 77 make sure + that 절

패턴 78 꼭 ~해 / ~하는 것을 확실히 해
make sure + to 동사원형

 78_02

의미 단위 입 영작
이번에는 빈칸 부분을 채워서 말해 보세요.

① 꼭 해라 + 가져가는 것을 + 이 우산을.
Make sure to _____ this _____.

② 꼭 해라 + 마시는 것을 + 많은 물을.
_____ to _____ a lot of water.

③ 꼭 해라 + 걷는 것을 + 네가 먹은 후에.
Make sure to _____ _____ you _____.

④ 꼭 해라 + 일어나는 것을 + 일찍 + 오늘.
_____ to _____ up _____ today.

⑤ 꼭 해라 + 끝마치는 것을 + 너의 숙제를 + 내일까지.
Make sure to _____ your _____ by _____.

⑥ 나는 확실히 했어 + 마스터하는 것을 + 영어를.
I made sure to _____ _____.

⑦ 나는 확실히 했어 + 교체하는 것을 + 그 타이어를.
I _____ to _____ the tire.

⑧ 나는 확실히 했어 + 고치는 것을 + 그 엔진을.
I made _____ to _____ the _____.

⑨ 그녀는 확실히 했어 + 보내는 것을 + 그에게 + 생일카드를.
_____ made sure to _____ him a birthday _____.

⑩ 나는 확실히 했어 + 숨기는 것을 + 그 서류를.
_____ sure to _____ the _____.

⑪ 너는 확실히 했니 + 계획하는 것을 + 그 미팅을 위해?
Did you _____ to _____ for the _____?

⑫ 너는 확실히 했니 + 공부하는 것을 + 이 시험을 위해?
_____ _____ study for this test?

⑬ 너는 확실히 했니 + 배우는 것을 + 이 노래를?
Did you make _____ to _____ _____?

⑭ 너는 확실히 했니 + 사용하는 것을 + 비닐봉지를?
_____ sure to _____ a _____ bag?

⑮ 너는 확실히 했니 + 보내는 것을 + 그에게 + 너의 이력서를?
_____ you make sure to _____ him your _____?

꼭 ~해 / ~하는 것을 확실히 해 make sure + to 동사원형

어순 입영작
어순대로 우리말 부분을 입으로 영작해 보세요.

1. 꼭 해라 / 가져가는 것을 / 이 우산을. _____ / _____ / _____.

2. 꼭 해라 / 마시는 것을 / 많은 물을. _____ / _____ / _____.

3. 꼭 해라 / 걷는 것을 / 네가 먹은 후에. _____ / _____ / _____.

4. 꼭 해라 / 일어나는 것을 / 일찍 / 오늘. _____ / _____ / _____ / _____.

5. 꼭 해라 / 끝마치는 것을 / 너의 숙제를 / 내일까지. _____ / _____ / _____ / _____.

6. 나는 확실히 했어 / 마스터하는 것을 / 영어를. _____ / _____ / _____.

7. 나는 확실히 했어 / 교체하는 것을 / 그 타이어를. _____ / _____ / _____.

8. 나는 확실히 했어 / 고치는 것을 / 그 엔진을. _____ / _____ / _____.

9. 나는 확실히 했어 / 보내는 것을 / 그에게 / 생일카드를. _____ / _____ / _____ / _____.

10. 나는 확실히 했어 / 숨기는 것을 / 그 서류를. _____ / _____ / _____.

11. 너는 확실히 했니 / 계획하는 것을 / 그 미팅을 위해? _____ / _____ / _____?

12. 너는 확실히 했니 / 공부하는 것을 / 이 시험을 위해? _____ / _____ / _____?

13. 너는 확실히 했니 / 배우는 것을 / 이 노래를? _____ / _____ / _____?

14. 너는 확실히 했니 / 사용하는 것을 / 비닐봉지를? _____ / _____ / _____?

15. 너는 확실히 했니 / 보내는 것을 / 그에게 / 너의 이력서를? _____ / _____ / _____ / _____?

패턴 ⑦⑧ make sure + to 동사원형   **15**

COMPLETE SENTENCES
완성 문장 낭독 훈련

이번에는 완성 문장을 잘 듣고 10회 이상 낭독 훈련해 보세요.

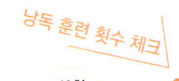

❶ 꼭 해라 / 가져가는 것을 / 이 우산을.
Make sure / to take / this umbrella.

❷ 꼭 해라 / 마시는 것을 / 많은 물을.
Make sure / to drink / a lot of water.

❸ 꼭 해라 / 걷는 것을 / 네가 먹은 후에.
Make sure / to walk / after you eat.

❹ 꼭 해라 / 일어나는 것을 / 일찍 / 오늘.
Make sure / to wake up / early / today.

❺ 꼭 해라 / 끝마치는 것을 / 너의 숙제를 / 내일까지.
Make sure / to finish / your homework / by tomorrow.

❻ 나는 확실히 했어 / 마스터하는 것을 / 영어를.
I made sure / to master / English.

❼ 나는 확실히 했어 / 교체하는 것을 / 그 타이어를.
I made sure / to replace / the tire.

꼭 ~해 / ~하는 것을 확실히 해 **make sure + to 동사원형**

⑧ 나는 확실히 했어 / 고치는 것을 / 그 엔진을.
I made sure / to fix / the engine.

⑨ 나는 확실히 했어 / 보내는 것을 / 그에게 / 생일카드를.
I made sure / to send / him / a birthday card.

⑩ 나는 확실히 했어 / 숨기는 것을 / 그 서류를.
I made sure / to hide / the document.

⑪ 너는 확실히 했니 / 계획하는 것을 / 그 미팅을 위해?
Did you make sure / to plan / for the meeting?

⑫ 너는 확실히 했니 / 공부하는 것을 / 이 시험을 위해?
Did you make sure / to study / for this test?

⑬ 너는 확실히 했니 / 배우는 것을 / 이 노래를?
Did you make sure / to learn / this song?

⑭ 너는 확실히 했니 / 사용하는 것을 / 비닐봉지를?
Did you make sure / to use / a plastic bag?

⑮ 너는 확실히 했니 / 보내는 것을 / 그에게 / 너의 이력서를?
Did you make sure / to send / him / your resume?

패턴 ⑦⑧ make sure + to 동사원형

꼭 ~해 / ~하는 것을 확실히 해 make sure + to 동사원형

스피드 입영작
한글 해석을 보고 0.5초 내로 한번에 입 영작하세요.

완성도 체크 100%

1. 꼭 이 우산을 가져가라.
2. 꼭 많은 물을 마셔라.
3. 꼭 네가 먹은 후에 걸어라.
4. 꼭 오늘 일찍 일어나라.
5. 꼭 너의 숙제를 내일까지 끝마쳐라.
6. 나는 영어를 마스터하는 것을 확실히 했어.
7. 나는 그 타이어를 교체하는 것을 확실히 했어.
8. 나는 그 엔진을 고치는 것을 확실히 했어.
9. 나는 그에게 생일카드를 보내는 것을 확실히 했어.
10. 나는 그 서류를 숨기는 것을 확실히 했어.
11. 너는 그 미팅을 위해 계획하는 것을 확실히 했니?
12. 너는 이 시험을 위해 공부하는 것을 확실히 했니?
13. 너는 이 노래를 배우는 것을 확실히 했니?
14. 너는 비닐봉지를 사용하는 것을 확실히 했니?
15. 너는 그에게 너의 이력서를 보내는 것을 확실히 했니?

> 녹음하여 '완성 문장 낭독 훈련'과 비교하세요.

~하지 않을 수가 없어
can't help -ing

 79_02

의미 단위 입 영작

이번에는 빈칸 부분을 채워서 말해 보세요.

1. 나는 하지 않을 수가 없어 + 미소 짓는 것을.   I can't help _____.

2. 나는 하지 않을 수가 없어 + 우는 것을.   I _____ _____.

3. 나는 하지 않을 수가 없어 + 때리는 것을 + 너를.   I _____ _____ you.

4. 나는 하지 않을 수가 없어 + 싫어하는 것을 + 너를.   I _____ _____ you.

5. 나는 하지 않을 수가 없어 + 바라보는 것을 + 너를.   I _____ looking _____ you.

6. 우리는 하지 않을 수가 없어 + 마시는 것을 + 물을.   We _____ _____ water.

7. 그는 하지 않을 수가 없어 + 하는 것을 + 게임들을.   He _____ playing _____.

8. 나는 하지 않을 수가 없었어 + 거짓말하는 것을.   I couldn't help _____.

9. 나는 하지 않을 수가 없었어 + 흡연하는 것을.   I _____ _____.

10. 나는 하지 않을 수가 없었어 + 읽는 것을 + 이 소설을.   I _____ _____ this _____.

11. 나는 하지 않을 수가 없었어 + 사용하는 것을 + 나의 신용카드를.   I _____ _____ my _____ card.

12. 그들은 하지 않을 수가 없었어 + 듣는 것을 + 그녀의 노래를.   They _____ _____ to her _____.

13. 우리는 하지 않을 수가 없었어 + 공부하는 것을 + 영어를.   We _____ _____ English.

14. 그녀는 하지 않을 수가 없었어 + 사는 것을 + 아름다운 드레스들을.   She _____ _____ _____ dresses.

15. 그는 하지 않을 수가 없었어 + 우는 것을 + 그녀 앞에서.   He _____ _____ in _____ of her.

패턴 79 can't help -ing   19

어순입영작
어순대로 우리말 부분을 입으로 영작해 보세요.

① 나는 하지 않을 수가 없어 / 미소 짓는 것을. _____ / _____.

② 나는 하지 않을 수가 없어 / 우는 것을. _____ / _____.

③ 나는 하지 않을 수가 없어 / 때리는 것을 / 너를. _____ / _____ / _____.

④ 나는 하지 않을 수가 없어 / 싫어하는 것을 / 너를. _____ / _____ / _____.

⑤ 나는 하지 않을 수가 없어 / 바라보는 것을 / 너를. _____ / _____ / _____.

⑥ 우리는 하지 않을 수가 없어 / 마시는 것을 / 물을. _____ / _____ / _____.

⑦ 그는 하지 않을 수가 없어 / 하는 것을 / 게임들을. _____ / _____ / _____.

⑧ 나는 하지 않을 수가 없었어 / 거짓말하는 것을. _____ / _____.

⑨ 나는 하지 않을 수가 없었어 / 흡연하는 것을. _____ / _____.

⑩ 나는 하지 않을 수가 없었어 / 읽는 것을 / 이 소설을. _____ / _____ / _____.

⑪ 나는 하지 않을 수가 없었어 / 사용하는 것을 / 나의 신용카드를. _____ / _____ / _____.

⑫ 그들은 하지 않을 수가 없었어 / 듣는 것을 / 그녀의 노래를. _____ / _____ / _____.

⑬ 우리는 하지 않을 수가 없었어 / 공부하는 것을 / 영어를. _____ / _____ / _____.

⑭ 그녀는 하지 않을 수가 없었어 / 사는 것을 / 아름다운 드레스들을. _____ / _____ / _____.

⑮ 그는 하지 않을 수가 없었어 / 우는 것을 / 그녀 앞에서. _____ / _____ / _____.

~하지 않을 수가 없어 can't help -ing

COMPLETE SENTENCES

완성 문장 낭독 훈련

이번에는 완성 문장을 잘 듣고 10회 이상 낭독 훈련해 보세요.

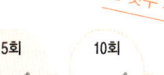

❶ 나는 하지 않을 수가 없어 / 미소 짓는 것을.
I can't help / smiling.

❷ 나는 하지 않을 수가 없어 / 우는 것을.
I can't help / crying.

❸ 나는 하지 않을 수가 없어 / 때리는 것을 / 너를.
I can't help / hitting / you.

❹ 나는 하지 않을 수가 없어 / 싫어하는 것을 / 너를.
I can't help / hating / you.

❺ 나는 하지 않을 수가 없어 / 바라보는 것을 / 너를.
I can't help / looking / at you.

❻ 우리는 하지 않을 수가 없어 / 마시는 것을 / 물을.
We can't help / drinking / water.

❼ 그는 하지 않을 수가 없어 / 하는 것을 / 게임들을.
He can't help / playing / games.

⑧ 나는 하지 않을 수가 없었어 / 거짓말하는 것을.
I couldn't help / lying.

⑨ 나는 하지 않을 수가 없었어 / 흡연하는 것을.
I couldn't help / smoking.

⑩ 나는 하지 않을 수가 없었어 / 읽는 것을 / 이 소설을.
I couldn't help / reading / this novel.

⑪ 나는 하지 않을 수가 없었어 / 사용하는 것을 / 나의 신용카드를.
I couldn't help / using / my credit card.

⑫ 그들은 하지 않을 수가 없었어 / 듣는 것을 / 그녀의 노래를.
They couldn't help / listening / to her song.

⑬ 우리는 하지 않을 수가 없었어 / 공부하는 것을 / 영어를.
We couldn't help / studying / English.

⑭ 그녀는 하지 않을 수가 없었어 / 사는 것을 / 아름다운 드레스들을.
She couldn't help / buying / beautiful dresses.

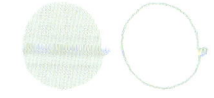

⑮ 그는 하지 않을 수가 없었어 / 우는 것을 / 그녀 앞에서.
He couldn't help / crying / in front of her.

~하지 않을 수가 없어 can't help -ing

스피드 입영작
한글 해석을 보고 0.5초 내로 한번에 입 영작하세요.

완성도 체크 100%

1. 나는 미소 짓지 않을 수가 없어. 30% → 50% → 100%
2. 나는 울지 않을 수가 없어. 30% → 50% → 100%
3. 나는 너를 때리지 않을 수가 없어. 30% → 50% → 100%
4. 나는 너를 싫어하지 않을 수가 없어. 30% → 50% → 100%
5. 나는 너를 바라보지 않을 수가 없어. 30% → 50% → 100%
6. 우리는 물을 마시지 않을 수가 없어. 30% → 50% → 100%
7. 그는 게임들을 하지 않을 수가 없어. 30% → 50% → 100%
8. 나는 거짓말하지 않을 수가 없었어. 30% → 50% → 100%
9. 나는 흡연하지 않을 수가 없었어. 30% → 50% → 100%
10. 나는 이 소설을 읽지 않을 수가 없었어. 30% → 50% → 100%
11. 나는 나의 신용카드를 사용하지 않을 수가 없었어. 30% → 50% → 100%
12. 그들은 그녀의 노래를 듣지 않을 수가 없었어. 30% → 50% → 100%
13. 우리는 영어를 공부하지 않을 수가 없었어. 30% → 50% → 100%
14. 그녀는 아름다운 드레스들을 사지 않을 수가 없었어. 30% → 50% → 100%
15. 그는 그녀 앞에서 울지 않을 수가 없었어. 30% → 50% → 100%

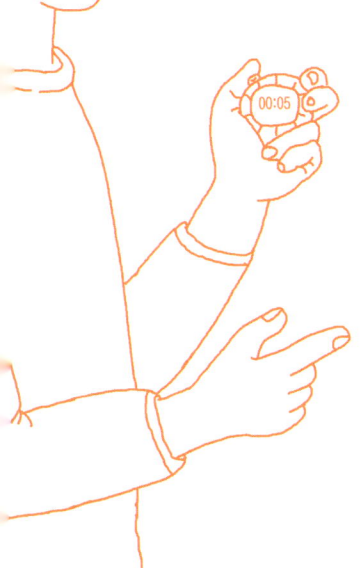

녹음하여 '완성 문장 낭독 훈련'과 비교하세요.

패턴 79 can't help -ing

패턴 80 — 결국 ~하게 되다
end up -ing

 80_02

의미 단위 입 영작
이번에는 빈칸 부분을 채워서 말해 보세요.

① 나는 결국 사랑하게 되었어 + 그녀를.
I ended up _____ _____.

② 나는 결국 공부하게 되었어 + 한국 역사를.
I _____ studying Korean _____.

③ 나는 결국 이사 가게 되었어 + 프랑스로.
I _____ up _____ _____ France.

④ 그는 결국 데이트하게 되었어 + 내 여동생과.
He _____ my sister.

⑤ 그녀는 결국 듣게 되었어 + Jackie의 수업을.
She ended up _____ Jackie's _____.

⑥ 그녀는 결국 결혼하게 되었어 + 그녀의 남자 친구와.
She _____ marrying her _____.

⑦ 그들은 결국 고용하게 되었어 + 그 똑똑한 남자를.
They _____ the _____ man.

⑧ 그들은 결국 머물게 되었어 + 하루 더.
They _____ one _____ day.

⑨ 우리는 결국 돌아가게 되었어 + 한국으로.
We ended up _____ _____ Korea.

⑩ 나의 누나는 결국 이혼하게 되었어 + 그녀의 남편과.
My _____ ended up _____ her _____.

⑪ 우리 회사는 결국 합병하게 되었어 + 그들의 회사와.
_____ ended up _____ _____ their _____.

⑫ 너는 결국 포기하게 될 거야 + 너의 다이어트를.
You will _____ your _____.

⑬ 그들은 결국 협력하게 될 거야 + 우리와.
They _____ end up _____ with _____.

⑭ 그는 결국 후회하게 될 거야 + 때린 것을 + 나를.
He _____ end up _____ _____ me.

⑮ 나는 결국 성공하게 될 거야 + 내 인생에서.
I _____ in my _____.

결국 ~하게 되다 end up -ing

어순 입 영작
어순대로 우리말 부분을 입으로 영작해 보세요.

① 나는 결국 사랑하게 되었어 / 그녀를. _____ / _____.

② 나는 결국 공부하게 되었어 / 한국 역사를. _____ / _____.

③ 나는 결국 이사 가게 되었어 / 프랑스로. _____ / _____.

④ 그는 결국 데이트하게 되었어 / 내 여동생과. _____ / _____.

⑤ 그녀는 결국 듣게 되었어 / Jackie의 수업을. _____ / _____.

⑥ 그녀는 결국 결혼하게 되었어 / 그녀의 남자 친구와. _____ / _____.

⑦ 그들은 결국 고용하게 되었어 / 그 똑똑한 남자를. _____ / _____.

⑧ 그들은 결국 머물게 되었어 / 하루 더. _____ / _____.

⑨ 우리는 결국 돌아가게 되었어 / 한국으로. _____ / _____.

⑩ 나의 누나는 결국 이혼하게 되었어 / 그녀의 남편과. _____ / _____.

⑪ 우리 회사는 결국 합병하게 되었어 / 그들의 회사와. _____ / _____.

⑫ 너는 결국 포기하게 될 거야 / 너의 다이어트를. _____ / _____.

⑬ 그들은 결국 협력하게 될 거야 / 우리와. _____ / _____.

⑭ 그는 결국 후회하게 될 거야 / 때린 것을 / 나를. _____ / _____ / _____.

⑮ 나는 결국 성공하게 될 거야 / 내 인생에서. _____ / _____.

패턴 ⑧⓪ end up -ing

COMPLETE SENTENCES 완성 문장 낭독 훈련 이번에는 완성 문장을 잘 듣고 10회 이상 낭독 훈련해 보세요.

낭독 훈련 횟수 체크

① 나는 결국 사랑하게 되었어 / 그녀를.
I ended up loving / her.

② 나는 결국 공부하게 되었어 / 한국 역사를.
I ended up studying / Korean history.

③ 나는 결국 이사 가게 되었어 / 프랑스로.
I ended up moving / to France.

④ 그는 결국 데이트하게 되었어 / 내 여동생과.
He ended up dating / my sister.

⑤ 그녀는 결국 듣게 되었어 / Jackie의 수업을.
She ended up taking / Jackie's class.

⑥ 그녀는 결국 결혼하게 되었어 / 그녀의 남자 친구와.
She ended up marrying / her boyfriend.

⑦ 그들은 결국 고용하게 되었어 / 그 똑똑한 남자를.
They ended up hiring / the smart man.

결국 ~하게 되다 end up -ing

⑧ 그들은 결국 머물게 되었어 / 하루 더.
They ended up staying / one more day.

⑨ 우리는 결국 돌아가게 되었어 / 한국으로.
We ended up going back / to Korea.

⑩ 나의 누나는 결국 이혼하게 되었어 / 그녀의 남편과.
My sister ended up divorcing / her husband.

⑪ 우리 회사는 결국 합병하게 되었어 / 그들의 회사와.
Our company ended up merging / with their company.

⑫ 너는 결국 포기하게 될 거야 / 너의 다이어트를.
You will end up giving up / your diet.

⑬ 그들은 결국 협력하게 될 거야 / 우리와.
They will end up cooperating / with us.

⑭ 그는 결국 후회하게 될 거야 / 때린 것을 / 나를.
He will end up regretting / hitting / me.

⑮ 나는 결국 성공하게 될 거야 / 내 인생에서.
I will end up succeeding / in my life.

패턴 ⑧ end up -ing

결국 ~하게 되다 end up -ing

스피드 입영작
한글 해석을 보고 0.5초 내로 한번에 입 영작하세요.

완성도 체크 100%

1. 나는 결국 그녀를 사랑하게 되었어.
2. 나는 결국 한국 역사를 공부하게 되었어.
3. 나는 결국 프랑스로 이사 가게 되었어.
4. 그는 결국 내 여동생과 데이트하게 되었어.
5. 그녀는 결국 Jackie의 수업을 듣게 되었어.
6. 그녀는 결국 그녀의 남자 친구와 결혼하게 되었어.
7. 그들은 결국 그 똑똑한 남자를 고용하게 되었어.
8. 그들은 결국 하루 더 머물게 되었어.
9. 우리는 결국 한국으로 돌아가게 되었어.
10. 나의 누나는 결국 그녀의 남편과 이혼하게 되었어.
11. 우리 회사는 결국 그들의 회사와 합병하게 되었어.
12. 너는 결국 너의 다이어트를 포기하게 될 거야.
13. 그들은 결국 우리와 협력하게 될 거야.
14. 그는 결국 나를 때린 것을 후회하게 될 거야.
15. 나는 결국 내 인생에서 성공하게 될 거야.

녹음하여 '완성 문장 낭독 훈련'과 비교하세요.

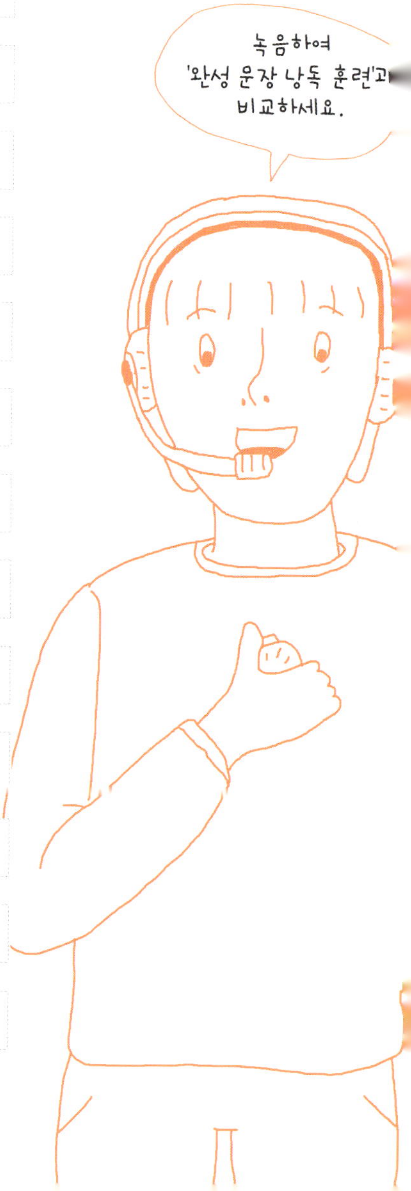

패턴 81 — 분명히 ~했을 거야 must have p.p.

 81_02

의미 단위 입 영작

이번에는 빈칸 부분을 채워서 말해 보세요.

① 그녀는 분명히 전화했을 거야 + 그에게.
She _____ him.

② 나의 언니는 분명히 입었을 거야 + 내 스커트를.
My _____ must have _____ my _____.

③ 너는 분명히 사랑했을 거야 + 너의 여자 친구를.
You must have _____ your _____.

④ 나의 형은 분명히 운전했을 거야 + 내 새 자동차를.
My _____ must have _____ my _____ car.

⑤ 그들은 분명히 후회했을 거야 + 그들의 결정을.
They _____ their _____.

⑥ 그들은 분명히 행복했을 거야 + 그녀 덕분에.
They must have _____ _____ to her.

⑦ 그들은 분명히 왔을 거야 + 그 졸업 파티에.
They must have _____ _____ the _____ party.

⑧ 우리는 분명히 실수를 했을 거야 + 어제.
We must have _____ a mistake _____.

⑨ 그녀는 분명히 우울했을 거야 + 나 때문에.
She must have _____ _____ of me.

⑩ 그는 분명히 부유했을 거야 + 그가 젊었을 때.
He must have _____ _____ he was young.

⑪ 그는 분명히 사랑하지 않았을 거야 + 나를.
He must not have _____ _____.

⑫ 그들은 분명히 만족하지 않았을 거야.
They must _____ have _____.

⑬ 그들은 분명히 팔지 않았을 거야 + 그들의 주식들을.
They must _____ have _____ their _____.

⑭ 그녀는 분명히 하지 않았을 거야 + 그녀의 숙제를.
She must _____ have _____ her _____.

⑮ 그녀는 분명히 화가 나 있지 않았을 거야 + 너에게.
She must _____ have been _____ at _____.

어순 입영작
어순대로 우리말 부분을 입으로 영작해 보세요.

① 그녀는 분명히 전화했을 거야 / 그에게. _____ / _____.

② 나의 언니는 분명히 입었을 거야 / 내 스커트를. _____ / _____.

③ 너는 분명히 사랑했을 거야 / 너의 여자 친구를. _____ / _____.

④ 나의 형은 분명히 운전했을 거야 / 내 새 자동차를. _____ / _____.

⑤ 그들은 분명히 후회했을 거야 / 그들의 결정을. _____ / _____.

⑥ 그들은 분명히 행복했을 거야 / 그녀 덕분에. _____ / _____.

⑦ 그들은 분명히 왔을 거야 / 그 졸업 파티에. _____ / _____.

⑧ 우리는 분명히 실수를 했을 거야 / 어제. _____ / _____.

⑨ 그녀는 분명히 우울했을 거야 / 나 때문에. _____ / _____.

⑩ 그는 분명히 부유했을 거야 / 그가 젊었을 때. _____ / _____.

⑪ 그는 분명히 사랑하지 않았을 거야 / 나를. _____ / _____.

⑫ 그들은 분명히 만족하지 않았을 거야. _____.

⑬ 그들은 분명히 팔지 않았을 거야 / 그들의 주식들을. _____ / _____.

⑭ 그녀는 분명히 하지 않았을 거야 / 그녀의 숙제를. _____ / _____.

⑮ 그녀는 분명히 화가 나 있지 않았을 거야 / 너에게. _____ / _____.

분명히 ~했을 거야 must have p.p.

 **COMPLETE SENTENCES** 완성 문장 낭독 훈련   이번에는 완성 문장을 잘 듣고 10회 이상 낭독 훈련해 보세요.

❶ 그녀는 분명히 전화했을 거야 / 그에게.
She must have called / him.

❷ 나의 언니는 분명히 입었을 거야 / 내 스커트를.
My sister must have worn / my skirt.

❸ 너는 분명히 사랑했을 거야 / 너의 여자 친구를.
You must have loved / your girlfriend.

❹ 나의 형은 분명히 운전했을 거야 / 내 새 자동차를.
My brother must have driven / my new car.

❺ 그들은 분명히 후회했을 거야 / 그들의 결정을.
They must have regretted / their decision.

❻ 그들은 분명히 행복했을 거야 / 그녀 덕분에.
They must have been happy / thanks to her.

❼ 그들은 분명히 왔을 거야 / 그 졸업 파티에.
They must have come / to the graduation party.

⑧ 우리는 분명히 실수를 했을 거야 / 어제.
We must have made a mistake / yesterday.

⑨ 그녀는 분명히 우울했을 거야 / 나 때문에.
She must have been depressed / because of me.

⑩ 그는 분명히 부유했을 거야 / 그가 젊었을 때.
He must have been rich / when he was young.

⑪ 그는 분명히 사랑하지 않았을 거야 / 나를.
He must not have loved / me.

⑫ 그들은 분명히 만족하지 않았을 거야.
They must not have been satisfied.

⑬ 그들은 분명히 팔지 않았을 거야 / 그들의 주식들을.
They must not have sold / their stocks.

⑭ 그녀는 분명히 하지 않았을 거야 / 그녀의 숙제를.
She must not have done / her homework.
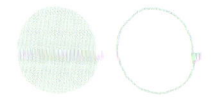

⑮ 그녀는 분명히 화가 나 있지 않았을 거야 / 너에게.
She must not have been angry / at you.

분명히 ~했을 거야 must have p.p.

스피드 입영작
한글 해석을 보고 0.5초 내로 한번에 입 영작하세요.

완성도 체크 100%

1. 그녀는 분명히 그에게 전화했을 거야. 30% → 50% → 100%
2. 나의 언니는 분명히 내 스커트를 입었을 거야. 30% → 50% → 100%
3. 너는 분명히 너의 여자 친구를 사랑했을 거야. 30% → 50% → 100%
4. 나의 형은 분명히 내 새 자동차를 운전했을 거야. 30% → 50% → 100%
5. 그들은 분명히 그들의 결정을 후회했을 거야. 30% → 50% → 100%
6. 그들은 분명히 그녀 덕분에 행복했을 거야. 30% → 50% → 100%
7. 그들은 분명히 그 졸업 파티에 왔을 거야. 30% → 50% → 100%
8. 우리는 분명히 어제 실수를 했을 거야. 30% → 50% → 100%
9. 그녀는 분명히 나 때문에 우울했을 거야. 30% → 50% → 100%
10. 그는 분명히 그가 젊었을 때 부유했을 거야. 30% → 50% → 100%
11. 그는 분명히 나를 사랑하지 않았을 거야. 30% → 50% → 100%
12. 그들은 분명히 만족하지 않았을 거야. 30% → 50% → 100%
13. 그들은 분명히 그들의 주식들을 팔지 않았을 거야. 30% → 50% → 100%
14. 그녀는 분명히 그녀의 숙제를 하지 않았을 거야. 30% → 50% → 100%
15. 그녀는 분명히 너에게 화가 나 있지 않았을 거야. 30% → 50% → 100%

녹음하여 '완성 문장 낭독 훈련'과 비교하세요.

패턴 ⑧1 must have p.p.

패턴 82 — 어쩌면 ~했을지도 몰라 might have p.p.

의미 단위 입영작

이번에는 빈칸 부분을 채워서 말해 보세요.

① 나는 어쩌면 좋아했을지도 몰라 + 너를.
I might have _____ _____.

② 나는 어쩌면 읽었을지도 몰라 + 이 책을.
I might have _____ _____.

③ 나는 어쩌면 만났을지도 몰라 + 그녀를 + 전에.
I _____ her _____.

④ 그는 어쩌면 공부했을지도 몰라 + 이 시험을 위해.
He _____ have _____ _____ this test.

⑤ 너는 어쩌면 잊어버렸을지도 몰라 + 그녀의 생일을.
You might have _____ her _____.

⑥ 그녀는 어쩌면 행복했을지도 몰라.
She _____ have been _____.

⑦ 그녀는 어쩌면 봤을지도 몰라 + 나를.
She might _____ _____.

⑧ 그녀는 어쩌면 했을지도 몰라 + 그것을 + 일부러.
She might _____ _____ on purpose.

⑨ 그녀는 어쩌면 인기 있었을지도 몰라 + 그녀가 젊었을 때.
She might have _____ _____ she was young.

⑩ 그 영어 시험은 어쩌면 어려웠을지도 몰라.
The English _____ might have _____.

⑪ 나는 어쩌면 좋아하지 않았을지도 몰라 + 내 여자 친구를.
I might not have _____ my _____.

⑫ 나는 어쩌면 이해하지 못했을지도 몰라 + 그의 경고를.
I might _____ his _____.

⑬ 그녀는 어쩌면 믿지 않았을지도 몰라 + 너를.
She might _____ have _____ _____.

⑭ 그는 어쩌면 빌리지 않았을지도 몰라 + 돈을 + 그녀로부터.
He might _____ have _____ _____ her.

⑮ 그들은 어쩌면 훔치지 않았을지도 몰라 + 그의 자전거를.
They _____ _____ his _____.

어쩌면 ~했을지도 몰라 might have p.p.

어순 입 영작
어순대로 우리말 부분을 입으로 영작해 보세요.

1. 나는 어쩌면 좋아했을지도 몰라 / 너를. _____ / _____.

2. 나는 어쩌면 읽었을지도 몰라 / 이 책을. _____ / _____.

3. 나는 어쩌면 만났을지도 몰라 / 그녀를 / 전에. _____ / _____ / _____.

4. 그는 어쩌면 공부했을지도 몰라 / 이 시험을 위해. _____ / _____.

5. 너는 어쩌면 잊어버렸을지도 몰라 / 그녀의 생일을. _____ / _____.

6. 그녀는 어쩌면 행복했을지도 몰라. _____.

7. 그녀는 어쩌면 봤을지도 몰라 / 나를. _____ / _____.

8. 그녀는 어쩌면 했을지도 몰라 / 그것을 / 일부러. _____ / _____ / _____.

9. 그녀는 어쩌면 인기 있었을지도 몰라 / 그녀가 젊었을 때. _____ / _____.

10. 그 영어 시험은 어쩌면 어려웠을지도 몰라. _____.

11. 나는 어쩌면 좋아하지 않았을지도 몰라 / 내 여자 친구를. _____ / _____.

12. 나는 어쩌면 이해하지 못했을지도 몰라 / 그의 경고를. _____ / _____.

13. 그녀는 어쩌면 믿지 않았을지도 몰라 / 너를. _____ / _____.

14. 그는 어쩌면 빌리지 않았을지도 몰라 / 돈을 / 그녀로부터. _____ / _____ / _____.

15. 그들은 어쩌면 훔치지 않았을지도 몰라 / 그의 자전거를. _____ / _____.

패턴 82

MP3 82_03

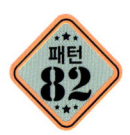

COMPLETE SENTENCES

완성 문장 낭독 훈련

이번에는 완성 문장을 잘 듣고 10회 이상 낭독 훈련해 보세요.

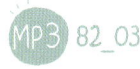

낭독 훈련 횟수 체크

5회 10회

1 나는 어쩌면 좋아했을지도 몰라 / 너를.
I might have liked / you.

2 나는 어쩌면 읽었을지도 몰라 / 이 책을.
I might have read / this book.

3 나는 어쩌면 만났을지도 몰라 / 그녀를 / 전에.
I might have met / her / before.

4 그는 어쩌면 공부했을지도 몰라 / 이 시험을 위해.
He might have studied / for this test.

5 너는 어쩌면 잊어버렸을지도 몰라 / 그녀의 생일을.
You might have forgotten / her birthday.

6 그녀는 어쩌면 행복했을지도 몰라.
She might have been happy.

7 그녀는 어쩌면 봤을지도 몰라 / 나를.
She might have seen / me.

어쩌면 ~했을지도 몰라 might have p.p.

⑧ 그녀는 어쩌면 했을지도 몰라 / 그것을 / 일부러.
She might have done / it / on purpose.

⑨ 그녀는 어쩌면 인기 있었을지도 몰라 / 그녀가 젊었을 때.
She might have been popular / when she was young.

⑩ 그 영어 시험은 어쩌면 어려웠을지도 몰라.
The English test might have been difficult.

⑪ 나는 어쩌면 좋아하지 않았을지도 몰라 / 내 여자 친구를.
I might not have liked / my girlfriend.

⑫ 나는 어쩌면 이해하지 못했을지도 몰라 / 그의 경고를.
I might not have understood / his warning.

⑬ 그녀는 어쩌면 믿지 않았을지도 몰라 / 너를.
She might not have trusted / you.

⑭ 그는 어쩌면 빌리지 않았을지도 몰라 / 돈을 / 그녀로부터.
He might not have borrowed / money / from her.

⑮ 그들은 어쩌면 훔치지 않았을지도 몰라 / 그의 자전거를.
They might not have stolen / his bicycle.

어쩌면 ~했을지도 몰라 might have p.p.

스피드 입영작
한글 해석을 보고 0.5초 내로 한번에 입 영작하세요.

완성도 체크 100%

1. 나는 어쩌면 너를 좋아했을지도 몰라.
2. 나는 어쩌면 이 책을 읽었을지도 몰라.
3. 나는 어쩌면 그녀를 전에 만났을지도 몰라.
4. 그는 어쩌면 이 시험을 위해 공부했을지도 몰라.
5. 너는 어쩌면 그녀의 생일을 잊어버렸을지도 몰라.
6. 그녀는 어쩌면 행복했을지도 몰라.
7. 그녀는 어쩌면 나를 봤을지도 몰라.
8. 그녀는 어쩌면 그것을 일부러 했을지도 몰라.
9. 그녀는 어쩌면 그녀가 젊었을 때 인기 있었을지도 몰라.
10. 그 영어 시험은 어쩌면 어려웠을지도 몰라.
11. 나는 어쩌면 내 여자 친구를 좋아하지 않았을지도 몰라.
12. 나는 어쩌면 그의 경고를 이해하지 못했을지도 몰라.
13. 그녀는 어쩌면 너를 믿지 않았을지도 몰라.
14. 그는 어쩌면 그녀로부터 돈을 빌리지 않았을지도 몰라.
15. 그들은 어쩌면 그의 자전거를 훔치지 않았을지도 몰라.

녹음하여 '완성 문장 낭독 훈련'과 비교하세요.

패턴 83 — 단지 A라고 해서 B인 것은 아냐
Just because A doesn't mean B

 83_02

의미 단위 입 영작
이번에는 빈칸 부분을 채워서 말해 보세요.

1. 단지 내가 소녀라고 해서 + 내가 수줍은 것은 아냐.
   _____ I am a _____ _____ I am _____.

2. 단지 내가 차가 있다고 해서 + 내가 부유한 것은 아냐.
   Just _____ I _____ a _____ doesn't _____ I am _____.

3. 단지 내가 남자라고 해서 + 내가 거친 것은 아냐.
   Just because _____ a _____ _____ I am _____.

4. 단지 네가 내 친구라고 해서 + 내가 좋아하는 것은 아냐 + 너를.
   _____ you are my _____ _____ I like _____.

5. 단지 내가 키스했다고 해서 + 그에게 + 내가 사랑하는 것은 아냐 + 그를.
   Just because I _____ him doesn't mean I _____ _____.

6. 단지 내가 가난하다고 해서 + 내가 행복하지 않은 것은 아냐.
   Just because I am _____ doesn't mean I am _____.

7. 단지 눈이 오고 있다고 해서 + 지금 추운 것은 아냐.
   _____ it is _____ now _____ it is _____.

8. 단지 네가 부유하다고 해서 + 네가 똑똑한 것은 아냐.
   Just because you are _____ doesn't mean you are _____.

9. 단지 그녀가 말랐다고 해서 + 그녀가 약한 것은 아냐.
   _____ she is _____ doesn't mean she is _____.

10. 단지 그녀가 아름답다고 해서 + 그녀가 못된 것은 아냐.
    Just because _____ doesn't mean _____.

11. 단지 내가 도와줬다고 해서 + 그녀를 + 내가 관심 있는 것은 아냐 + 그녀에게.
    Just because _____ her doesn't mean I am _____ in _____.

12. 단지 내가 목마르다고 해서 + 내가 마시고 싶은 것은 아냐 + 물을.
    Just because I am _____ doesn't mean I _____ drink _____.

13. 단지 그가 의사라고 해서 + 그가 도와줄 수 있는 것은 아냐 + 모두를.
    _____ he is a _____ _____ mean he can _____ everyone.

14. 단지 우리가 고용했다고 해서 + 너를 + 우리가 믿는 것은 아냐 + 너를 + 완전히.
    Just because _____ you _____ we _____ you completely.

15. 단지 우리가 여자들이라고 해서 + 우리가 더 민감한 것은 아냐 + 남자들보다.
    _____ we are _____ we are more _____ than _____.

패턴 83 Just because A doesn't mean B 39

어순 입 영작

어순대로 우리말 부분을 입으로 영작해 보세요.

① 단지 내가 소녀라고 해서 / 내가 수줍은 것은 아냐. _____ / _____.

② 단지 내가 차가 있다고 해서 / 내가 부유한 것은 아냐. _____ / _____.

③ 단지 내가 남자라고 해서 / 내가 거친 것은 아냐. _____ / _____.

④ 단지 네가 내 친구라고 해서 / 내가 좋아하는 것은 아냐 / 너를. _____ / _____ / _____.

⑤ 단지 내가 키스했다고 해서 / 그에게 / 내가 사랑하는 것은 아냐 / 그를. _____ / _____ / _____ / _____.

⑥ 단지 내가 가난하다고 해서 / 내가 행복하지 않은 것은 아냐. _____ / _____.

⑦ 단지 눈이 오고 있다고 해서 / 지금 / 추운 것은 아냐. _____ / _____ / _____.

⑧ 단지 네가 부유하다고 해서 / 네가 똑똑한 것은 아냐. _____ / _____.

⑨ 단지 그녀가 말랐다고 해서 / 그녀가 약한 것은 아냐. _____ / _____.

⑩ 단지 그녀가 아름답다고 해서 / 그녀가 못된 것은 아냐. _____ / _____.

⑪ 단지 내가 도와줬다고 해서 / 그녀를 / 내가 관심 있는 것은 아냐 / 그녀에게. _____ / _____ / _____ / _____.

⑫ 단지 내가 목마르다고 해서 / 내가 마시고 싶은 것은 아냐 / 물을. _____ / _____ / _____.

⑬ 단지 그가 의사라고 해서 / 그가 도와줄 수 있는 것은 아냐 / 모두를. _____ / _____ / _____.

⑭ 단지 우리가 고용했다고 해서 / 너를 / 우리가 믿는 것은 아냐 / 너를 / 완전히. _____ / _____ / _____ / _____ / _____.

⑮ 단지 우리가 여자들이라고 해서 / 우리가 더 민감한 것은 아냐 / 남자들보다. _____ / _____ / _____.

단지 A라고 해서 B인 것은 아냐 Just because A doesn't mean B

COMPLETE SENTENCES **완성 문장 낭독 훈련** 이번에는 완성 문장을 잘 듣고 10회 이상 낭독 훈련해 보세요.

① 단지 내가 소녀라고 해서 / 내가 수줍은 것은 아냐.
Just because I am a girl / doesn't mean I am shy.

② 단지 내가 차가 있다고 해서 / 내가 부유한 것은 아냐.
Just because I have a car / doesn't mean I am rich.

③ 단지 내가 남자라고 해서 / 내가 거친 것은 아냐.
Just because I am a man / doesn't mean I am tough.

④ 단지 네가 내 친구라고 해서 / 내가 좋아하는 것은 아냐 / 너를.
Just because you are my friend / doesn't mean I like / you.

⑤ 단지 내가 키스했다고 해서 / 그에게 / 내가 사랑하는 것은 아냐 / 그를.
Just because I kissed / him / doesn't mean I love / him.

⑥ 단지 내가 가난하다고 해서 / 내가 행복하지 않은 것은 아냐.
Just because I am poor / doesn't mean I am not happy.

⑦ 단지 눈이 오고 있다고 해서 / 지금 / 추운 것은 아냐.
Just because it is snowing / now / doesn't mean it is cold.

패턴 ⑧ Just because A doesn't mean B

⑧ 단지 네가 부유하다고 해서 / 네가 똑똑한 것은 아냐.
Just because you are rich / doesn't mean you are smart.

⑨ 단지 그녀가 말랐다고 해서 / 그녀가 약한 것은 아냐.
Just because she is skinny / doesn't mean she is weak.

⑩ 단지 그녀가 아름답다고 해서 / 그녀가 못된 것은 아냐.
Just because she is beautiful / doesn't mean she is mean.

⑪ 단지 내가 도와줬다고 해서 / 그녀를 / 내가 관심 있는 것은 아냐 / 그녀에게.
Just because I helped / her / doesn't mean I am interested / in her.

⑫ 단지 내가 목마르다고 해서 / 내가 마시고 싶은 것은 아냐 / 물을.
Just because I am thirsty / doesn't mean I want to drink / water.

⑬ 단지 그가 의사라고 해서 / 그가 도와줄 수 있는 것은 아냐 / 모두를.
Just because he is a doctor / doesn't mean he can help / everyone.

⑭ 단지 우리가 고용했다고 해서 / 너를 / 우리가 믿는 것은 아냐 / 너를 / 완전히.
Just because I hired / you / doesn't mean we trust / you / completely.

⑮ 단지 우리가 여자들이라고 해서 / 우리가 더 민감한 것은 아냐 / 남자들보다.
Just because we are women / doesn't mean we are more sensitive / than men.

단지 A라고 해서 B인 것은 아냐 — Just because A doesn't mean B

스피드 입 영작
한글 해석을 보고 0.5초 내로 한번에 입 영작하세요.

완성도 체크 100%

1. 단지 내가 소녀라고 해서 내가 수줍은 것은 아냐.
2. 단지 내가 차가 있다고 해서 내가 부유한 것은 아냐.
3. 단지 내가 남자라고 해서 내가 거친 것은 아냐.
4. 단지 네가 내 친구라고 해서 내가 너를 좋아하는 것은 아냐.
5. 단지 내가 그에게 키스했다고 해서 내가 그를 사랑하는 것은 아냐.
6. 단지 내가 가난하다고 해서 내가 행복하지 않은 것은 아냐.
7. 단지 지금 눈이 오고 있다고 해서 추운 것은 아냐.
8. 단지 네가 부유하다고 해서 네가 똑똑한 것은 아냐.
9. 단지 그녀가 말랐다고 해서 그녀가 약한 것은 아냐.
10. 단지 그녀가 아름답다고 해서 그녀가 못된 것은 아냐.
11. 단지 내가 그녀를 도와줬다고 해서 내가 그녀에게 관심 있는 것은 아냐.
12. 단지 내가 목마르다고 해서 내가 물을 마시고 싶은 것은 아냐.
13. 단지 그가 의사라고 해서 그가 모두를 도와줄 수 있는 것은 아냐.
14. 단지 우리가 너를 고용했다고 해서 우리가 너를 완전히 믿는 것은 아냐.
15. 단지 우리가 여자들이라고 해서 우리가 남자들보다 더 민감한 것은 아냐.

패턴 83 Just because A doesn't mean B

~을 …하게 유지해
keep 명사 + 형용사

의미단위 입영작

이번에는 빈칸 부분을 채워서 말해 보세요.

① 유지해라 + 공기를 + 신선하게.　　_____ the _____ _____.

② 유지해라 + 그 소년을 + 조용하게.　　Keep the _____ _____.

③ 유지해라 + 너의 눈들을 + 감긴 채.　　_____ your _____ closed.

④ 유지해라 + 온도를 + 차갑게.　　Keep the _____ _____.

⑤ 유지해라 + 너의 몸무게를 + 가볍게.　　_____ your _____ _____.

⑥ 유지해라 + 엔진을 + 따뜻하게.　　_____ the _____ _____.

⑦ 유지해라 + 고도를 + 높게.　　Keep the _____ _____.

⑧ 유지해라 + 너의 거리를 + 가깝게.　　_____ your _____ _____.

⑨ 나는 유지했어 + 속도를 + 느리게.　　I _____ the speed _____.

⑩ 나는 유지했어 + 그 방을 + 깨끗하게.　　I kept the _____ _____.

⑪ 나는 유지했어 + 그 문을 + 열린 채.　　I _____ the _____ _____.

⑫ 나는 유지했어 + 내 벽장을 + 비워진 채.　　I _____ my _____ _____.

⑬ 그녀는 유지했어 + 그 창문을 + 닫힌 채.　　She _____ the _____ _____.

⑭ 우리는 유지했어 + 그 에어컨을 + 켜진 채.　　We _____ the _____ on.

⑮ 내 여동생은 유지했어 + 그 문을 + 잠긴 채.　　_____ kept the _____ _____.

~을 …하게 유지해 keep 명사 + 형용사

어순 입 영작
어순대로 우리말 부분을 입으로 영작해 보세요.

1. 유지해라 / 공기를 / 신선하게. _____ / _____ / _____.

2. 유지해라 / 그 소년을 / 조용하게. _____ / _____ / _____.

3. 유지해라 / 너의 눈들을 / 감긴 채. _____ / _____ / _____.

4. 유지해라 / 온도를 / 차갑게. _____ / _____ / _____.

5. 유지해라 / 너의 몸무게를 / 가볍게. _____ / _____ / _____.

6. 유지해라 / 엔진을 / 따뜻하게. _____ / _____ / _____.

7. 유지해라 / 고도를 / 높게. _____ / _____ / _____.

8. 유지해라 / 너의 거리를 / 가깝게. _____ / _____ / _____.

9. 나는 유지했어 / 속도를 / 느리게. _____ / _____ / _____.

10. 나는 유지했어 / 그 방을 / 깨끗하게. _____ / _____ / _____.

11. 나는 유지했어 / 그 문을 / 열린 채. _____ / _____ / _____.

12. 나는 유지했어 / 내 벽장을 / 비워진 채. _____ / _____ / _____.

13. 그녀는 유지했어 / 그 창문을 / 닫힌 채. _____ / _____ / _____.

14. 우리는 유지했어 / 그 에어컨을 / 켜진 채. _____ / _____ / _____.

15. 내 여동생은 유지했어 / 그 문을 / 잠긴 채. _____ / _____ / _____.

패턴 84 keep 명사 + 형용사

COMPLETE SENTENCES
완성 문장 낭독 훈련

이번에는 완성 문장을 잘 듣고 10회 이상 낭독 훈련해 보세요.

낭독 훈련 횟수 체크

❶ 유지해라 / 공기를 / 신선하게.
Keep / **the air** / **fresh**. ✓5회 ✓10회

❷ 유지해라 / 그 소년을 / 조용하게.
Keep / **the boy** / **quiet**.

❸ 유지해라 / 너의 눈들을 / 감긴 채.
Keep / **your eyes** / **closed**.

❹ 유지해라 / 온도를 / 차갑게.
Keep / **the temperature** / **cold**.

❺ 유지해라 / 너의 몸무게를 / 가볍게.
Keep / **your weight** / **light**.

❻ 유지해라 / 엔진을 / 따뜻하게.
Keep / **the engine** / **warm**.

❼ 유지해라 / 고도를 / 높게.
Keep / **the altitude** / **high**.

~을 …하게 유지해 **keep 명사 + 형용사**

⑧ 유지해라 / 너의 거리를 / 가깝게.
Keep / your distance / close.

⑨ 나는 유지했어 / 속도를 / 느리게.
I kept / the speed / slow.

⑩ 나는 유지했어 / 그 방을 / 깨끗하게.
I kept / the room / clean.

⑪ 나는 유지했어 / 그 문을 / 열린 채.
I kept / the door / open.

⑫ 나는 유지했어 / 내 벽장을 / 비워진 채.
I kept / my closet / empty.

⑬ 그녀는 유지했어 / 그 창문을 / 닫힌 채.
She kept / the window / closed.

⑭ 우리는 유지했어 / 그 에어컨을 / 켜진 채.
We kept / the air conditioner / on.
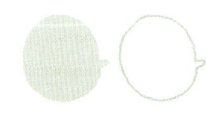

⑮ 내 여동생은 유지했어 / 그 문을 / 잠긴 채.
My sister kept / the door / locked.

패턴 84

~을 …하게 유지해 keep 명사 + 형용사

스피드 입 영작

한글 해석을 보고 0.5초 내로 한번에 입 영작하세요.

완성도 체크 100%

1 공기를 신선하게 유지해라.	30% →	50% →	100%
2 그 소년을 조용하게 유지해라.	30% →	50% →	100%
3 너의 눈들을 감긴 채 유지해라.	30% →	50% →	100%
4 온도를 차갑게 유지해라.	30% →	50% →	100%
5 너의 몸무게를 가볍게 유지해라.	30% →	50% →	100%
6 엔진을 따뜻하게 유지해라.	30% →	50% →	100%
7 고도를 높게 유지해라.	30% →	50% →	100%
8 너의 거리를 가깝게 유지해라.	30% →	50% →	100%
9 나는 속도를 느리게 유지했어.	30% →	50% →	100%
10 나는 그 방을 깨끗하게 유지했어.	30% →	50% →	100%
11 나는 그 문을 열린 채 유지했어.	30% →	50% →	100%
12 나는 내 벽장을 비워진 채 유지했어.	30% →	50% →	100%
13 그녀는 그 창문을 닫힌 채 유지했어.	30% →	50% →	100%
14 우리는 그 에어컨을 켜진 채 유지했어.	30% →	50% →	100%
15 내 여동생은 그 문을 잠긴 채 유지했어.	30% →	50% →	100%

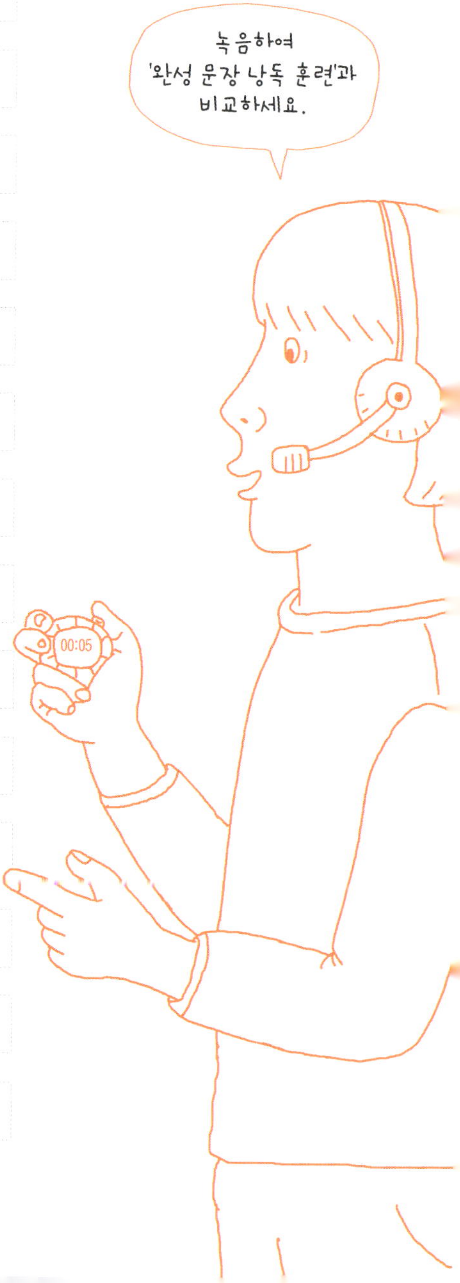
녹음하여
'완성 문장 낭독 훈련'과
비교하세요.
00:05

패턴 85 ~가 …한 채 with 명사 + 형용사

의미 단위 입 영작
이번에는 빈칸 부분을 채워서 말해 보세요.

1. 그녀는 잤어 + 그녀의 눈들이 + 떠진 채.
   She _____ with her _____ open.

2. 그녀는 걸었어 + 그녀의 다리가 + 부러진 채.
   She _____ _____ her _____ _____.

3. 우리는 울었어 + 그가 + 보고 있는 채 + 우리를.
   We _____ _____ him _____ at us.

4. 그 쇼는 시작했어 + 그들이 + 노래하고 있는 채.
   The show _____ _____ them _____.

5. 그는 웃었어 + 그의 입이 + 열린 채.
   He _____ _____ his _____ _____.

6. 그는 운전했어 + 헤드라이트들이 + 꺼진 채.
   He _____ _____ the _____ off.

7. 그는 잠갔어 + 그 금고를 + 그것이 + 비워진 채.
   He _____ the _____ _____ it _____.

8. 나는 키스했어 + 그녀에게 + 내 눈들이 + 감긴 채.
   I _____ _____ _____ my _____ _____.

9. 나는 떠났어 + 그 방을 + 그 컴퓨터가 + 켜진 채.
   I _____ the _____ with the _____ on.

10. 나는 열었어 + 문을 + 차가 + 달리고 있는 채.
    I _____ the _____ _____ the _____ _____.

11. 거짓말하지 마라 + 내가 + 여기 있는 채.
    Do not _____ _____ me _____.

12. 말하지 마라 + 그녀가 + 이 방 안에 있는 채.
    Do not _____ _____ her in _____.

13. 떠나지 마라 + 이 방을 + 불들이 + 켜진 채.
    _____ this room _____ the _____ _____.

14. 만지지 마라 + 그의 컴퓨터를 + 그가 + 주위에 있는 채.
    Do not _____ his _____ with him _____.

15. 남겨두지 마라 + 너의 차를 + 너의 아기가 + 안에 있는 채.
    _____ leave your _____ with your _____ _____.

어순 입영작
어순대로 우리말 부분을 입으로 영작해 보세요.

① 그녀는 잤어 / 그녀의 눈들이 / 떠진 채. _____ / _____ / _____.

② 그녀는 걸었어 / 그녀의 다리가 / 부러진 채. _____ / _____ / _____.

③ 우리는 울었어 / 그가 / 보고 있는 채 / 우리를. _____ / _____ / _____ / _____.

④ 그 쇼는 시작했어 / 그들이 / 노래하고 있는 채. _____ / _____ / _____.

⑤ 그는 웃었어 / 그의 입이 / 열린 채. _____ / _____ / _____.

⑥ 그는 운전했어 / 헤드라이트들이 / 꺼진 채. _____ / _____ / _____.

⑦ 그는 잠갔어 / 그 금고를 / 그것이 / 비워진 채. _____ / _____ / _____ / _____.

⑧ 나는 키스했어 / 그녀에게 / 내 눈들이 / 감긴 채. _____ / _____ / _____ / _____.

⑨ 나는 떠났어 / 그 방을 / 그 컴퓨터가 / 켜진 채. _____ / _____ / _____ / _____.

⑩ 나는 열었어 / 문을 / 차가 / 달리고 있는 채. _____ / _____ / _____ / _____.

⑪ 거짓말하지 마라 / 내가 / 여기 있는 채. _____ / _____ / _____.

⑫ 말하지 마라 / 그녀가 / 이 방 안에 있는 채. _____ / _____ / _____.

⑬ 떠나지 마라 / 이 방을 / 불들이 / 켜진 채. _____ / _____ / _____ / _____.

⑭ 만지지 마라 / 그의 컴퓨터를 / 그가 / 주위에 있는 채. _____ / _____ / _____ / _____.

⑮ 남겨두지 마라 / 너의 차를 / 너의 아기가 / 안에 있는 채. _____ / _____ / _____ / _____.

~가 …한 채 with 명사 + 형용사

COMPLETE SENTENCES 완성 문장낭독 훈련   이번에는 완성 문장을 잘 듣고 10회 이상 낭독 훈련해 보세요.

❶ 그녀는 잤어 / 그녀의 눈들이 / 떠진 채.
She slept / with her eyes / open.

❷ 그녀는 걸었어 / 그녀의 다리가 / 부러진 채.
She walked / with her leg / broken.

❸ 우리는 울었어 / 그가 / 보고 있는 채 / 우리를.
We cried / with him / looking / at us.

❹ 그 쇼는 시작했어 / 그들이 / 노래하고 있는 채.
The show began / with them / singing.

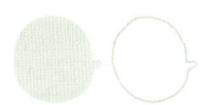

❺ 그는 웃었어 / 그의 입이 / 열린 채.
He laughed / with his mouth / open.

❻ 그는 운전했어 / 헤드라이트들이 / 꺼진 채.
He drove / with the headlights / off.

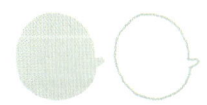

❼ 그는 잠갔어 / 그 금고를 / 그것이 / 비워진 채.
He locked / the safe / with it / empty.

⑧ 나는 키스했어 / 그녀에게 / 내 눈들이 / 감긴 채.
I kissed / her / with my eyes / closed.

⑨ 나는 떠났어 / 그 방을 / 그 컴퓨터가 / 켜진 채.
I left / the room / with the computer / on.

⑩ 나는 열었어 / 문을 / 차가 / 달리고 있는 채.
I opened / the door / with the car / running.

⑪ 거짓말하지 마라 / 내가 / 여기 있는 채.
Do not lie / with me / here.

⑫ 말하지 마라 / 그녀가 / 이 방 안에 있는 채.
Do not talk / with her / in this room.

⑬ 떠나지 마라 / 이 방을 / 불들이 / 켜진 채.
Do not leave / this room / with the lights / on.

⑭ 만지지 마라 / 그의 컴퓨터를 / 그가 / 주위에 있는 채.
Do not touch / his computer / with him / around.

⑮ 남겨두지 마라 / 너의 차를 / 너의 아기가 / 안에 있는 채.
Do not leave / your car / with your baby / inside.

~가 ...한 채 with 명사 + 형용사

스피드 입영작

한글 해석을 보고 0.5초 내로 한번에 입 영작하세요.

완성도 체크 100%

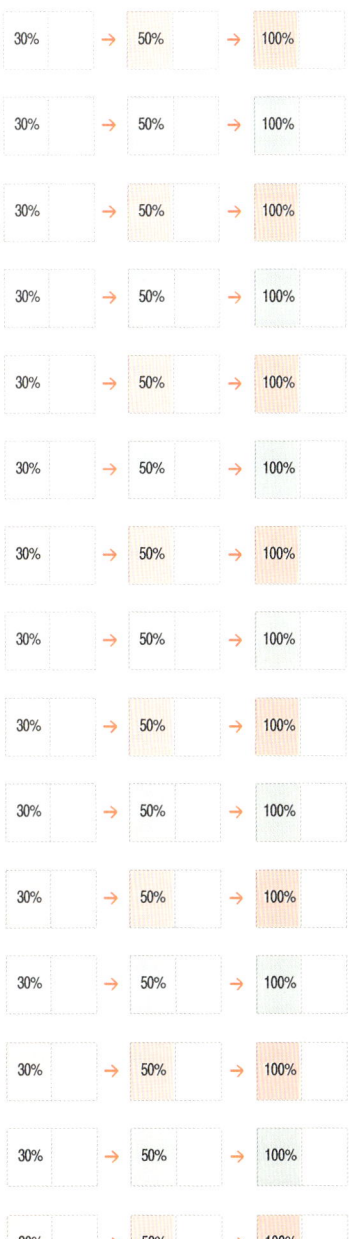

녹음하여 '완성 문장 낭독 훈련'과 비교하세요.

1. 그녀는 그녀의 눈들이 떠진 채 잤어. — 30% → 50% → 100%
2. 그녀는 그녀의 다리가 부러진 채 걸었어. — 30% → 50% → 100%
3. 우리는 그가 우리를 보고 있는 채 울었어. — 30% → 50% → 100%
4. 그 쇼는 그들이 노래하고 있는 채 시작했어. — 30% → 50% → 100%
5. 그는 그의 입이 열린 채 웃었어. — 30% → 50% → 100%
6. 그는 헤드라이트들이 꺼진 채 운전했어. — 30% → 50% → 100%
7. 그는 그것이 비워진 채 그 금고를 잠갔어. — 30% → 50% → 100%
8. 나는 내 눈들이 감긴 채 그녀에게 키스했어. — 30% → 50% → 100%
9. 나는 그 컴퓨터가 켜진 채 그 방을 떠났어. — 30% → 50% → 100%
10. 나는 차가 달리고 있는 채 문을 열었어. — 30% → 50% → 100%
11. 내가 여기 있는 채 거짓말하지 마라. — 30% → 50% → 100%
12. 그녀가 이 방 안에 있는 채 말하지 마라. — 30% → 50% → 100%
13. 불들이 켜진 채 이 방을 떠나지 마라. — 30% → 50% → 100%
14. 그가 주위에 있는 채 그의 컴퓨터를 만지지 마라. — 30% → 50% → 100%
15. 너의 차를 너의 아기가 안에 있는 채 남겨두지 마라. — 30% → 50% → 100%

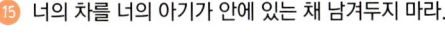

패턴 85 with 명사 + 형용사

53

~받아 / ~되어
be동사 + p.p.

 86_02

의미 단위 입 영작

이번에는 빈칸 부분을 채워서 말해 보세요.

① 나는 도움받아 + 그들에 의해. I am _____ by _____.

② 나는 사랑받아 + 내 여자 친구에 의해. I _____ _____ my girlfriend.

③ 이 자동차는 운전되었어 + 빠르게. This car _____ fast.

④ 이 전화기는 사용되었어 + 그들에 의해. This _____ was _____ _____ them.

⑤ 우리는 칭찬받았어 + Mrs. Janice에 의해. We _____ praised _____ Mrs. Janice.

⑥ 나는 맞지 않았어 + 그들에 의해. I _____ not _____ by them.

⑦ 이 컴퓨터는 고쳐지지 않았어 + 나에 의해. This computer _____ fixed _____ me.

⑧ 이 비행기들은 만들어지지 않았어 + 프랑스에서. These planes _____ not _____ in _____.

⑨ 내 아이스크림은 훔쳐지지 않았어 + 이 소년에 의해. My ice cream _____ by this _____.

⑩ 이 편지는 쓰여지지 않았어 + 내 여자 친구에 의해. This letter _____ _____ my girlfriend.

⑪ 그녀는 존경받을 거야 + 그들에 의해. She will be _____ by them.

⑫ 이 상자는 움직여질 거야 + 마술에 의해. This box _____ be _____ _____ magic.

⑬ 이 영화는 만들어질 거야 + 그녀에 의해. This movie _____ by _____.

⑭ 너는 비난받았니 + 그녀에 의해? Were you _____ by _____?

⑮ 그들은 도움받았니 + Mr. Kim에 의해 + 어제? _____ they _____ _____ Mr. Kim _____?

~받아/~되어 be동사+p.p.

어순입영작
어순대로 우리말 부분을 입으로 영작해 보세요.

① 나는 도움받아 / 그들에 의해. _____ / _____.

② 나는 사랑받아 / 내 여자 친구에 의해. _____ / _____.

③ 이 자동차는 운전되었어 / 빠르게. _____ / _____.

④ 이 전화기는 사용되었어 / 그들에 의해. _____ / _____.

⑤ 우리는 칭찬받았어 / Mrs. Janice에 의해. _____ / _____.

⑥ 나는 맞지 않았어 / 그들에 의해. _____ / _____.

⑦ 이 컴퓨터는 고쳐지지 않았어 / 나에 의해. _____ / _____.

⑧ 이 비행기들은 만들어지지 않았어 / 프랑스에서. _____ / _____.

⑨ 내 아이스크림은 훔쳐지지 않았어 / 이 소년에 의해. _____ / _____.

⑩ 이 편지는 쓰여지지 않았어 / 내 여자 친구에 의해. _____ / _____.

⑪ 그녀는 존경받을 거야 / 그들에 의해. _____ / _____.

⑫ 이 상자는 움직여질 거야 / 마술에 의해. _____ / _____.

⑬ 이 영화는 만들어질 거야 / 그녀에 의해. _____ / _____.

⑭ 너는 비난받았니 / 그녀에 의해? _____ / _____?

⑮ 그들은 도움받았니 / Mr. Kim에 의해 / 어제? _____ / _____ / _____?

패턴 86 be동사 + p.p.

COMPLETE SENTENCES

완성 문장 낭독 훈련

이번에는 완성 문장을 잘 듣고 10회 이상 낭독 훈련해 보세요.

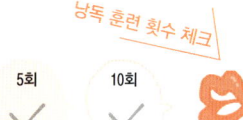

① 나는 도움받아 / 그들에 의해.
I am assisted / by them.

② 나는 사랑받아 / 내 여자 친구에 의해.
I am loved / by my girlfriend.

③ 이 자동차는 운전되었어 / 빠르게.
This car was driven / fast.

④ 이 전화기는 사용되었어 / 그들에 의해.
This phone was used / by them.

⑤ 우리는 칭찬받았어 / Mrs. Janice에 의해.
We were praised / by Mrs. Janice.

⑥ 나는 맞지 않았어 / 그들에 의해.
I was not hit / by them.

⑦ 이 컴퓨터는 고쳐지지 않았어 / 나에 의해.
This computer was not fixed / by me.

~받아/~되어 **be동사+p.p.**

8 이 비행기들은 만들어지지 않았어 / 프랑스에서.
These planes were not made / in France.

9 내 아이스크림은 훔쳐지지 않았어 / 이 소년에 의해.
My ice cream was not stolen / by this boy.

10 이 편지는 쓰여지지 않았어 / 내 여자 친구에 의해.
This letter was not written / by my girlfriend.

11 그녀는 존경받을 거야 / 그들에 의해.
She will be respected / by them.

12 이 상자는 움직여질 거야 / 마술에 의해.
This box will be moved / by magic.

13 이 영화는 만들어질 거야 / 그녀에 의해.
This movie will be made / by her.

14 너는 비난받았니 / 그녀에 의해?
Were you blamed / by her?

15 그들은 도움받았니 / Mr. Kim에 의해 / 어제?
Were they helped / by Mr. Kim / yesterday?

~받아/~되어 be동사+p.p.

스피드 입영작

한글 해석을 보고 0.5초 내로 한번에 입 영작하세요.

1. 나는 그들에 의해 도움받아.
2. 나는 내 여자 친구에 의해 사랑받아.
3. 이 자동차는 빠르게 운전되었어.
4. 이 전화기는 그들에 의해 사용되었어.
5. 우리는 Mrs. Janice에 의해 칭찬받았어.
6. 나는 그들에 의해 맞지 않았어.
7. 이 컴퓨터는 나에 의해 고쳐지지 않았어.
8. 이 비행기들은 프랑스에서 만들어지지 않았어.
9. 내 아이스크림은 이 소년에 의해 훔쳐지지 않았어.
10. 이 편지는 내 여자 친구에 의해 쓰여지지 않았어.
11. 그녀는 그들에 의해 존경받을 거야.
12. 이 상자는 마술에 의해 움직여질 거야.
13. 이 영화는 그녀에 의해 만들어질 거야.
14. 너는 그녀에 의해 비난받았니?
15. 그들은 어제 Mr. Kim에 의해 도움받았니?

패턴 87 ~을 ...되게 해 / 시켜
have something p.p.

 87_02

의미 단위 입 영작

이번에는 빈칸 부분을 채워서 말해 보세요.

1. 나는 내 전화기를 고치게 했어.
   I had _____ fixed.

2. 나는 내 재킷을 세탁되게 했어.
   I _____ my jacket _____.

3. 나는 이 벽을 칠해지게 했어.
   I had _____.

4. 나는 내 차를 검사되게 했어.
   I _____ my car _____.

5. 그는 그의 전화기를 충전되게 했어.
   He _____ his _____.

6. 그들은 그의 건물을 폭파되게 했어.
   They had _____.

7. 그녀는 이 서류들을 출력되게 했어.
   She _____ these _____ out.

8. 나는 이 방을 청소되게 하지 않았어.
   I did not _____ this room _____.

9. 우리는 이 보트를 점검되게 하지 않았어.
   We did _____ have this _____.

10. 그들은 그들의 시스템을 고치게 하지 않았어.
    They did _____ have _____.

11. Henry는 그의 셔츠를 다림질되게 하지 않았어.
    Henry did not _____ his shirt _____.

12. 너는 너의 머리카락을 잘라지게 했니?
    _____ you _____ your hair _____?

13. 너는 너의 라디오를 고치게 했니?
    Did you have _____?

14. 너는 이 가방을 옮겨지게 했니?
    _____ this bag _____?

15. 그녀는 그녀의 블라우스를 다림질되게 했니 + 오늘?
    Did _____ her _____ today?

패턴 87 have something p.p.

어순 입영작

어순대로 우리말 부분을 입으로 영작해 보세요.

1. 나는 내 전화기를 고쳐지게 했어. _____.

2. 나는 내 재킷을 세탁되게 했어. _____.

3. 나는 이 벽을 칠해지게 했어. _____.

4. 나는 내 차를 검사되게 했어. _____.

5. 그는 그의 전화기를 충전되게 했어. _____.

6. 그들은 그의 건물을 폭파되게 했어. _____.

7. 그녀는 이 서류들을 출력되게 했어. _____.

8. 나는 이 방을 청소되게 하지 않았어. _____.

9. 우리는 이 보트를 점검되게 하지 않았어. _____.

10. 그들은 그들의 시스템을 고쳐지게 하지 않았어. _____.

11. Henry는 그의 셔츠를 다림질되게 하지 않았어. _____.

12. 너는 너의 머리카락을 잘라지게 했니? _____?

13. 너는 너의 라디오를 고쳐지게 했니? _____?

14. 너는 이 가방을 옮겨지게 했니? _____?

15. 그녀는 그녀의 블라우스를 다림질되게 했니 / 오늘? _____ / _____?

~을 …되게 해 / 시켜 **have something p.p.**

COMPLETE SENTENCES 완성 문장 낭독 훈련 이번에는 완성 문장을 잘 듣고 10회 이상 낭독 훈련해 보세요.

낭독 훈련 횟수 체크

❶ 나는 내 전화기를 고쳐지게 했어.
I had my phone fixed.

❷ 나는 내 재킷을 세탁되게 했어.
I had my jacket washed.

❸ 나는 이 벽을 칠해지게 했어.
I had this wall painted.

❹ 나는 내 차를 검사되게 했어.
I had my car inspected.

❺ 그는 그의 전화기를 충전되게 했어.
He had his phone charged.

❻ 그들은 그의 건물을 폭파되게 했어.
They had his building exploded.

❼ 그녀는 이 서류들을 출력되게 했어.
She had these documents printed out.

패턴 ⑧⑦ have something p.p.

⑧ 나는 이 방을 청소되게 하지 않았어.
I did not have this room cleaned.

⑨ 우리는 이 보트를 점검되게 하지 않았어.
We did not have this boat checked.

⑩ 그들은 그들의 시스템을 고쳐지게 하지 않았어.
They did not have their system mended.

⑪ Henry는 그의 셔츠를 다림질되게 하지 않았어.
Henry did not have his shirt pressed.

⑫ 너는 너의 머리카락을 잘라지게 했니?
Did you have your hair cut?

⑬ 너는 너의 라디오를 고쳐지게 했니?
Did you have your radio fixed?

⑭ 너는 이 가방을 옮겨지게 했니?
Did you have this bag moved?

⑮ 그녀는 그녀의 블라우스를 다림질되게 했니 / 오늘?
Did she have her blouse ironed / today?

~을 …되게 해 / 시켜 **have something p.p.**

스피드 입 영작

한글 해석을 보고 0.5초 내로 한번에 입 영작하세요.

완성도 체크 100%

1. 나는 내 전화기를 고쳐지게 했어.
2. 나는 내 재킷을 세탁되게 했어.
3. 나는 이 벽을 칠해지게 했어.
4. 나는 내 차를 검사되게 했어.
5. 그는 그의 전화기를 충전되게 했어.
6. 그들은 그의 건물을 폭파되게 했어.
7. 그녀는 이 서류들을 출력되게 했어.
8. 나는 이 방을 청소되게 하지 않았어.
9. 우리는 이 보트를 점검되게 하지 않았어.
10. 그들은 그들의 시스템을 고쳐지게 하지 않았어.
11. Henry는 그의 셔츠를 다림질되게 하지 않았어.
12. 너는 너의 머리카락을 잘라지게 했니?
13. 너는 너의 라디오를 고쳐지게 했니?
14. 너는 이 가방을 옮겨지게 했니?
15. 그녀는 오늘 그녀의 블라우스를 다림질되게 했니?

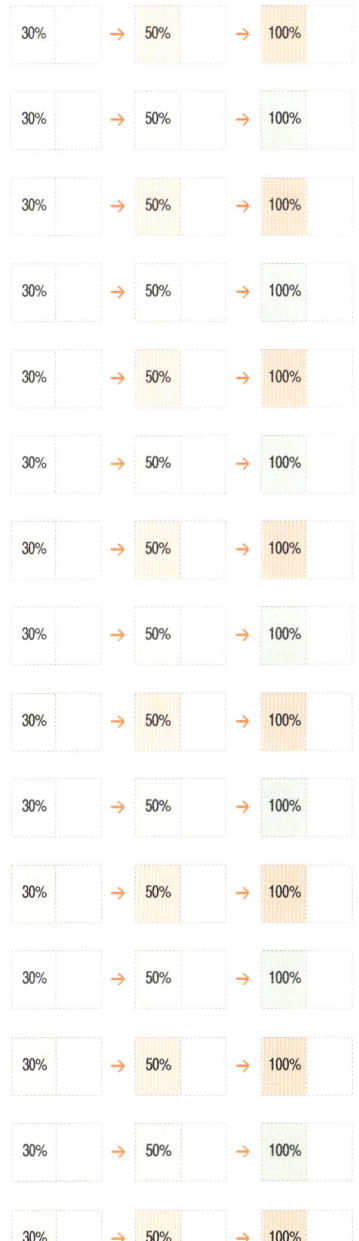

패턴 ㉘ have something p.p.

패턴 88 : A뿐만 아니라 B도 — not only A but also B

의미 단위 입 영작
이번에는 빈칸 부분을 채워서 말해 보세요.

1. 나는 + 목마를 뿐만 아니라 + 배고프기도 해. → I _____ not only _____ but also _____.

2. 나는 좋아해 + 개들뿐만 아니라 + 고양이들도. → I _____ not only _____ but also _____.

3. 나는 공부해 + 일본어뿐만 아니라 + 프랑스어도. → I _____ _____ Japanese _____ French.

4. 그녀는 + 똑똑할 뿐만 아니라 + 귀엽기도 해. → She is not only _____ but also _____.

5. 그는 사랑해 + 그의 어머니뿐만 아니라 + 그의 아버지도. → He _____ _____ his mother but also _____.

6. 나는 + 행복할 뿐만 아니라 + 웃기도 해 + 많이. → I not only _____ but also _____ a lot.

7. 나는 + 가지고 있을 뿐만 아니라 + 컴퓨터를 + 사용하기도 해 + 그것을. → I not only _____ a computer but also _____ it.

8. 그녀는 + 가지고 있을 뿐만 아니라 + 자동차를 + 부유하기도 해. → She _____ a car but also is _____.

9. 그녀는 + 날씬할 뿐만 아니라 + 운동도 해 + 매일. → She not only is _____ but also _____ _____.

10. 나는 + 노래했을 뿐만 아니라 + 춤도 췄어. → I _____ but also _____.

11. 나는 노래했어 + 크게뿐만 아니라 + 깊게도. → I _____ not only _____ _____ deeply.

12. 나는 달렸어 + 어제뿐만 아니라 + 오늘도. → I ran not only _____ but also _____.

13. 우리는 걸었어 + 느리게뿐만 아니라 + 빠르게도. → We _____ _____ but also fast.

14. 그들은 노래했어 + 거기에서뿐만 아니라 + 이 교실 안에서도. → They _____ _____ there but also _____ this _____.

15. 그들은 살았어 + 행복하게뿐만 아니라 + 평화롭게도. → They _____ not only _____ but also peacefully.

A뿐만 아니라 B도 not only A but also B

어순 입영작
어순대로 우리말 부분을 입으로 영작해 보세요.

① 나는 / 목마를 뿐만 아니라 / 배고프기도 해. _____ / _____ / _____.

② 나는 좋아해 / 개들뿐만 아니라 / 고양이들도. _____ / _____ / _____.

③ 나는 공부해 / 일본어뿐만 아니라 / 프랑스어도. _____ / _____ / _____.

④ 그녀는 / 똑똑할 뿐만 아니라 / 귀엽기도 해. _____ / _____ / _____.

⑤ 그는 사랑해 / 그의 어머니뿐만 아니라 / 그의 아버지도. _____ / _____ / _____.

⑥ 나는 / 행복할 뿐만 아니라 / 웃기도 해 / 많이. _____ / _____ / _____ / _____.

⑦ 나는 / 가지고 있을 뿐만 아니라 / 컴퓨터를 / 사용하기도 해 / 그것을. _____ / _____ / _____ / _____ / _____.

⑧ 그녀는 / 가지고 있을 뿐만 아니라 / 자동차를 / 부유하기도 해. _____ / _____ / _____ / _____.

⑨ 그녀는 / 날씬할 뿐만 아니라 / 운동도 해 / 매일. _____ / _____ / _____ / _____.

⑩ 나는 / 노래했을 뿐만 아니라 / 춤도 췄어. _____ / _____ / _____.

⑪ 나는 노래했어 / 크게뿐만 아니라 / 깊게도. _____ / _____ / _____.

⑫ 나는 달렸어 / 어제뿐만 아니라 / 오늘도. _____ / _____ / _____.

⑬ 우리는 걸었어 + 느리게뿐만 아니라 + 빠르게도. _____ / _____ / _____.

⑭ 그들은 노래했어 + 거기에서뿐만 아니라 + 이 교실 안에서도. _____ / _____ / _____.

⑮ 그들은 살았어 / 행복하게뿐만 아니라 / 평화롭게도. _____ / _____ / _____.

MP3 88_03

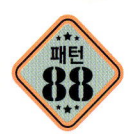

COMPLETE SENTENCES

완성 문장 낭독 훈련

이번에는 완성 문장을 잘 듣고
10회 이상 낭독 훈련해 보세요

낭독 훈련 횟수 체크

5회 10회

1 나는 / 목마를 뿐만 아니라 / 배고프기도 해.
I am / not only thirsty / but also hungry.

2 나는 좋아해 / 개들뿐만 아니라 / 고양이들도.
I like / not only dogs / but also cats.

3 나는 공부해 / 일본어뿐만 아니라 / 프랑스어도.
I study / not only Japanese / but also French.

4 그녀는 / 똑똑할 뿐만 아니라 / 귀엽기도 해.
She is / not only smart / but also cute.

5 그는 사랑해 / 그의 어머니뿐만 아니라 / 그의 아버지도.
He loves / not only his mother / but also his father.

6 나는 / 행복할 뿐만 아니라 / 웃기도 해 / 많이.
I / not only am happy / but also laugh / a lot.

7 나는 / 가지고 있을 뿐만 아니라 / 컴퓨터를 / 사용하기도 해 / 그것을.
I / not only have / a computer / but also use / it.

A뿐만 아니라 B도 not only A but also B

8 그녀는 / 가지고 있을 뿐만 아니라 / 자동차를 / 부유하기도 해.
She / not only has / a car / but also is rich.

9 그녀는 / 날씬할 뿐만 아니라 / 운동도 해 / 매일.
She / not only is slim / but also exercises / every day.

10 나는 / 노래했을 뿐만 아니라 / 춤도 췄어.
I / not only sang / but also danced.

11 나는 노래했어 / 크게뿐만 아니라 / 깊게도.
I sang / not only loudly / but also deeply.

12 나는 달렸어 / 어제뿐만 아니라 / 오늘도.
I ran / not only yesterday / but also today.

13 우리는 걸었어 / 느리게뿐만 아니라 / 빠르게도.
We walked / not only slowly / but also fast.

14 그들은 노래했어 / 거기에서뿐만 아니라 / 이 교실 안에서도.
They sang / not only there / but also in this classroom.

15 그들은 살았어 / 행복하게뿐만 아니라 / 평화롭게도.
They lived / not only happily / but also peacefully.

A뿐만 아니라 B도 not only A but also B

스피드 입영작
한글 해석을 보고 0.5초 내로 한번에 입 영작하세요.

완성도 체크 100%

1. 나는 목마를 뿐만 아니라 배고프기도 해. — 30% → 50% → 100%
2. 나는 개들뿐만 아니라 고양이들도 좋아해. — 30% → 50% → 100%
3. 나는 일본어뿐만 아니라 프랑스어도 공부해. — 30% → 50% → 100%
4. 그녀는 똑똑할 뿐만 아니라 귀엽기도 해. — 30% → 50% → 100%
5. 그는 그의 어머니뿐만 아니라 그의 아버지도 사랑해. — 30% → 50% → 100%
6. 나는 행복할 뿐만 아니라 많이 웃기도 해. — 30% → 50% → 100%
7. 나는 컴퓨터를 가지고 있을 뿐만 아니라 그것을 사용하기도 해. — 30% → 50% → 100%
8. 그녀는 자동차를 가지고 있을 뿐만 아니라 부유하기도 해. — 30% → 50% → 100%
9. 그녀는 날씬할 뿐만 아니라 매일 운동도 해. — 30% → 50% → 100%
10. 나는 노래했을 뿐만 아니라 춤도 췄어. — 30% → 50% → 100%
11. 나는 크게뿐만 아니라 깊게도 노래했어. — 30% → 50% → 100%
12. 나는 어제뿐만 아니라 오늘도 달렸어. — 30% → 50% → 100%
13. 우리는 느리게뿐만 아니라 빠르게도 걸었어. — 30% → 50% → 100%
14. 그들은 거기에서뿐만 아니라 이 교실 안에서도 노래했어. — 30% → 50% → 100%
15. 그들은 행복하게뿐만 아니라 평화롭게도 살았어. — 30% → 50% → 100%

녹음하여 '완성 문장 낭독 훈련'과 비교하세요.

패턴 89 ~할수록 더 …해
the 비교급, the 비교급

의미 단위 입 영작

이번에는 빈칸 부분을 채워서 말해 보세요.

① 내가 더 먹을수록, + 나는 더 뚱뚱해졌어.
　_____ I ate, _____ I got.

② 내가 더 빨리 읽을수록, + 나는 더 똑똑해졌어.
　_____ I _____, _____ I got.

③ 내가 더 느리게 걸을수록, + 나는 더 편해졌어.
　_____ I _____, _____ I got.

④ 내가 더 열심히 일할수록, + 나는 더 많은 돈을 벌었어.
　_____ I _____, _____ money I _____.

⑤ 내가 더 빠르게 뛸수록, + 나는 더 많은 칼로리들을 태웠어.
　_____ I _____, _____ I burned.

⑥ 내가 더 울수록, + 그녀는 더 화가 났어.
　_____ I cried, _____ she got.

⑦ 내가 더 오래 머물수록, + 나는 더 지불할 거야.
　_____ I _____, _____ I will pay.

⑧ 네가 더 웃을수록, + 너는 더 건강해질 거야.
　The _____ you _____, the _____ you will get.

⑨ 네가 더 열심히 운동할수록, + 너는 더 가벼워질 거야.
　_____ you _____, _____ you will get.

⑩ 네가 더 열심히 춤출수록, + 너는 더 행복해질 거야.
　_____ you _____, _____ you will get.

⑪ 네가 더 불평할수록, + 너는 더 슬퍼질 거야.
　_____ you _____, _____ you will get.

⑫ 네가 덜 마실수록, + 너는 덜 피곤해질 거야.
　_____ you _____, _____ you will get.

⑬ 네가 더 예쁠수록, + 너는 더 인기 많아질 거야.
　_____ you are, _____ you will get.

⑭ 네가 더 웃길수록, + 너는 더 많은 돈을 벌 거야.
　_____ you are, _____ you will get.

⑮ 네가 더 많은 돈을 벌수록, + 너는 더 행복해질 거야.
　_____ money you make, _____ you will get.

어순 입영작

어순대로 우리말 부분을 입으로 영작해 보세요.

① 내가 더 먹을수록, / 나는 더 뚱뚱해졌어. _____, / _____.

② 내가 더 빨리 읽을수록, / 나는 더 똑똑해졌어. _____, / _____.

③ 내가 더 느리게 걸을수록, / 나는 더 편해졌어. _____, / _____.

④ 내가 더 열심히 일할수록, / 나는 더 많은 돈을 벌었어. _____, / _____.

⑤ 내가 더 빠르게 뛸수록, / 나는 더 많은 칼로리들을 태웠어. _____, / _____.

⑥ 내가 더 울수록, / 그녀는 더 화가 났어. _____, / _____.

⑦ 내가 더 오래 머물수록, / 나는 더 지불할 거야. _____, / _____.

⑧ 네가 더 웃을수록, / 너는 더 건강해질 거야. _____, / _____.

⑨ 네가 더 열심히 운동할수록, / 너는 더 가벼워질 거야. _____, / _____.

⑩ 네가 더 열심히 춤출수록, / 너는 더 행복해질 거야. _____, / _____.

⑪ 네가 더 불평할수록, / 너는 더 슬퍼질 거야. _____, / _____.

⑫ 네가 덜 마실수록, / 너는 덜 피곤해질 거야. _____, / _____.

⑬ 네가 더 예쁠수록, / 너는 더 인기 많아질 거야. _____, / _____.

⑭ 네가 더 웃길수록, / 너는 더 많은 돈을 벌 거야. _____, / _____.

⑮ 네가 더 많은 돈을 벌수록, / 너는 더 행복해질 거야. _____, / _____.

~할수록 더 …해 **the 비교급, the 비교급**

COMPLETE SENTENCES
완성 문장낭독 훈련

이번에는 완성 문장을 잘 듣고 10회 이상 낭독 훈련해 보세요.

❶ 내가 더 먹을수록, / 나는 더 뚱뚱해졌어.
The more I ate, / the fatter I got.

❷ 내가 더 빨리 읽을수록, / 나는 더 똑똑해졌어.
The faster I read, / the smarter I got.

❸ 내가 더 느리게 걸을수록, / 나는 더 편해졌어.
The slower I walked, / the more comfortable I got.

❹ 내가 더 열심히 일할수록, / 나는 더 많은 돈을 벌었어.
The harder I worked, / the more money I made.

❺ 내가 더 빠르게 뛸수록, / 나는 더 많은 칼로리들을 태웠어.
The faster I ran, / the more calories I burned.

❻ 내가 더 울수록, / 그녀는 더 화가 났어.
The more I cried, / the angrier she got.

❼ 내가 더 오래 머물수록, / 나는 더 지불할 거야.
The longer I stay, / the more I will pay.

⑧ 네가 더 웃을수록, / 너는 더 건강해질 거야.
The more you laugh, / the healthier you will get.

⑨ 네가 더 열심히 운동할수록, / 너는 더 가벼워질 거야.
The harder you exercise, / the lighter you will get.

⑩ 네가 더 열심히 춤출수록, / 너는 더 행복해질 거야.
The harder you dance, / the happier you will get.

⑪ 네가 더 불평할수록, / 너는 더 슬퍼질 거야.
The more you complain, / the sadder you will get.

⑫ 네가 덜 마실수록, / 너는 덜 피곤해질 거야.
The less you drink, / the less tired you will get.

⑬ 네가 더 예쁠수록, / 너는 더 인기 많아질 거야.
The prettier you are, the more popular you will get.

⑭ 네가 더 웃길수록, / 너는 더 많은 돈을 벌 거야.
The funnier you are, / the more money you will get.

⑮ 네가 더 많은 돈을 벌수록, / 너는 더 행복해질 거야.
The more money you make, / the happier you will get.

~할수록 더 …해 **the 비교급, the 비교급**

스피드 입 영작
한글 해석을 보고 0.5초 내로 한번에 입 영작하세요.

완성도 체크 100%

1. 내가 더 먹을수록, 나는 더 뚱뚱해졌어.
2. 내가 더 빨리 읽을수록, 나는 더 똑똑해졌어.
3. 내가 더 느리게 걸을수록, 나는 더 편해졌어.
4. 내가 더 열심히 일할수록, 나는 더 많은 돈을 벌었어.
5. 내가 더 빠르게 뛸수록, 나는 더 많은 칼로리들을 태웠어.
6. 내가 더 울수록, 그녀는 더 화가 났어.
7. 내가 더 오래 머물수록, 나는 더 지불할 거야.
8. 네가 더 웃을수록, 너는 더 건강해질 거야.
9. 네가 더 열심히 운동할수록, 너는 더 가벼워질 거야.
10. 네가 더 열심히 춤출수록, 너는 더 행복해질 거야.
11. 네가 더 불평할수록, 너는 더 슬퍼질 거야.
12. 네가 덜 마실수록, 너는 덜 피곤해질 거야.
13. 네가 더 예쁠수록, 너는 더 인기 많아질 거야.
14. 네가 더 웃길수록, 너는 더 많은 돈을 벌 거야.
15. 네가 더 많은 돈을 벌수록, 너는 더 행복해질 거야.

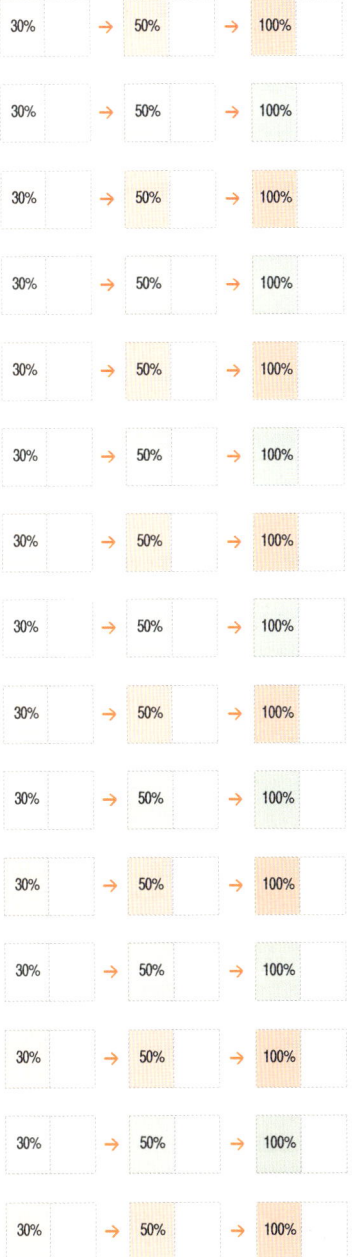

녹음하여 '완성 문장 낭독 훈련'과 비교하세요.

패턴 90

~하기로 되어 있어
be supposed to (평서문)

의미 단위 입영작

이번에는 빈칸 부분을 채워서 말해 보세요.

① 나는 일하기로 되어 있어 + 그를 위해 + 내일. I am supposed to _____ _____ him _____.

② 나는 도와주기로 되어 있어 + 그 신입 직원들을. I _____ help the _____.

③ 그녀는 오기로 되어 있어 + 이 수업에 + 오늘. She _____ supposed _____ _____ this _____ today.

④ 그는 죽기로 되어 있었어 + 이 장면에서. He was supposed _____ _____ in this _____.

⑤ 나는 방문하기로 되어 있었어 + 미국을 + 작년에. I _____ supposed to _____ America _____ year.

⑥ 나는 전화하기로 되어 있었어 + 나의 상사에게 + 두 시에. I was supposed to _____ my _____ _____ 2.

⑦ 너는 제출하기로 되어 있었어 + 너의 리포트를 + 나에게. You _____ supposed to _____ your _____ _____ me.

⑧ 우리는 뛰지 않기로 되어 있어 + 이 도서관 안에서. We _____ supposed to _____ in this _____.

⑨ 너는 흡연하지 않기로 되어 있어 + 일주일 동안. You _____ supposed to _____ _____ a week.

⑩ 그는 만지지 않기로 되어 있어 + 이 기계를. He _____ supposed to _____ this _____.

⑪ 그녀는 입지 않기로 되어 있어 + 미니스커트를 + 여기에서. She _____ supposed to _____ a _____ here.

⑫ 그들은 오지 않기로 되어 있었어 + 여기에. They were _____ to _____ here.

⑬ 나는 마시지 않기로 되어 있었어 + 물을 + 이틀 동안. I _____ supposed to _____ _____ _____ two days.

⑭ 그녀는 방해하지 않기로 되어 있었어 + 그 운전기사를. She _____ supposed to _____ the _____.

⑮ 그것은 벌어지지 않기로 되어 있었어 + 전혀. It _____ supposed to _____ _____.

~하기로 되어 있어 be supposed to (평서문)

어순 입 영작
어순대로 우리말 부분을 입으로 영작해 보세요.

1. 나는 일하기로 되어 있어 / 그를 위해 / 내일. _____ / _____ / _____.

2. 나는 도와주기로 되어 있어 / 그 신입 직원들을. _____ / _____.

3. 그녀는 오기로 되어 있어 / 이 수업에 / 오늘. _____ / _____ / _____.

4. 그는 죽기로 되어 있었어 / 이 장면에서. _____ / _____.

5. 나는 방문하기로 되어 있었어 / 미국을 / 작년에. _____ / _____ / _____.

6. 나는 전화하기로 되어 있었어 / 나의 상사에게 / 두 시에. _____ / _____ / _____.

7. 너는 제출하기로 되어 있었어 / 너의 리포트를 / 나에게. _____ / _____ / _____.

8. 우리는 뛰지 않기로 되어 있어 / 이 도서관 안에서. _____ / _____.

9. 너는 흡연하지 않기로 되어 있어 / 일주일 동안. _____ / _____.

10. 그는 만지지 않기로 되어 있어 / 이 기계를. _____ / _____.

11. 그녀는 입지 않기로 되어 있어 / 미니스커트를 / 여기에서. _____ / _____ / _____.

12. 그들은 오지 않기로 되어 있었어 / 여기에. _____ / _____.

13. 나는 마시지 않기로 되어 있었어 / 물을 / 이틀 동안. _____ / _____ / _____.

14. 그녀는 방해하지 않기로 되어 있었어 / 그 운전기사를. _____ / _____.

15. 그것은 벌어지지 않기로 되어 있었어 / 전혀. _____ / _____.

패턴 90 be supposed to (평서문)

패턴 90

MP3 90_03

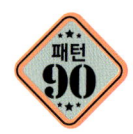

COMPLETE SENTENCES

완성 문장 낭독 훈련

이번에는 완성 문장을 잘 듣고 10회 이상 낭독 훈련해 보세요.

낭독 훈련 횟수 체크

5회 10회

1. 나는 일하기로 되어 있어 / 그를 위해 / 내일.
I am supposed to work / for him / tomorrow.

2. 나는 도와주기로 되어 있어 / 그 신입 직원들을.
I am supposed to help / the new employees.

3. 그녀는 오기로 되어 있어 / 이 수업에 / 오늘.
She is supposed to come / to this class / today.

4. 그는 죽기로 되어 있었어 / 이 장면에서.
He was supposed to die / in this scene.

5. 나는 방문하기로 되어 있었어 / 미국을 / 작년에.
I was supposed to visit / America / last year.

6. 나는 전화하기로 되어 있었어 / 나의 상사에게 / 두 시에.
I was supposed to call / my boss / at 2.

7. 너는 제출하기로 되어 있었어 / 너의 리포트를 / 나에게.
You were supposed to submit / your report / to me.

~하기로 되어 있어 be supposed to (평서문)

⑧ 우리는 뛰지 않기로 되어 있어 / 이 도서관 안에서.
We are not supposed to run / **in this library.**

⑨ 너는 흡연하지 않기로 되어 있어 / 일주일 동안.
You are not supposed to smoke / **for a week.**

⑩ 그는 만지지 않기로 되어 있어 / 이 기계를.
He is not supposed to touch / **this machine.**

⑪ 그녀는 입지 않기로 되어 있어 / 미니스커트를 / 여기에서.
She is not supposed to wear / **a miniskirt** / **here.**

⑫ 그들은 오지 않기로 되어 있었어 / 여기에.
They were not supposed to come / **here.**

⑬ 나는 마시지 않기로 되어 있었어 / 물을 / 이틀 동안.
I was not supposed to drink / **water** / **for two days.**

⑭ 그녀는 방해하지 않기로 되어 있었어 / 그 운전기사를.
She was not supposed to interrupt / **the driver.**

⑮ 그것은 벌어지지 않기로 되어 있었어 / 전혀.
It was not supposed to happen / **at all.**

패턴 90 ~하기로 되어 있어 be supposed to (평서문)

스피드 입영작
한글 해석을 보고 0.5초 내로 한번에 입 영작하세요.

완성도 체크 100%

1. 나는 내일 그를 위해 일하기로 되어 있어.
2. 나는 그 신입 직원들을 도와주기로 되어 있어.
3. 그녀는 오늘 이 수업에 오기로 되어 있어.
4. 그는 이 장면에서 죽기로 되어 있었어.
5. 나는 작년에 미국을 방문하기로 되어 있었어.
6. 나는 나의 상사에게 두 시에 전화하기로 되어 있었어.
7. 너는 너의 리포트를 나에게 제출하기로 되어 있었어.
8. 우리는 이 도서관 안에서 뛰지 않기로 되어 있어.
9. 너는 일주일 동안 흡연하지 않기로 되어 있어.
10. 그는 이 기계를 만지지 않기로 되어 있어.
11. 그녀는 여기에서 미니스커트를 입지 않기로 되어 있어.
12. 그들은 여기에 오지 않기로 되어 있었어.
13. 나는 이틀 동안 물을 마시지 않기로 되어 있었어.
14. 그녀는 그 운전기사를 방해하지 않기로 되어 있었어.
15. 그것은 전혀 벌어지지 않기로 되어 있었어.

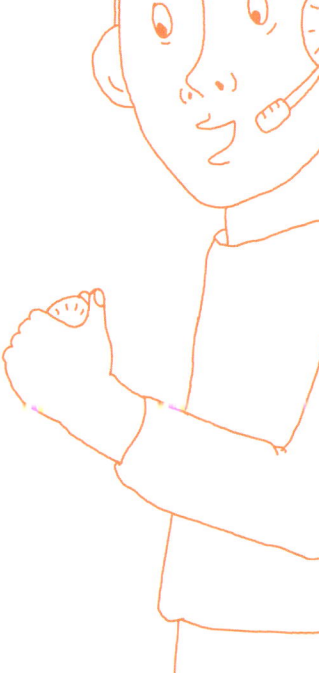

녹음하여 '완성 문장 낭독 훈련'과 비교하세요.

패턴 91

~하기로 되어 있니?
be supposed to (의문문)

의미 단위 입 영작

이번에는 빈칸 부분을 채워서 말해 보세요.

① 내가 일하기로 되어 있니 + 그를 위해 + 내일? → Am I supposed to _____ _____ him _____?

② 내가 도와주기로 되어 있니 + 그 신입 직원들을? → _____ I _____ help the _____?

③ 그녀가 오기로 되어 있니 + 이 수업에 + 오늘? → _____ she supposed _____ _____ this _____ today?

④ 그가 죽기로 되어 있었니 + 이 장면에서? → Was he _____ to _____ in this _____?

⑤ 내가 방문하기로 되어 있었니 + 미국을 + 작년에? → _____ I supposed to _____ America _____ year?

⑥ 내가 전화하기로 되어 있었니 + 나의 상사에게 + 두 시에? → Was I supposed to _____ my _____ _____ 2?

⑦ 네가 제출하기로 되어 있었니 + 너의 리포트를 + 나에게? → _____ you supposed to _____ your _____ _____ me?

⑧ 우리는 뛰지 않기로 되어 있니 + 이 도서관 안에서? → _____ we _____ supposed to _____ in this _____?

⑨ 너는 흡연하지 않기로 되어 있니 + 일주일 동안? → _____ you _____ supposed to _____ _____ a week?

⑩ 그는 만지지 않기로 되어 있니 + 이 기계를? → _____ he _____ supposed to _____ this _____?

⑪ 그녀는 입지 않기로 되어 있니 + 미니스커트를 + 여기에서? → _____ she _____ supposed to _____ a _____ here?

⑫ 그들은 오지 않기로 되어 있었니 + 여기에? → Were they _____ supposed to _____ here?

⑬ 나는 마시지 않기로 되어 있었니 + 물을 + 이틀 동안? → _____ I _____ supposed to _____ _____ _____ two days?

⑭ 그녀는 방해하지 않기로 되어 있었니 + 그 운전기사를? → _____ she _____ supposed to _____ the _____?

⑮ 그것은 벌어지지 않기로 되어 있었니 + 전혀? → _____ it _____ supposed to _____ _____?

패턴 ⑨⓪ be supposed to (의문문)   79

어순 입영작
어순대로 우리말 부분을 입으로 영작해 보세요.

① 내가 일하기로 되어 있니 / 그를 위해 / 내일? _____ / _____ / _____?

② 내가 도와주기로 되어 있니 / 그 신입 직원들을? _____ / _____?

③ 그녀가 오기로 되어 있니 / 이 수업에 / 오늘? _____ / _____ / _____?

④ 그가 죽기로 되어 있었니 / 이 장면에서? _____ / _____?

⑤ 내가 방문하기로 되어 있었니 / 미국을 / 작년에? _____ / _____ / _____?

⑥ 내가 전화하기로 되어 있었니 / 나의 상사에게 / 두 시에? _____ / _____ / _____?

⑦ 네가 제출하기로 되어 있었니 / 너의 리포트를 / 나에게? _____ / _____ / _____?

⑧ 우리는 뛰지 않기로 되어 있니 / 이 도서관 안에서? _____ / _____?

⑨ 너는 흡연하지 않기로 되어 있니 / 일주일 동안? _____ / _____?

⑩ 그는 만지지 않기로 되어 있니 / 이 기계를? _____ / _____?

⑪ 그녀는 입지 않기로 되어 있니 / 미니스커트를 / 여기에서? _____ / _____ / _____?

⑫ 그들은 오지 않기로 되어 있었니 / 여기에? _____ / _____?

⑬ 나는 마시지 않기로 되어 있었니 / 물을 / 이틀 동안? _____ / _____ / _____?

⑭ 그녀는 방해하지 않기로 되어 있었니 / 그 운전기사를? _____ / _____?

⑮ 그것은 벌어지지 않기로 되어 있었니 / 전혀? _____ / _____?

~하기로 되어 있니? be supposed to (의문문)

COMPLETE SENTENCES 완성 문장 낭독 훈련

이번에는 완성 문장을 잘 듣고 10회 이상 낭독 훈련해 보세요.

① 내가 일하기로 되어 있니 / 그를 위해 / 내일?
Am I supposed to work / for him / tomorrow?

② 내가 도와주기로 되어 있니 / 그 신입 직원들을?
Am I supposed to help / the new employees?

③ 그녀가 오기로 되어 있니 / 이 수업에 / 오늘?
Is she supposed to come / to this class / today?

④ 그가 죽기로 되어 있었니 / 이 장면에서?
Was he supposed to die / in this scene?

⑤ 내가 방문하기로 되어 있었니 / 미국을 / 작년에?
Was I supposed to visit / America / last year?

⑥ 내가 전화하기로 되어 있었니 / 나의 상사에게 / 두 시에?
Was I supposed to call / my boss / at 2?

⑦ 네가 제출하기로 되어 있었니 / 너의 리포트를 / 나에게?
Were you supposed to submit / your report / to me?

⑧ 우리는 뛰지 않기로 되어 있니 / 이 도서관 안에서?
Are we not supposed to run / in this library?

⑨ 너는 흡연하지 않기로 되어 있니 / 일주일 동안?
Are you not supposed to smoke / for a week?

⑩ 그는 만지지 않기로 되어 있니 / 이 기계를?
Is he not supposed to touch / this machine?

⑪ 그녀는 입지 않기로 되어 있니 / 미니스커트를 / 여기에서?
Is she not supposed to wear / a miniskirt / here?

⑫ 그들은 오지 않기로 되어 있었니 / 여기에?
Were they not supposed to come / here?

⑬ 나는 마시지 않기로 되어 있었니 / 물을 / 이틀 동안?
Was I not supposed to drink / water / for two days?

⑭ 그녀는 방해하지 않기로 되어 있었니 / 그 운전기사를?
Was she not supposed to interrupt / the driver?

⑮ 그것은 벌어지지 않기로 되어 있었니 / 전혀?
Was it not supposed to happen / at all?

~하기로 되어 있니? be supposed to (의문문)

스피드 입영작
한글 해석을 보고 0.5초 내로 한번에 입 영작하세요.

완성도 체크 100%

1. 내가 내일 그를 위해 일하기로 되어 있니?
2. 내가 그 신입 직원들을 도와주기로 되어 있니?
3. 그녀가 오늘 이 수업에 오기로 되어 있니?
4. 그가 이 장면에서 죽기로 되어 있었니?
5. 내가 작년에 미국을 방문하기로 되어 있었니?
6. 내가 나의 상사에게 두 시에 전화하기로 되어 있었니?
7. 네가 너의 리포트를 나에게 제출하기로 되어 있었니?
8. 우리는 이 도서관 안에서 뛰지 않기로 되어 있니?
9. 너는 일주일 동안 흡연하지 않기로 되어 있니?
10. 그는 이 기계를 만지지 않기로 되어 있니?
11. 그녀는 여기에서 미니스커트를 입지 않기로 되어 있니?
12. 그들은 여기에 오지 않기로 되어 있었니?
13. 나는 이틀 동안 물을 마시지 않기로 되어 있었니?
14. 그녀는 그 운전기사를 방해하지 않기로 되어 있었니?
15. 그것은 전혀 벌어지지 않기로 되어 있었니?

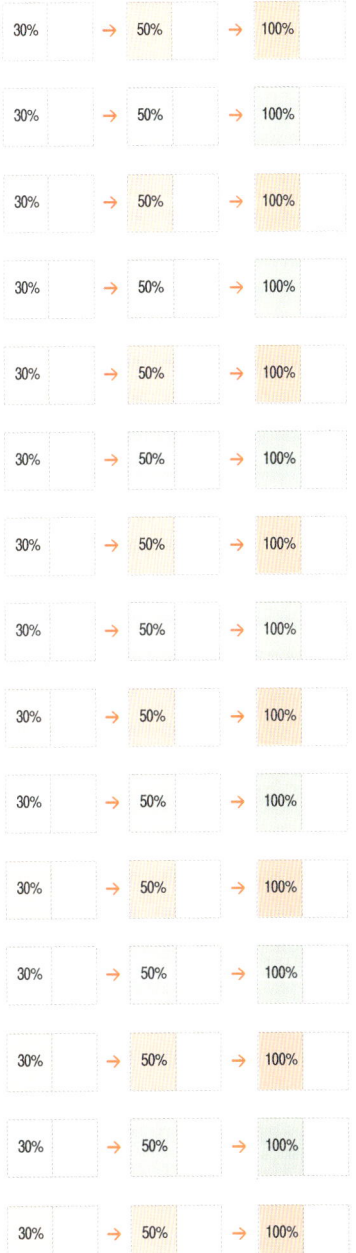

패턴 90 be supposed to (의문문)

패턴 92

~라면, ...할 수 있을 텐데
If I were ~, I could....

의미 단위 입 영작

이번에는 빈칸 부분을 채워서 말해 보세요.

① 내가 가지고 있다면 + 돈을, + 나는 도울 수 있을 텐데 + 너를.
If I _____, _____ I _____ you.

② 내가 가지고 있다면 + 자동차를, + 나는 픽업할 수 있을 텐데 + 내 친구를.
If I _____, a _____ I _____ my friend.

③ 내가 날 수 있다면, + 나는 볼 수 있을 텐데 + 너를 + 지금.
If I _____, I _____ you now.

④ 내가 남자라면, + 나는 달릴 수 있을 텐데 + 더 빠르게.
If I were a _____, I could _____ faster.

⑤ 내가 돌고래라면, + 나는 수영할 수 있을 텐데 + 더 빠르게.
If I _____ a _____, I could _____ _____.

⑥ 내가 너라면, + 내 인생은 더 쉬울 수 있을 텐데.
_____ I _____ you, my _____ could _____.

⑦ 내가 말랐다면, + 나는 입을 수 있을 텐데 + 이 드레스를.
If I were _____, I could _____ this _____.

⑧ 내가 강하다면, + 나는 오를 수 있을 텐데 + 이 산을.
If I were _____, I _____ this _____.

⑨ 내가 웃긴다면, + 그녀는 내 여자 친구일 수 있을 텐데.
If I were _____, she _____ be my _____.

⑩ 네가 여기 있다면, + 너는 즐길 수 있을 텐데 + 이 파티를.
If you _____, you _____ this party.

⑪ 네가 부자라면, + 너는 살 수 있을 텐데 + 이 섬을.
If you _____, you _____ this _____.

⑫ 그가 잘생겼다면, + 그는 인기 있을 수 있을 텐데.
If he were _____, he could be _____.

⑬ 그녀가 귀엽다면, + 그녀는 될 수 있을 텐데 + 모델이.
If she were _____, she _____ be a _____.

⑭ 그들이 친절하다면, + 그들은 가질 수 있을 텐데 + 더 많은 손님들을.
If they _____, they _____ more _____.

⑮ 이 자동차가 내 것이라면, + 나는 운전할 수 있을 텐데 + 그것을.
If this _____, I could _____ _____.

~라면, ...할 수 있을 텐데 If I were ~, I could....

어순 입 영작
어순대로 우리말 부분을 입으로 영작해 보세요.

① 내가 가지고 있다면 / 돈을, / 나는 도울 수 있을 텐데 / 너를. _____ / _____ , / _____ / _____ .

② 내가 가지고 있다면 / 자동차를, / 나는 픽업할 수 있을 텐데 / 내 친구를. _____ / _____ , / _____ / _____ .

③ 내가 날 수 있다면, / 나는 볼 수 있을 텐데 / 너를 / 지금. _____ , / _____ / _____ / _____ .

④ 내가 남자라면, / 나는 달릴 수 있을 텐데 / 더 빠르게. _____ , / _____ / _____ .

⑤ 내가 돌고래라면, / 나는 수영할 수 있을 텐데 / 더 빠르게. _____ , / _____ / _____ .

⑥ 내가 너라면, / 내 인생은 더 쉬울 수 있을 텐데. _____ , / _____ .

⑦ 내가 말랐다면, / 나는 입을 수 있을 텐데 / 이 드레스를. _____ , / _____ / _____ .

⑧ 내가 강하다면, / 나는 오를 수 있을 텐데 / 이 산을. _____ , / _____ / _____ .

⑨ 내가 웃긴다면, / 그녀는 내 여자 친구일 수 있을 텐데. _____ , / _____ .

⑩ 네가 여기 있다면, / 너는 즐길 수 있을 텐데 / 이 파티를. _____ , / _____ / _____ .

⑪ 네가 부자라면, / 너는 살 수 있을 텐데 / 이 섬을. _____ , / _____ / _____ .

⑫ 그가 잘생겼다면, / 그는 인기 있을 수 있을 텐데. _____ , / _____ .

⑬ 그녀가 귀엽다면, / 그녀는 될 수 있을 텐데 / 모델이. _____ , / _____ / _____ .

⑭ 그들이 친절하다면, / 그들은 가질 수 있을 텐데 / 더 많은 손님들을. _____ , / _____ / _____ .

⑮ 이 자동차가 내 것이라면, / 나는 운전할 수 있을 텐데 / 그것을. _____ , / _____ / _____ .

COMPLETE SENTENCES 완성 문장 낭독 훈련

이번에는 완성 문장을 잘 듣고 10회 이상 낭독 훈련해 보세요.

낭독 훈련 횟수 체크

❶ 내가 가지고 있다면 / 돈을, / 나는 도울 수 있을 텐데 / 너를.
If I had / money, / I could help / you.

❷ 내가 가지고 있다면 / 자동차를, / 나는 픽업할 수 있을 텐데 / 내 친구를.
If I had / a car, / I could pick up / my friend.

❸ 내가 날 수 있다면, / 나는 볼 수 있을 텐데 / 너를 / 지금.
If I could fly, / I could see / you / now.

❹ 내가 남자라면, / 나는 달릴 수 있을 텐데 / 더 빠르게.
If I were a man, / I could run / faster.

❺ 내가 돌고래라면, / 나는 수영할 수 있을 텐데 / 더 빠르게.
If I were a dolphin, / I could swim / faster.

❻ 내가 너라면, / 내 인생은 더 쉬울 수 있을 텐데.
If I were you, / my life could be easier.

❼ 내가 말랐다면, / 나는 입을 수 있을 텐데 / 이 드레스를.
If I were skinny, / I could wear / this dress.

~라면, …할 수 있을 텐데 If I were ~, I could....

⑧ 내가 강하다면, / 나는 오를 수 있을 텐데 / 이 산을.
If I were strong, / I could climb / this mountain.

⑨ 내가 웃긴다면, / 그녀는 내 여자 친구일 수 있을 텐데.
If I were funny, / she could be my girlfriend.

⑩ 네가 여기 있다면, / 너는 즐길 수 있을 텐데 / 이 파티를.
If you were here, / you could enjoy / this party.

⑪ 네가 부자라면, / 너는 살 수 있을 텐데 / 이 섬을.
If you were rich, / you could buy / this island.

⑫ 그가 잘생겼다면, / 그는 인기 있을 수 있을 텐데.
If he were handsome, / he could be popular.

⑬ 그녀가 귀엽다면, / 그녀는 될 수 있을 텐데 / 모델이.
If she were cute, / she could be / a model.

⑭ 그들이 친절하다면, / 그들은 가질 수 있을 텐데 / 더 많은 손님들을.
If they were kind, / they could have / more customers.

⑮ 이 자동차가 내 것이라면, / 나는 운전할 수 있을 텐데 / 그것을.
If this car were mine, / I could drive / it.

~라면, …할 수 있을 텐데 If I were ~, I could….

스피드 입영작

한글 해석을 보고 0.5초 내로 한번에 입 영작하세요.

완성도 체크 100%

1. 내가 돈을 가지고 있다면, 나는 너를 도울 수 있을 텐데.
2. 내가 자동차를 가지고 있다면, 나는 내 친구를 픽업할 수 있을 텐데.
3. 내가 날 수 있다면, 나는 지금 너를 볼 수 있을 텐데.
4. 내가 남자라면, 나는 더 빠르게 달릴 수 있을 텐데.
5. 내가 돌고래라면, 나는 더 빠르게 수영할 수 있을 텐데.
6. 내가 너라면, 내 인생은 더 쉬울 수 있을 텐데.
7. 내가 말랐다면, 나는 이 드레스를 입을 수 있을 텐데.
8. 내가 강하다면, 나는 이 산을 오를 수 있을 텐데.
9. 내가 웃긴다면, 그녀는 내 여자 친구일 수 있을 텐데.
10. 네가 여기 있다면, 너는 이 파티를 즐길 수 있을 텐데.
11. 네가 부자라면, 너는 이 섬을 살 수 있을 텐데.
12. 그가 잘생겼다면, 그는 인기 있을 수 있을 텐데.
13. 그녀가 귀엽다면, 그녀는 모델이 될 수 있을 텐데.
14. 그들이 친절하다면, 그들은 더 많은 손님들을 가질 수 있을 텐데.
15. 이 자동차가 내 것이라면, 나는 그것을 운전할 수 있을 텐데.

녹음하여 '완성 문장 낭독 훈련'과 비교하세요.

패턴 93
~라면, …할 텐데
If I were ~, I would….

의미 단위 입 영작
이번에는 빈칸 부분을 채워서 말해 보세요.

① 내가 날 수 있다면, + 나는 갈 텐데 + 어디든.　　If I _____, I _____ anywhere.

② 내가 가지고 있다면 + 돈을, + 나는 도울 텐데 + 너를.　　If I _____ _____, I _____ you.

③ 내가 가지고 있다면 + 자동차를, + 나는 픽업할 텐데 + 내 친구를.　　If I _____ a _____, I _____ my friend.

④ 내가 남자라면, + 나는 즐길 텐데 + 이 상황을.　　If I were a _____, I would _____ this _____.

⑤ 내가 돌고래라면, + 나는 수영할 텐데 + 매일.　　If I _____ a _____, I would _____ _____.

⑥ 내가 너라면, + 나는 공부할 텐데 + 미국에서.　　If I _____ you, I would _____ _____ America.

⑦ 내가 웃긴다면, + 그녀는 사귈 텐데 + 나와.　　If I were _____, she _____ _____ me.

⑧ 내가 말랐다면, + 나는 입을 텐데 + 이 드레스를.　　If I were _____, I would _____ this _____.

⑨ 내가 강하다면, + 나는 오를 텐데 + 이 산을.　　If I were _____, I _____ this _____.

⑩ 네가 여기 있다면, + 너는 즐길 텐데 + 이 파티를.　　If you _____, you _____ this party.

⑪ 네가 부자라면, + 너는 살 텐데 + 이 섬을.　　If you _____, you _____ this _____.

⑫ 그가 잘생겼다면, + 그는 인기 있을 텐데.　　If he were _____, he would be _____.

⑬ 그녀가 내 동생이라면, + 나는 줄 텐데 + 이 로션을 + 그녀에게.　　If she were _____, I _____ this _____ to her.

⑭ 이 자동차가 내 것이라면, + 나는 운전할 텐데 + 그것을.　　If this _____, I would _____ _____.

⑮ 이것이 내 회사라면, + 나는 행복할 텐데.　　If this _____ my _____, I _____ be _____.

어순 입 영작

어순대로 우리말 부분을 입으로 영작해 보세요.

1. 내가 날 수 있다면, / 나는 갈 텐데 / 어디든. _____, / _____ / _____.

2. 내가 가지고 있다면 / 돈을, / 나는 도울 텐데 / 너를. _____ / _____, / _____ / _____.

3. 내가 가지고 있다면 / 자동차를, / 나는 픽업할 텐데 / 내 친구를. _____ / _____, / _____ / _____.

4. 내가 남자라면, / 나는 즐길 텐데 / 이 상황을. _____, / _____ / _____.

5. 내가 돌고래라면, / 나는 수영할 텐데 / 매일. _____, / _____ / _____.

6. 내가 너라면, / 나는 공부할 텐데 / 미국에서. _____, / _____ / _____.

7. 내가 웃긴다면, / 그녀는 사귈 텐데 / 나와. _____, / _____ / _____.

8. 내가 말랐다면, / 나는 입을 텐데 / 이 드레스를. _____, / _____ / _____.

9. 내가 강하다면, / 나는 오를 텐데 / 이 산을. _____, / _____ / _____.

10. 네가 여기 있다면, / 너는 즐길 텐데 / 이 파티를. _____, / _____ / _____.

11. 네가 부자라면, / 너는 살 텐데 / 이 섬을. _____, / _____ / _____.

12. 그가 잘생겼다면, / 그는 인기 있을 텐데. _____, / _____.

13. 그녀가 내 동생이라면, / 나는 줄 텐데 / 이 로션을 / 그녀에게. _____, / _____ / _____ / _____.

14. 이 자동차가 내 것이라면, / 나는 운전할 텐데 / 그것을. _____, / _____ / _____.

15. 이것이 내 회사라면, / 나는 행복할 텐데. _____, / _____.

~라면, …할 텐데 **If I were~, I would....**

COMPLETE SENTENCES
완성 문장 낭독 훈련
이번에는 완성 문장을 잘 듣고 10회 이상 낭독 훈련해 보세요.

낭독 훈련 횟수 체크

❶ 내가 날 수 있다면, / 나는 갈 텐데 / 어디든.
If I could fly, / I would go / anywhere.

❷ 내가 가지고 있다면, / 돈을 / 나는 도울 텐데 / 너를.
If I had / money, / I would help / you.

❸ 내가 가지고 있다면, / 자동차를 / 나는 픽업할 텐데 / 내 친구를.
If I had / a car, / I would pick up / my friend.

❹ 내가 남자라면, / 나는 즐길 텐데 / 이 상황을.
If I were a boy, / I would enjoy / this situation.

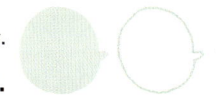

❺ 내가 돌고래라면, / 나는 수영할 텐데 / 매일.
If I were a dolphin, / I would swim / every day.

❻ 내가 너라면, / 나는 공부할 텐데 / 미국에서.
If I were you, / I would study / in America.

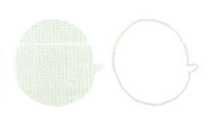

❼ 내가 웃긴다면, / 그녀는 사귈 텐데 / 나와.
If I were funny, / she would go out / with me.

패턴 93 If I were~, I would....

⑧ 내가 말랐다면, / 나는 입을 텐데 / 이 드레스를.
If I were skinny, / I would wear / this dress.

⑨ 내가 강하다면, / 나는 오를 텐데 / 이 산을.
If I were strong, / I would climb / this mountain.

⑩ 네가 여기 있다면, / 너는 즐길 텐데 / 이 파티를.
If you were here, / you would enjoy / this party.

⑪ 네가 부자라면, / 너는 살 텐데 / 이 섬을.
If you were rich, / you would buy / this island.

⑫ 그가 잘생겼다면, / 그는 인기 있을 텐데.
If he were handsome, / he would be popular.

⑬ 그녀가 내 동생이라면, / 나는 줄 텐데 / 이 로션을 / 그녀에게.
If she were my sister, / I would give / this lotion / to her.

⑭ 이 자동차가 내 것이라면, / 나는 운전할 텐데 / 그것을.
If this car were mine, / I would drive / it.

⑮ 이것이 내 회사라면, / 나는 행복할 텐데.
If this were my company, / I would be happy.

~라면, …할 텐데 If I were~, I would....

스피드 입영작

한글 해석을 보고 0.5초 내로 한번에 입 영작하세요.

완성도 체크 100%

1. 내가 날 수 있다면, 나는 어디든 갈 텐데.
2. 내가 돈을 가지고 있다면, 나는 너를 도울 텐데.
3. 내가 자동차를 가지고 있다면, 나는 내 친구를 픽업할 텐데.
4. 내가 남자라면, 나는 이 상황을 즐길 텐데.
5. 내가 돌고래라면, 나는 매일 수영할 텐데.
6. 내가 너라면, 나는 미국에서 공부할 텐데.
7. 내가 웃긴다면, 그녀는 나와 사귈 텐데.
8. 내가 말랐다면, 나는 이 드레스를 입을 텐데.
9. 내가 강하다면, 나는 이 산을 오를 텐데.
10. 네가 여기 있다면, 너는 이 파티를 즐길 텐데.
11. 네가 부자라면, 너는 이 섬을 살 텐데.
12. 그가 잘생겼다면, 그는 인기 있을 텐데.
13. 그녀가 내 동생이라면, 나는 이 로션을 그녀에게 줄 텐데.
14. 이 자동차가 내 것이라면, 나는 그것을 운전할 텐데.
15. 이것이 내 회사라면, 나는 행복할 텐데.

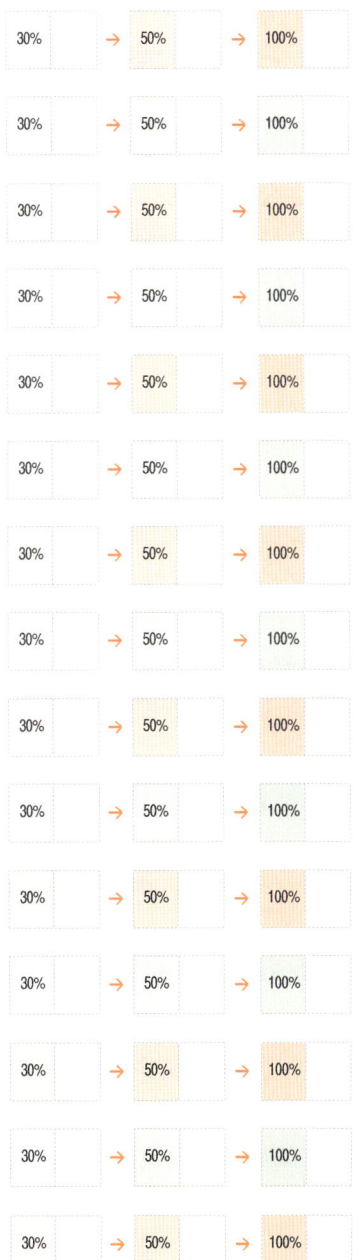

녹음하여 완성 문장 낭독 훈련과 비교하세요.

패턴 93 If I were~, I would....

패턴 94

~했어야 했어
should have p.p. (평서문)

 94_02

의미 단위 입 영작
이번에는 빈칸 부분을 채워서 말해 보세요.

1. 나는 시도했어야 했어 + 그것을.
   I should have _____ _____.

2. 나는 입었어야 했어 + 이 빨간 스커트를.
   I _____ _____ this _____.

3. 너는 감사했어야 했어 + 그녀에게.
   You _____ have _____ her.

4. 그녀는 잠갔어야 했어 + 그 문을.
   She should _____ the _____.

5. 너는 왔어야 했어 + 그 카페에 + 어제.
   You _____ have _____ _____ the _____ yesterday.

6. 너는 청혼했어야 했어 + 너의 약혼녀에게 + 오늘.
   You _____ have _____ to your _____ today.

7. 우리는 시작했어야 했어 + 우리의 사업을 + 일찍.
   We _____ have _____ our _____ _____.

8. 우리는 공부했어야 했어 + 더 열심히 + 우리의 미래를 위해.
   We should _____ _____ for our _____.

9. 나는 전화하지 말았어야 했어 + 그에게.
   I should not have _____ him.

10. 나는 울지 말았어야 했어 + 그의 앞에서.
    I should _____ have _____ in _____ of _____.

11. 나는 기다리지 말았어야 했어 + 그 마지막 버스를.
    I should not have _____ for the _____.

12. 너는 던지지 말았어야 했어 + 이 가방을.
    You should _____ have _____ this _____.

13. 너는 끄지 말았어야 했어 + 그 기계를.
    You _____ have _____ the _____.

14. 그녀는 헤어지지 말았어야 했어 + 그녀의 남자친구와.
    She should _____ have _____ up _____ her boyfriend.

15. 우리는 가지 말았어야 했어 + 강남에 + 어젯밤.
    We _____ not have _____ _____ Gangnam _____ night.

~했어야 했어 should have p.p. (평서문)

어순 입 영작
어순대로 우리말 부분을 입으로 영작해 보세요.

1. 나는 시도했어야 했어 / 그것을. _____ / _____.

2. 나는 입었어야 했어 / 이 빨간 스커트를. _____ / _____.

3. 너는 감사했어야 했어 / 그녀에게. _____ / _____.

4. 그녀는 잠갔어야 했어 / 그 문을. _____ / _____.

5. 너는 왔어야 했어 / 그 카페에 / 어제. _____ / _____ / _____.

6. 너는 청혼했어야 했어 / 너의 약혼녀에게 / 오늘. _____ / _____ / _____.

7. 우리는 시작했어야 했어 / 우리의 사업을 / 일찍. _____ / _____ / _____.

8. 우리는 공부했어야 했어 / 더 열심히 / 우리의 미래를 위해. _____ / _____ / _____.

9. 나는 전화하지 말았어야 했어 / 그에게. _____ / _____.

10. 나는 울지 말았어야 했어 / 그의 앞에서. _____ / _____.

11. 나는 기다리지 말았어야 했어 / 그 마지막 버스를. _____ / _____.

12. 너는 던지지 말았어야 했어 / 이 가방을. _____ / _____.

13. 너는 끄지 말았어야 했어 / 그 기계를. _____ / _____.

14. 그녀는 헤어지지 말았어야 했어 / 그녀의 남자 친구와. _____ / _____.

15. 우리는 가지 말았어야 했어 / 강남에 / 어젯밤. _____ / _____ / _____.

패턴 94 should have p.p. (평서문)

COMPLETE SENTENCES

완성 문장 낭독 훈련

이번에는 완성 문장을 잘 듣고 10회 이상 낭독 훈련해 보세요.

❶ 나는 시도했어야 했어 / 그것을.
I should have tried / it.

❷ 나는 입었어야 했어 / 이 빨간 스커트를.
I should have worn / this red skirt.

❸ 너는 감사했어야 했어 / 그녀에게.
You should have thanked / her.

❹ 그녀는 잠갔어야 했어 / 그 문을.
She should have locked / the door.

❺ 너는 왔어야 했어 / 그 카페에 / 어제.
You should have come / to the café / yesterday.

❻ 너는 청혼했어야 했어 / 너의 약혼녀에게 / 오늘.
You should have proposed / to your fiancée / today.

❼ 우리는 시작했어야 했어 / 우리의 사업을 / 일찍.
We should have started / our business / early.

~했어야 했어 should have p.p. (평서문)

⑧ 우리는 공부했어야 했어 / 더 열심히 / 우리의 미래를 위해.
We should have studied / harder / for our future.

⑨ 나는 전화하지 말았어야 했어 / 그에게.
I should not have called / him.

⑩ 나는 울지 말았어야 했어 / 그의 앞에서.
I should not have cried / in front of him.

⑪ 나는 기다리지 말았어야 했어 / 그 마지막 버스를.
I should not have waited / for the last bus.

⑫ 너는 던지지 말았어야 했어 / 이 가방을.
You should not have thrown / this bag.

⑬ 너는 끄지 말았어야 했어 / 그 기계를.
You should not have turned off / the machine.

⑭ 그녀는 헤어지지 말았어야 했어 / 그녀의 남자 친구와.
She should not have broken up / with her boyfriend.

⑮ 우리는 가지 말았어야 했어 / 강남에 / 어젯밤.
We should not have gone / to Gangnam / last night.

패턴 94

~했어야 했어 should have p.p. (평서문)

스피드 입 영작

한글 해석을 보고 0.5초 내로 한번에 입 영작하세요.

	완성도 체크 100%
1 나는 그것을 시도했어야 했어.	30% → 50% → 100%
2 나는 이 빨간 스커트를 입었어야 했어.	30% → 50% → 100%
3 너는 그녀에게 감사했어야 했어.	30% → 50% → 100%
4 그녀는 그 문을 잠갔어야 했어.	30% → 50% → 100%
5 너는 어제 그 카페에 왔어야 했어.	30% → 50% → 100%
6 너는 오늘 너의 약혼녀에게 청혼했어야 했어.	30% → 50% → 100%
7 우리는 우리의 사업을 일찍 시작했어야 했어.	30% → 50% → 100%
8 우리는 우리의 미래를 위해 더 열심히 공부했어야 했어.	30% → 50% → 100%
9 나는 그에게 전화하지 말았어야 했어.	30% → 50% → 100%
10 나는 그의 앞에서 울지 말았어야 했어.	30% → 50% → 100%
11 나는 그 마지막 버스를 기다리지 말았어야 했어.	30% → 50% → 100%
12 너는 이 가방을 던지지 말았어야 했어.	30% → 50% → 100%
13 너는 그 기계를 끄지 말았어야 했어.	30% → 50% → 100%
14 그녀는 그녀의 남자 친구와 헤어지지 말았어야 했어.	30% → 50% → 100%
15 우리는 어젯밤 강남에 가지 말았어야 했어.	30% → 50% → 100%

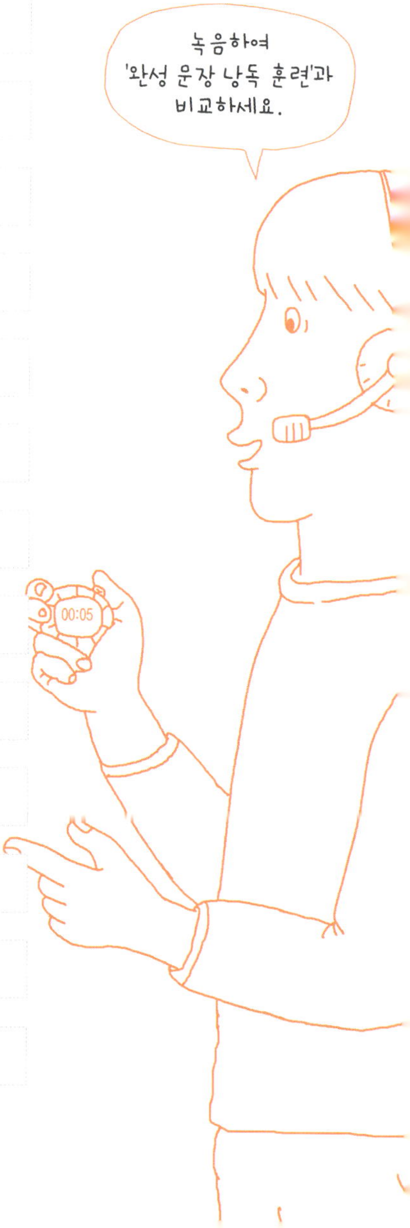
녹음하여
'완성 문장 낭독 훈련'과
비교하세요.
00:05

패턴 95

~했어야 했니? should have p.p. (의문문)

의미 단위 입영작

이번에는 빈칸 부분을 채워서 말해 보세요.

1. 나는 시도했어야 했니 + 그것을? — Should I have _____ _____?
2. 나는 입었어야 했니 + 이 빨간 스커트를? — _____ I _____ this _____?
3. 나는 감사했어야 했니 + 그녀에게? — _____ I have _____ her?
4. 그녀는 잠갔어야 했니 + 그 문을? — Should she _____ the _____?
5. 그는 왔어야 했니 + 그 카페에 + 어제? — _____ he have _____ the _____ yesterday?
6. 그는 청혼했어야 했니 + 그의 약혼녀에게 + 오늘? — _____ he have _____ to his _____ today?
7. 우리는 시작했어야 했니 + 우리의 사업을 + 일찍? — _____ we have _____ our _____ _____?
8. 우리는 공부했어야 했니 + 더 열심히 + 우리의 미래를 위해? — Should we _____ _____ for our _____?
9. 나는 전화하지 말았어야 했니 + 그에게? — Should I not have _____ him?
10. 나는 울지 말았어야 했니 + 그의 앞에서? — Should I _____ have _____ in _____ of _____?
11. 나는 기다리지 말았어야 했니 + 그 마지막 버스를? — Should I not have _____ for the _____?
12. 그는 던지지 말았어야 했니 + 이 가방을? — Should he _____ have _____ this _____?
13. 그는 끄지 말았어야 했니 + 그 기계를? — Should _____ have _____ the _____?
14. 그녀는 헤어지지 말았어야 했니 + 그녀의 남자 친구와? — Should she _____ have _____ up _____ her boyfriend?
15. 우리는 가지 말았어야 했니 + 강남에 + 어젯밤? — _____ we not have _____ Gangnam _____ night?

패턴 95 should have p.p. (의문문)

어순 입 영작

어순대로 우리말 부분을 입으로 영작해 보세요.

1. 나는 시도했어야 했니 / 그것을? _____ / _____?

2. 나는 입었어야 했니 / 이 빨간 스커트를? _____ / _____?

3. 나는 감사했어야 했니 / 그녀에게? _____ / _____?

4. 그녀는 잠갔어야 했니 / 그 문을? _____ / _____?

5. 그는 왔어야 했니 / 그 카페에 / 어제? _____ / _____ / _____?

6. 그는 청혼했어야 했니 / 그의 약혼녀에게 / 오늘? _____ / _____ / _____?

7. 우리는 시작했어야 했니 / 우리의 사업을 / 일찍? _____ / _____ / _____?

8. 우리는 공부했어야 했니 / 더 열심히 / 우리의 미래를 위해? _____ / _____ / _____?

9. 나는 전화하지 말았어야 했니 / 그에게? _____ / _____?

10. 나는 울지 말았어야 했니 / 그의 앞에서? _____ / _____?

11. 나는 기다리지 말았어야 했니 / 그 마지막 버스를? _____ / _____?

12. 그는 던지지 말았어야 했니 / 이 가방을? _____ / _____?

13. 그는 끄지 말았어야 했니 / 그 기계를? _____ / _____?

14. 그녀는 헤어지지 말았어야 했니 / 그녀의 남자 친구와? _____ / _____?

15. 우리는 가지 말았어야 했니 / 강남에 / 어젯밤? _____ / _____ / _____?

~했어야 했니? **should have p.p. (의문문)**

COMPLETE SENTENCES 완성 문장 낭독 훈련 이번에는 완성 문장을 잘 듣고 10회 이상 낭독 훈련해 보세요.

 낭독 훈련 횟수 체크

❶ 나는 시도했어야 했니 / 그것을?
Should I have tried / it?

5회   10회

❷ 나는 입었어야 했니 / 이 빨간 스커트를?
Should I have worn / this red skirt?

❸ 나는 감사했어야 했니 / 그녀에게?
Should I have thanked / her?

❹ 그녀는 잠갔어야 했니 / 그 문을?
Should she have locked / the door?

❺ 그는 왔어야 했니 / 그 카페에 / 어제?
Should he have come / to the café / yesterday?

❻ 그는 청혼했어야 했니 / 그의 약혼녀에게 / 오늘?
Should he have proposed / to his fiancée / today?
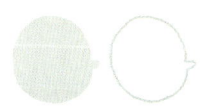

❼ 우리는 시작했어야 했니 / 우리의 사업을 / 일찍?
Should we have started / our business / early?

⑧ 우리는 공부했어야 했니 / 더 열심히 / 우리의 미래를 위해?
Should we have studied / harder / for our future?

⑨ 나는 전화하지 말았어야 했니 / 그에게?
Should I not have called / him?

⑩ 나는 울지 말았어야 했니 / 그의 앞에서?
Should I not have cried / in front of him?

⑪ 나는 기다리지 말았어야 했니 / 그 마지막 버스를?
Should I not have waited / for the last bus?

⑫ 그는 던지지 말았어야 했니 / 이 가방을?
Should he not have thrown / this bag?

⑬ 그는 끄지 말았어야 했니 / 그 기계를?
Should he not have turned off / the machine?

⑭ 그녀는 헤어지지 말았어야 했니 / 그녀의 남자 친구와?
Should she not have broken up / with her boyfriend?

⑮ 우리는 가지 말았어야 했니 / 강남에 / 어젯밤?
Should we not have gone / to Gangnam / last night?

~했어야 했니? should have p.p. (의문문)

스피드 입 영작
한글 해석을 보고 0.5초 내로 한번에 입 영작하세요.

완성도 체크 100%

① 나는 그것을 시도했어야 했니?
② 나는 이 빨간 스커트를 입었어야 했니?
③ 나는 그녀에게 감사했어야 했니?
④ 그녀는 그 문을 잠갔어야 했니?
⑤ 그는 어제 그 카페에 왔어야 했니?
⑥ 그는 오늘 그의 약혼녀에게 청혼했어야 했니?
⑦ 우리는 우리의 사업을 일찍 시작했어야 했니?
⑧ 우리는 우리의 미래를 위해 더 열심히 공부했어야 했니?
⑨ 나는 그에게 전화하지 말았어야 했니?
⑩ 나는 그의 앞에서 울지 말았어야 했니?
⑪ 나는 그 마지막 버스를 기다리지 말았어야 했니?
⑫ 그는 이 가방을 던지지 말았어야 했니?
⑬ 그는 그 기계를 끄지 말았어야 했니?
⑭ 그녀는 그녀의 남자 친구와 헤어지지 말았어야 했니?
⑮ 우리는 어젯밤 강남에 가지 말았어야 했니?

녹음하여 '완성 문장 낭독 훈련'과 비교하세요.

패턴 ⑮ should have p.p. (의문문)

패턴 96 ~할 수도 있었어 could have p.p. (평서문)

 96_02

의미 단위 입 영작

이번에는 빈칸 부분을 채워서 말해 보세요.

① 나는 시도할 수도 있었어 + 그것을.
I could have _____ _____.

② 나는 입을 수도 있었어 + 이 빨간 스커트를.
I _____ this _____.

③ 너는 감사할 수도 있었어 + 그녀에게.
You _____ have _____ her.

④ 너는 올 수도 있었어 + 그 카페에 + 어제.
You _____ have _____ the _____ yesterday.

⑤ 너는 청혼할 수도 있었어 + 너의 약혼녀에게 + 오늘.
You _____ have _____ to your _____ today.

⑥ 우리는 시작할 수도 있었어 + 우리의 사업을 + 일찍.
We _____ have _____ our _____ _____.

⑦ 우리는 공부할 수도 있었어 + 더 열심히 + 우리의 미래를 위해.
We could _____ _____ for our _____.

⑧ 그녀는 잠글 수도 있었어 + 그 문을.
She could _____ the _____.

⑨ 나는 잡을 수 없었을 거야 + 그 마지막 버스를.
I could not have _____ the _____.

⑩ 너는 읽을 수 없었을 거야 + 그의 메시지를.
You _____ have _____ his _____.

⑪ 그녀는 헤어질 수 없었을 거야 + 그녀의 남자친구와.
She could _____ have _____ up _____ her boyfriend.

⑫ 나는 미소 지을 수 없었을 거야 + 너 없이는.
I could _____ have _____ _____ you.

⑬ 나는 통과할 수 없었을 거야 + 그 시험을 + 너의 정보 없이는.
I could not have _____ the exam without _____.

⑭ 너는 옮길 수 없었을 거야 + 이 상자를 + 내 도움 없이는.
You could _____ have _____ this _____ without _____.

⑮ 너는 작동할 수 없었을 거야 + 그 기계를 + 이 도구 없이는.
You _____ have operated the _____ without this _____.

~할 수도 있었어 could have p.p. (평서문)

어순 입영작
어순대로 우리말 부분을 입으로 영작해 보세요.

① 나는 시도할 수도 있었어 / 그것을. _____ / _____.

② 나는 입을 수도 있었어 / 이 빨간 스커트를. _____ / _____.

③ 너는 감사할 수도 있었어 / 그녀에게. _____ / _____.

④ 너는 올 수도 있었어 / 그 카페에 / 어제. _____ / _____ / _____.

⑤ 너는 청혼할 수도 있었어 / 너의 약혼녀에게 / 오늘. _____ / _____ / _____.

⑥ 우리는 시작할 수도 있었어 / 우리의 사업을 / 일찍. _____ / _____ / _____.

⑦ 우리는 공부할 수도 있었어 / 더 열심히 / 우리의 미래를 위해. _____ / _____ / _____.

⑧ 그녀는 잠글 수도 있었어 / 그 문을. _____ / _____.

⑨ 나는 잡을 수 없었을 거야 / 그 마지막 버스를. _____ / _____.

⑩ 너는 읽을 수 없었을 거야 / 그의 메시지를. _____ / _____.

⑪ 그녀는 헤어질 수 없었을 거야 / 그녀의 남자 친구와. _____ / _____.

⑫ 나는 미소 지을 수 없었을 거야 / 너 없이는. _____ / _____.

⑬ 나는 통과할 수 없었을 거야 / 그 시험을 / 너의 정보 없이는. _____ / _____ / _____.

⑭ 너는 옮길 수 없었을 거야 / 이 상자를 / 내 도움 없이는. _____ / _____ / _____.

⑮ 너는 작동할 수 없었을 거야 / 그 기계를 / 이 도구 없이는. _____ / _____ / _____.

패턴 96 could have p.p. (평서문)

COMPLETE SENTENCES 완성 문장낭독 훈련   이번에는 완성 문장을 잘 듣고 10회 이상 낭독 훈련해 보세요.

① 나는 시도할 수도 있었어 / 그것을.
I could have tried / it.

② 나는 입을 수도 있었어 / 이 빨간 스커트를.
I could have worn / this red skirt.

③ 너는 감사할 수도 있었어 / 그녀에게.
You could have thanked / her.

④ 너는 올 수도 있었어 / 그 카페에 / 어제.
You could have come / to the café / yesterday.

⑤ 너는 청혼할 수도 있었어 / 너의 약혼녀에게 / 오늘.
You could have proposed / to your fiancée / today.

⑥ 우리는 시작할 수도 있었어 / 우리의 사업을 / 일찍.
We could have started / our business / early.

⑦ 우리는 공부할 수도 있었어 / 더 열심히 / 우리의 미래를 위해.
We could have studied / harder / for our future.

~할 수도 있었어 **could have p.p. (평서문)**

⑧ 그녀는 잠글 수도 있었어 / 그 문을.
She could have locked / the door.

⑨ 나는 잡을 수 없었을 거야 / 그 마지막 버스를.
I could not have caught / the last bus.

⑩ 너는 읽을 수 없었을 거야 / 그의 메시지를.
You could not have read / his message.

⑪ 그녀는 헤어질 수 없었을 거야 / 그녀의 남자 친구와.
She could not have broken up / with her boyfriend.

⑫ 나는 미소 지을 수 없었을 거야 / 너 없이는.
I could not have smiled / without you.

⑬ 나는 통과할 수 없었을 거야 / 그 시험을 / 너의 정보 없이는.
I could not have passed / the exam / without your information.

⑭ 너는 옮길 수 없었을 거야 / 이 상자를 / 내 도움 없이는.
You could not have moved / this box / without my help.

⑮ 너는 작동할 수 없었을 거야 / 그 기계를 / 이 도구 없이는.
You could not have operated / the machine / without this tool.

패턴 96

~할 수도 있었어 **could have p.p.** (평서문)

스피드 입영작
한글 해석을 보고 0.5초 내로 한번에 입 영작하세요.

완성도 체크 100%

1. 나는 그것을 시도할 수도 있었어.
2. 나는 이 빨간 스커트를 입을 수도 있었어.
3. 너는 그녀에게 감사할 수도 있었어.
4. 너는 어제 그 카페에 올 수도 있었어.
5. 너는 오늘 너의 약혼녀에게 청혼할 수도 있었어.
6. 우리는 우리의 사업을 일찍 시작할 수도 있었어.
7. 우리는 우리의 미래를 위해 더 열심히 공부할 수도 있었어.
8. 그녀는 그 문을 잠글 수도 있었어.
9. 나는 그 마지막 버스를 잡을 수 없었을 거야.
10. 너는 그의 메시지를 읽을 수 없었을 거야.
11. 그녀는 그녀의 남자 친구와 헤어질 수 없었을 거야.
12. 나는 너 없이는 미소 지을 수 없었을 거야.
13. 나는 너의 정보 없이는 그 시험을 통과할 수 없었을 거야.
14. 너는 내 도움 없이는 이 상자를 옮길 수 없었을 거야.
15. 너는 이 도구 없이는 그 기계를 작동할 수 없었을 거야.

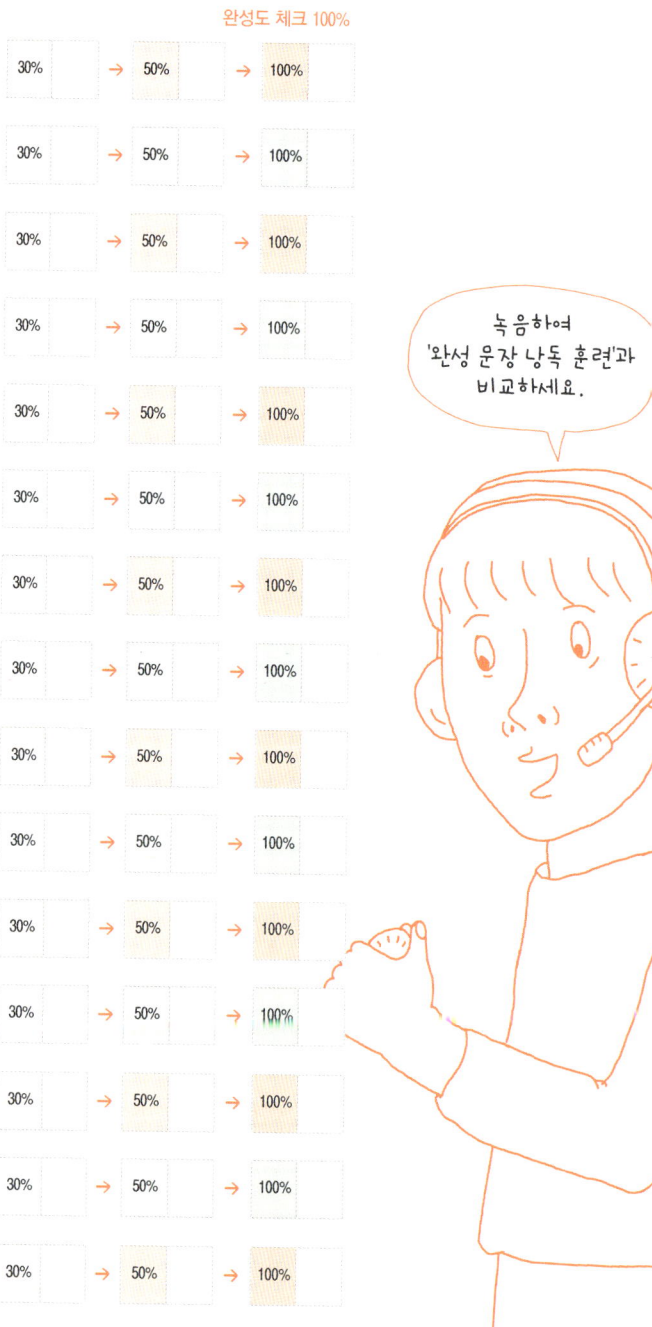

녹음하여 '완성 문장 낭독 훈련'과 비교하세요.

패턴 97

~했더라면 ...할 수도 있었을 거야
could have p.p. + 과거 가정

 97_02

의미 단위 입 영작
이번에는 빈칸 부분을 채워서 말해 보세요.

① 나는 통과할 수도 있었어 + 그 시험을 + 내가 공부를 했더라면.
I could _____ the _____ _____ I had _____.

② 나는 입을 수도 있었어 + 이 빨간 스커트를 + 내가 말랐더라면.
I _____ this red skirt if I had been _____.

③ 나는 열 수도 있었어 + 그 문을 + 네가 줬더라면 + 이 열쇠를 + 나에게.
I could _____ the door if you _____ this _____ to me.

④ 그녀는 잠글 수도 있었어 + 그 문을 + 그녀가 알았더라면 + 이 암호를.
She could _____ the _____ if she _____ this code.

⑤ 우리는 시작할 수도 있었어 + 우리의 사업을 + 일찍 + 우리가 가지고 있었더라면 + 돈을.
We _____ have _____ our _____ _____ if we had _____ money.

⑥ 너는 올 수도 있었어 + 그 카페에 + 어제 + 네가 정말 원했더라면.
You _____ have _____ to the café yesterday if you had _____ wanted to.

⑦ 너는 청혼할 수도 있었어 + 너의 약혼녀에게 + 오늘 + 네가 가지고 있었더라면 + 돈을.
You _____ have _____ to your _____ today if _____ had had _____.

⑧ 나는 전화할 수 없었을 거야 + 그에게 + 내가 가지고 있지 않았더라면 + 전화기를.
I could not have _____ him if I had not _____ a _____.

⑨ 나는 미소 지을 수 없었을 거야 + 내가 행복하지 않았더라면.
I could not have _____ if I _____ not _____ happy.

⑩ 나는 키스할 수 없었을 거야 + 그녀에게 + 내가 가지지 않았더라면 + 용기를.
I could not have _____ her if I had not _____ _____.

⑪ 나는 잡을 수 없었을 거야 + 그 마지막 버스를 + 내가 일어났더라면 + 늦게.
I could not have _____ the last bus if I had _____ late.

⑫ 너는 읽을 수 없었을 거야 + 그의 메시지를 + 내가 말하지 않았더라면 + 너에게.
You could not have _____ his _____ if I had _____ you.

⑬ 너는 끌 수 없었을 거야 + 그 기계를 + 네가 오지 않았더라면 + 여기에.
You could not have turned off the _____ if you _____ here.

⑭ 그녀는 헤어질 수 없었을 거야 + 그녀의 남자 친구와 + 그가 부유했더라면.
She could not have _____ up with her boyfriend if he _____.

⑮ 우리는 갈 수 없었을 거야 + 강남에 + 내가 가지고 있지 않았더라면 + 차를.
We _____ not have _____ to Gangnam if I had not _____ a can.

어순 입 영작

어순대로 우리말 부분을 입으로 영작해 보세요.

① 나는 통과할 수도 있었어 / 그 시험을 / 내가 공부를 했더라면. _____ / _____ / _____.

② 나는 입을 수도 있었어 / 이 빨간 스커트를 / 내가 말랐더라면. _____ / _____ / _____.

③ 나는 열 수도 있었어 / 그 문을 / 네가 줬더라면 / 이 열쇠를 / 나에게. _____ / _____ / _____ / _____ / _____.

④ 그녀는 잠글 수도 있었어 / 그 문을 / 그녀가 알았더라면 / 이 암호를. _____ / _____ / _____ / _____.

⑤ 우리는 시작할 수도 있었어 / 우리의 사업을 / 일찍 / 우리가 가지고 있었더라면 / 돈을. _____ / _____ / _____ / _____ / _____.

⑥ 너는 올 수도 있었어 / 그 카페에 / 어제 / 네가 정말 원했더라면. _____ / _____ / _____ / _____.

⑦ 너는 청혼할 수도 있었어 / 너의 약혼녀에게 / 오늘 / 네가 가지고 있었더라면 / 돈을. _____ / _____ / _____ / _____ / _____.

⑧ 나는 전화할 수 없었을 거야 / 그에게 / 내가 가지고 있지 않았더라면 / 전화기를. _____ / _____ / _____ / _____.

⑨ 나는 미소 지을 수 없었을 거야 / 내가 행복하지 않았더라면. _____ / _____.

⑩ 나는 키스할 수 없었을 거야 / 그녀에게 / 내가 가지지 않았더라면 / 용기를. _____ / _____ / _____ / _____.

⑪ 나는 잡을 수 없었을 거야 / 그 마지막 버스를 / 내가 일어났더라면 / 늦게. _____ / _____ / _____ / _____.

⑫ 너는 읽을 수 없었을 거야 / 그의 메시지를 / 내가 말하지 않았더라면 / 너에게. _____ / _____ / _____ / _____.

⑬ 너는 끌 수 없었을 거야 / 그 기계를 / 네가 오지 않았더라면 / 여기에. _____ / _____ / _____ / _____.

⑭ 그녀는 헤어질 수 없었을 거야 / 그녀의 남자 친구와 / 그가 부유했더라면. _____ / _____ / _____.

⑮ 우리는 갈 수 없었을 거야 / 강남에 / 내가 가지고 있지 않았더라면 / 차를. _____ / _____ / _____ / _____.

~했더라면 ···할 수도 있었을 거야 **could have p.p. + 과거 가정**

COMPLETE SENTENCES 완성 문장 낭독 훈련 이번에는 완성 문장을 잘 듣고 10회 이상 낭독 훈련해 보세요.

① 나는 통과할 수도 있었어 / 그 시험을 / 내가 공부를 했더라면.
I could have passed / the test / if I had studied.

② 나는 입을 수도 있었어 / 이 빨간 스커트를 / 내가 말랐더라면.
I could have worn / this red skirt / if I had been skinny.

③ 나는 열 수도 있었어 / 그 문을 / 네가 줬더라면 / 이 열쇠를 / 나에게.
I could have opened / the door / if you had given / this key / to me.

④ 그녀는 잠글 수도 있었어 / 그 문을 / 그녀가 알았더라면 / 이 암호를.
She could have locked / the door / if she had known / this code.

⑤ 우리는 시작할 수도 있었어 / 우리의 사업을 / 일찍 / 우리가 가지고 있었더라면 / 돈을.
We could have started / our business / early / if we had had / money.

⑥ 너는 올 수도 있었어 / 그 카페에 / 어제 / 네가 정말 원했더라면.
You could have come / to the café / yesterday / if you had really wanted to.

⑦ 너는 청혼할 수도 있었어 / 너의 약혼녀에게 / 오늘 / 네가 가지고 있었더라면 / 돈을.
You could have proposed / to your fiancée / today / if you had had / money.

⑧ 나는 전화할 수 없었을 거야 / 그에게 / 내가 가지고 있지 않았더라면 / 전화기를.
I could not have called / him / if I had not had / a phone.

⑨ 나는 미소 지을 수 없었을 거야 / 내가 행복하지 않았더라면.
I could not have smiled / if I had not been happy.

⑩ 나는 키스할 수 없었을 거야 / 그녀에게 / 내가 가지지 않았더라면 / 용기를.
I could not have kissed / her / if I had not had / courage.

⑪ 나는 잡을 수 없었을 거야 / 그 마지막 버스를 / 내가 일어났더라면 / 늦게.
I could not have caught / the last bus / if I had woken up / late.

⑫ 너는 읽을 수 없었을 거야 / 그의 메시지를 / 내가 말하지 않았더라면 / 너에게.
You could not have read / his message / if I had not told / you.

⑬ 너는 끌 수 없었을 거야 / 그 기계를 / 네가 오지 않았더라면 / 여기에.
You could not have turned off / the machine / if you had not come / here.

⑭ 그녀는 헤어질 수 없었을 거야 / 그녀의 남자 친구와 / 그가 부유했더라면.
She could not have broken up / with her boyfriend / if he had been rich.

⑮ 우리는 갈 수 없었을 거야 / 강남에 / 내가 가지고 있지 않았더라면 / 차를.
We could not have gone / to Gangnam / if I had not had / a car.

~했더라면 …할 수도 있었을 거야 could have p.p. + 과거 가정

스피드 입 영작
한글 해석을 보고 0.5초 내로 한번에 입 영작하세요.

완성도 체크 100%

1. 내가 공부를 했더라면 나는 그 시험을 통과할 수도 있었어.
2. 내가 말랐더라면 나는 이 빨간 스커트를 입을 수도 있었어.
3. 네가 나에게 이 열쇠를 줬더라면 나는 그 문을 열 수도 있었어.
4. 그녀가 이 암호를 알았더라면 그녀는 그 문을 잠글 수도 있었어.
5. 우리가 돈을 가지고 있었더라면 우리는 우리의 사업을 일찍 시작할 수도 있었어.
6. 네가 정말 원했더라면 너는 어제 그 카페에 올 수도 있었어.
7. 네가 돈을 가지고 있었더라면 너는 오늘 너의 약혼녀에게 청혼할 수도 있었어.
8. 내가 전화기를 가지고 있지 않았더라면 나는 그에게 전화할 수 없었을 거야.
9. 내가 행복하지 않았더라면 나는 미소 지을 수 없었을 거야.
10. 내가 용기를 가지지 않았더라면 나는 그녀에게 키스할 수 없었을 거야.
11. 내가 늦게 일어났더라면 나는 그 마지막 버스를 잡을 수 없었을 거야.
12. 내가 너에게 말하지 않았더라면 너는 그의 메시지를 읽을 수 없었을 거야.
13. 네가 여기에 오지 않았더라면 너는 그 기계를 끌 수 없었을 거야.
14. 그가 부유했더라면 그녀는 그녀의 남자 친구와 헤어질 수 없었을 거야.
15. 내가 차를 가지고 있지 않았더라면 우리는 강남에 갈 수 없었을 거야.

녹음하여 완성 문장 낭독 훈련과 비교하세요.

패턴 97 could have p.p. + 과거 가정

패턴 98
~할 수도 있었을까? could have p.p. (의문문)

 98_02

의미 단위 입 영작
이번에는 빈칸 부분을 채워서 말해 보세요.

① 내가 시도할 수도 있었을까 + 그것을?   Could I have _____ _____?

② 내가 입을 수도 있었을까 + 이 빨간 스커트를?   _____ I _____ this _____?

③ 내가 잡을 수도 있었을까 + 그 마지막 버스를?   Could I have _____ the _____?

④ 네가 감사할 수도 있었을까 + 그녀에게?   _____ you have _____ her?

⑤ 네가 올 수도 있었을까 + 그 카페에 + 어제?   _____ you have _____ to the _____ yesterday?

⑥ 네가 청혼할 수도 있었을까 + 너의 약혼녀에게 + 오늘?   _____ you have _____ to your _____ today?

⑦ 그녀가 읽을 수도 있었을까 + 그의 메시지를?   _____ she have _____ his _____?

⑧ 그녀가 헤어질 수도 있었을까 + 그녀의 남자 친구와?   Could she have _____ up _____ her boyfriend?

⑨ 우리가 시작할 수도 있었을까 + 우리의 사업을 + 일찍?   _____ we have _____ our _____ _____?

⑩ 우리가 공부할 수도 있었을까 + 더 열심히 + 우리의 미래를 위해?   Could we _____ _____ for our _____?

⑪ 우리가 갈 수도 있었을까 + 강남에 + 어젯밤?   _____ we have _____ Gangnam _____ night?

⑫ 내가 미소 지을 수 있었을까 + 너 없이도?   Could I have _____ _____ you?

⑬ 나는 키스할 수도 있었을까 + 그녀에게 + 내가 가졌더라면 + 용기를?   Could I have _____ her if I had _____ _____?

⑭ 네가 옮길 수 있었을까 + 이 상자를 + 내 도움 없이도?   Could you have _____ this _____ without my _____?

⑮ 네가 끌 수 있었을까 + 그 기계를 + 이 도구 없이도?   _____ you have _____ the _____ without this _____?

~할 수도 있었을까? could have p.p. (의문문)

어순 입영작
어순대로 우리말 부분을 입으로 영작해 보세요.

1. 내가 시도할 수도 있었을까 / 그것을? _____ / _____?

2. 내가 입을 수도 있었을까 / 이 빨간 스커트를? _____ / _____?

3. 내가 잡을 수도 있었을까 / 그 마지막 버스를? _____ / _____?

4. 네가 감사할 수도 있었을까 / 그녀에게? _____ / _____?

5. 네가 올 수도 있었을까 / 그 카페에 / 어제? _____ / _____ / _____?

6. 네가 청혼할 수도 있었을까 / 너의 약혼녀에게 / 오늘? _____ / _____ / _____?

7. 그녀가 읽을 수도 있었을까 / 그의 메시지를? _____ / _____?

8. 그녀가 헤어질 수도 있었을까 / 그녀의 남자 친구와? _____ / _____?

9. 우리가 시작할 수도 있었을까 / 우리의 사업을 / 일찍? _____ / _____ / _____?

10. 우리가 공부할 수도 있었을까 / 더 열심히 / 우리의 미래를 위해? _____ / _____ / _____?

11. 우리가 갈 수도 있었을까 / 강남에 / 어젯밤? _____ / _____ / _____?

12. 내가 미소 지을 수 있었을까 / 너 없이도? _____ / _____?

13. 나는 키스할 수도 있었을까 / 그녀에게 / 내가 가졌더라면 / 용기를? _____ / _____ / _____ / _____?

14. 네가 옮길 수 있었을까 / 이 상자를 / 내 도움 없이도? _____ / _____ / _____?

15. 네가 끌 수 있었을까 / 그 기계를 / 이 도구 없이도? _____ / _____ / _____?

패턴 ❀ could have p.p. (의문문)

COMPLETE SENTENCES 완성 문장 낭독 훈련 이번에는 완성 문장을 잘 듣고 10회 이상 낭독 훈련해 보세요.

① 내가 시도할 수도 있었을까 / 그것을?
Could I have tried / it?

② 내가 입을 수도 있었을까 / 이 빨간 스커트를?
Could I have worn / this red skirt?

③ 내가 잡을 수도 있었을까 / 그 마지막 버스를?
Could I have caught / the last bus?

④ 네가 감사할 수도 있었을까 / 그녀에게?
Could you have thanked / her?

⑤ 네가 올 수도 있었을까 / 그 카페에 / 어제?
Could you have come / to the café / yesterday?

⑥ 네가 청혼할 수도 있었을까 / 너의 약혼녀에게 / 오늘?
Could you have proposed / to your fiancée / today?

⑦ 그녀가 읽을 수도 있었을까 / 그의 메시지를?
Could she have read / his message?

~할 수도 있었을까? **could have p.p. (의문문)**

⑧ 그녀가 헤어질 수도 있었을까 / 그녀의 남자 친구와?
Could she have broken up / with her boyfriend?

⑨ 우리가 시작할 수도 있었을까 / 우리의 사업을 / 일찍?
Could we have started / our business / early?

⑩ 우리가 공부할 수도 있었을까 / 더 열심히 / 우리의 미래를 위해?
Could we have studied / harder / for our future?

⑪ 우리가 갈 수도 있었을까 / 강남에 / 어젯밤?
Could we have gone / to Gangnam / last night?

⑫ 내가 미소 지을 수 있었을까 / 너 없이도?
Could I have smiled / without you?

⑬ 나는 키스할 수도 있었을까 / 그녀에게 / 내가 가졌더라면 / 용기를?
Could I have kissed / her / if I had had / courage?

⑭ 네가 옮길 수 있었을까 / 이 상자를 / 내 도움 없이도?
Could you have moved / this box / without my help?

⑮ 네가 끌 수 있었을까 / 그 기계를 / 이 도구 없이도?
Could you have turned off / the machine / without this tool?

패턴 ⑱ could have p.p. (의문문) 117

~할 수도 있었을까? **could have p.p. (의문문)**

스피드 입영작

한글 해석을 보고 0.5초 내로 한번에 입 영작하세요.

완성도 체크 100%

1. 내가 그것을 시도할 수도 있었을까?
2. 내가 이 빨간 스커트를 입을 수도 있었을까?
3. 내가 그 마지막 버스를 잡을 수도 있었을까?
4. 네가 그녀에게 감사할 수도 있었을까?
5. 네가 어제 그 카페에 올 수도 있었을까?
6. 네가 오늘 너의 약혼녀에게 청혼할 수도 있었을까?
7. 그녀가 그의 메시지를 읽을 수도 있었을까?
8. 그녀가 그녀의 남자 친구와 헤어질 수도 있었을까?
9. 우리가 우리의 사업을 일찍 시작할 수도 있었을까?
10. 우리가 우리의 미래를 위해 더 열심히 공부할 수도 있었을까?
11. 우리가 어젯밤 강남에 갈 수도 있었을까?
12. 내가 너 없이도 미소 지을 수 있었을까?
13. 내가 용기를 가졌더라면 나는 그녀에게 키스할 수도 있었을까?
14. 네가 내 도움 없이도 이 상자를 옮길 수 있었을까?
15. 네가 이 도구 없이도 그 기계를 끌 수 있었을까?

녹음하여 '완성 문장 낭독 훈련'과 비교하세요.

패턴 99 ~했을 거야 would have p.p. (평서문)

의미 단위 입 영작

이번에는 빈칸 부분을 채워서 말해 보세요.

① 나는 시도했을 거야 + 그것을.
I would have _____ _____.

② 나는 입었을 거야 + 이 빨간 스커트를.
I _____ this _____.

③ 너는 감사했을 거야 + 그녀에게.
You _____ have _____ her.

④ 너는 왔을 거야 + 그 카페에 + 어제.
You _____ have _____ to the _____ yesterday.

⑤ 그녀는 잠갔을 거야 + 그 문을.
She would _____ the _____.

⑥ 우리는 공부했을 거야 + 더 열심히 + 우리의 미래를 위해.
We would _____ _____ for our _____.

⑦ 우리는 시작했을 거야 + 우리의 사업을 + 일찍.
We _____ have _____ our _____ _____.

⑧ 나는 전화하지 않았을 거야 + 그에게.
I would not have _____ him.

⑨ 나는 울지 않았을 거야 + 그의 앞에서.
I would _____ have _____ in _____ of _____.

⑩ 나는 기다리지 않았을 거야 + 그 마지막 버스를.
I would not have _____ for the _____.

⑪ 나는 키스하지 않았을 거야 + 그녀에게 + 애초에.
I would not have _____ her in the _____.

⑫ 너는 던지지 않았을 거야 + 이 가방을.
You would _____ have _____ this _____.

⑬ 너는 끄지 않았을 거야 + 그 기계를.
You _____ have _____ the _____.

⑭ 그녀는 헤어지지 않았을 거야 + 그녀의 남자 친구와.
She would _____ have _____ up _____ her boyfriend.

⑮ 우리는 가지 않았을 거야 + 강남에 + 어젯밤.
We _____ not have _____ Gangnam _____ night.

어순 입영작
어순대로 우리말 부분을 입으로 영작해 보세요.

① 나는 시도했을 거야 / 그것을. _____ / _____.

② 나는 입었을 거야 / 이 빨간 스커트를. _____ / _____.

③ 너는 감사했을 거야 / 그녀에게. _____ / _____.

④ 너는 왔을 거야 / 그 카페에 / 어제. _____ / _____ / _____.

⑤ 그녀는 잠갔을 거야 / 그 문을. _____ / _____.

⑥ 우리는 공부했을 거야 / 더 열심히 / 우리의 미래를 위해. _____ / _____ / _____.

⑦ 우리는 시작했을 거야 / 우리의 사업을 / 일찍. _____ / _____ / _____.

⑧ 나는 전화하지 않았을 거야 / 그에게. _____ / _____.

⑨ 나는 울지 않았을 거야 / 그의 앞에서. _____ / _____.

⑩ 나는 기다리지 않았을 거야 / 그 마지막 버스를. _____ / _____.

⑪ 나는 키스하지 않았을 거야 / 그녀에게 / 애초에. _____ / _____ / _____.

⑫ 너는 던지지 않았을 거야 / 이 가방을. _____ / _____.

⑬ 너는 끄지 않았을 거야 / 그 기계를. _____ / _____.

⑭ 그녀는 헤어지지 않았을 거야 / 그녀의 남자 친구와. _____ / _____.

⑮ 우리는 가지 않았을 거야 / 강남에 / 어젯밤. _____ / _____ / _____.

~했을 거야 **would have p.p. (평서문)**

COMPLETE SENTENCES 완성 문장 낭독 훈련

이번에는 완성 문장을 잘 듣고 10회 이상 낭독 훈련해 보세요.

낭독 훈련 횟수 체크

5회   10회

① 나는 시도했을 거야 / 그것을.
I would have tried / it.

② 나는 입었을 거야 / 이 빨간 스커트를.
I would have worn / this red skirt.

③ 너는 감사했을 거야 / 그녀에게.
You would have thanked / her.

④ 너는 왔을 거야 / 그 카페에 / 어제.
You would have come / to the café / yesterday.

⑤ 그녀는 잠갔을 거야 / 그 문을.
She would have locked / the door.

⑥ 우리는 공부했을 거야 / 더 열심히 / 우리의 미래를 위해.
We would have studied / harder / for our future.

⑦ 우리는 시작했을 거야 / 우리의 사업을 / 일찍.
We would have started / our business / early.

패턴 99 would have p.p. (평서문)   **121**

⑧ 나는 전화하지 않았을 거야 / 그에게.
I would not have called / him.

⑨ 나는 울지 않았을 거야 / 그의 앞에서.
I would not have cried / in front of him.

⑩ 나는 기다리지 않았을 거야 / 그 마지막 버스를.
I would not have waited / for the last bus.

⑪ 나는 키스하지 않았을 거야 / 그녀에게 / 애초에.
I would not have kissed / her / in the first place.

⑫ 너는 던지지 않았을 거야 / 이 가방을.
You would not have thrown / this bag.

⑬ 너는 끄지 않았을 거야 / 그 기계를.
You would not have turned off / the machine.

⑭ 그녀는 헤어지지 않았을 거야 / 그녀의 남자 친구와.
She would not have broken up / with her boyfriend.

⑮ 우리는 가지 않았을 거야 / 강남에 / 어젯밤.
We would not have gone / to Gangnam / last night.

~했을 거야 **would have p.p. (평서문)**

스피드 입영작
한글 해석을 보고 0.5초 내로 한번에 입 영작하세요.

완성도 체크 100%

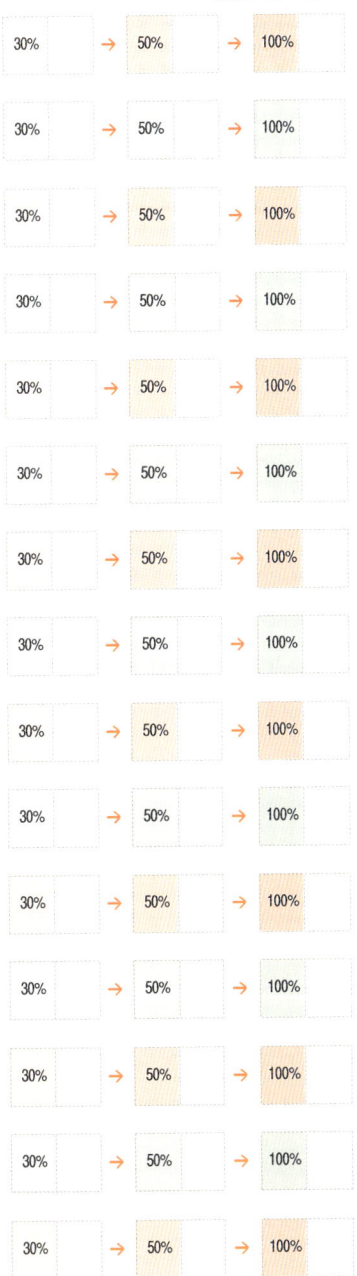

1. 나는 그것을 시도했을 거야.   30% → 50% → 100%
2. 나는 이 빨간 스커트를 입었을 거야.   30% → 50% → 100%
3. 너는 그녀에게 감사했을 거야.   30% → 50% → 100%
4. 너는 어제 그 카페에 왔을 거야.   30% → 50% → 100%
5. 그녀는 그 문을 잠갔을 거야.   30% → 50% → 100%
6. 우리는 우리의 미래를 위해 더 열심히 공부했을 거야.   30% → 50% → 100%
7. 우리는 우리의 사업을 일찍 시작했을 거야.   30% → 50% → 100%
8. 나는 그에게 전화하지 않았을 거야.   30% → 50% → 100%
9. 나는 그의 앞에서 울지 않았을 거야.   30% → 50% → 100%
10. 나는 그 마지막 버스를 기다리지 않았을 거야.   30% → 50% → 100%
11. 나는 애초에 그녀에게 키스하지 않았을 거야.   30% → 50% → 100%
12. 너는 이 가방을 던지지 않았을 거야.   30% → 50% → 100%
13. 너는 그 기계를 끄지 않았을 거야.   30% → 50% → 100%
14. 그녀는 그녀의 남자 친구와 헤어지지 않았을 거야.   30% → 50% → 100%
15. 우리는 어젯밤 강남에 가지 않았을 거야.   30% → 50% → 100%

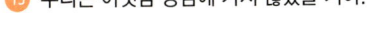

패턴 100

~했더라면 …했을 거야
would have p.p. + 과거 가정

 100_02

의미 단위 입영작

이번에는 빈칸 부분을 채워서 말해 보세요.

1. 나는 시도했을 거야 + 그것을 + 내가 가지고 있었더라면 + 시간을.
   I would have _____ _____ if I had _____ time.

2. 나는 행복했을 거야 + 네가 키스를 했더라면 + 나에게.
   I _____ been _____ if you had _____ me.

3. 나는 입었을 거야 + 이 빨간 스커트를 + 내가 말랐더라면.
   I _____ this _____ if I _____ been _____.

4. 너는 슬펐을 거야 + 네가 실패했더라면 + 그것에.
   You _____ sad if you had _____ it.

5. 너는 왔을 거야 + 그 카페에 + 어제 + 그녀가 거기에 있었더라면.
   You _____ have _____ to the café yesterday if she _____ there.

6. 그녀는 잠갔을 거야 + 그 문을 + 그녀가 알았더라면 + 이 암호를.
   She would _____ the _____ if she _____ this code.

7. 우리는 공부했을 거야 + 더 열심히 + 그녀가 도와줬더라면 + 우리를.
   We _____ studied _____ if she had _____ us.

8. 우리는 시작했을 거야 + 우리의 사업을 + 일찍 + 우리가 가지고 있었더라면 + 돈을.
   We _____ have _____ our _____ _____ if we had _____ _____.

9. 나는 미소 짓지 않았을 거야 + 내가 행복하지 않았더라면.
   I would _____ have _____ if I _____ not _____ happy.

10. 나는 포기하지 않았을 거야 + 그들이 지지해 주었더라면 + 나를.
    I would not have _____ _____ they had _____ me.

11. 나는 전화하지 않았을 거야 + 그에게 + 내가 가지고 있지 않았더라면 + 전화기를.
    I would not have _____ him if I had not _____ a _____.

12. 나는 키스하지 않았을 거야 + 그녀에게 + 내가 가지고 있지 않았더라면 + 0기를.
    I would not have _____ her if I had not _____ _____ _____.

13. 너는 읽지 않았을 거야 + 그의 메시지를 + 내가 말해 주지 않았더라면 + 너에게.
    You _____ have _____ his _____ if I had _____ you.

14. 그녀는 헤어지지 않았을 거야 + 그녀의 남자친구와 + 그가 부유했더라면.
    She would _____ have _____ up _____ her boyfriend if he _____.

15. 우리는 가지 않았을 거야 + 강남에 + 내가 가지고 있지 않았더라면 + 내 차를.
    We _____ not have _____ to Gangnam if I had not _____ my _____.

~했더라면 …했을 거야 would have p.p. + 과거 가정

어순 입영작
어순대로 우리말 부분을 입으로 영작해 보세요.

① 나는 시도했을 거야 / 그것을 / 내가 가지고 있었더라면 / 시간을. _____ / _____ / _____ / _____.

② 나는 행복했을 거야 / 네가 키스를 했더라면 / 나에게. _____ / _____ / _____.

③ 나는 입었을 거야 / 이 빨간 스커트를 / 내가 말랐더라면. _____ / _____ / _____.

④ 너는 슬펐을 거야 / 네가 실패했더라면 / 그것에. _____ / _____ / _____.

⑤ 너는 왔을 거야 / 그 카페에 / 어제 / 그녀가 거기에 있었더라면. _____ / _____ / _____ / _____.

⑥ 그녀는 잠갔을 거야 / 그 문을 / 그녀가 알았더라면 / 이 암호를. _____ / _____ / _____ / _____.

⑦ 우리는 공부했을 거야 / 더 열심히 / 그녀가 도와줬더라면 / 우리를. _____ / _____ / _____ / _____.

⑧ 우리는 시작했을 거야 / 우리의 사업을 / 일찍 / 우리가 가지고 있었더라면 / 돈을. _____ / _____ / _____ / _____ / _____.

⑨ 나는 미소 짓지 않았을 거야 / 내가 행복하지 않았더라면. _____ / _____.

⑩ 나는 포기하지 않았을 거야 / 그들이 지지해 주었더라면 / 나를. _____ / _____ / _____.

⑪ 나는 전화하지 않았을 거야 / 그에게 / 내가 가지고 있지 않았더라면 / 전화기를. _____ / _____ / _____ / _____.

⑫ 나는 키스하지 않았을 거야 / 그녀에게 / 내가 가지고 있지 않았더라면 / 용기를. _____ / _____ / _____ / _____.

⑬ 너는 읽지 않았을 거야 / 그의 메시지를 / 내가 말해 주지 않았더라면 / 너에게. _____ / _____ / _____ / _____.

⑭ 그녀는 헤어지지 않았을 거야 / 그녀의 남자 친구와 / 그가 부유했더라면. _____ / _____ / _____.

⑮ 우리는 가지 않았을 거야 / 강남에 / 내가 가지고 있지 않았더라면 / 내 차를. _____ / _____ / _____ / _____.

패턴 ⑩ would have p.p. + 과거 가정

COMPLETE SENTENCES

완성 문장낭독 훈련

이번에는 완성 문장을 잘 듣고 10회 이상 낭독 훈련해 보세요.

❶ 나는 시도했을 거야 / 그것을 / 내가 가지고 있었더라면 / 시간을.
I would have tried / it / if I had had / time.

❷ 나는 행복했을 거야 / 네가 키스를 했더라면 / 나에게.
I would have been happy / if you had kissed / me.

❸ 나는 입었을 거야 / 이 빨간 스커트를 / 내가 말랐더라면.
I would have worn / this red skirt / if I had been skinny.

❹ 너는 슬펐을 거야 / 네가 실패했더라면 / 그것에.
You would have been sad / if you had failed / it.

❺ 너는 왔을 거야 / 그 카페에 / 어제 / 그녀가 거기에 있었더라면.
You would have come / to the café / yesterday / if she had been there.

❻ 그녀는 잠갔을 거야 / 그 문을 / 그녀가 알았더라면 / 이 암호를.
She would have locked / the door / if she had known / this code.

❼ 우리는 공부했을 거야 / 더 열심히 / 그녀가 도와줬더라면 / 우리를.
We would have studied / harder / if she had helped / us.

~했더라면 …했을 거야 would have p.p. + 과거 가정

8 우리는 시작했을 거야 / 우리의 사업을 / 일찍 / 우리가 가지고 있었더라면 / 돈을.
We would have started / our business / early / if we had had / money.

9 나는 미소 짓지 않았을 거야 / 내가 행복하지 않았더라면.
I would not have smiled / if I had not been happy.

10 나는 포기하지 않았을 거야 / 그들이 지지해 주었더라면 / 나를.
I would not have given up / if they had supported / me.

11 나는 전화하지 않았을 거야 / 그에게 / 내가 가지고 있지 않았더라면 / 전화기를.
I would not have called / him / if I had not had / a phone.

12 나는 키스하지 않았을 거야 / 그녀에게 / 내가 가지고 있지 않았더라면 / 용기를.
I would not have kissed / her / if I had not had / courage.

13 너는 읽지 않았을 거야 / 그의 메시지를 / 내가 말해 주지 않았더라면 / 너에게.
You would not have read / his message / if I had not told / you.

14 그녀는 헤어지지 않았을 거야 / 그녀의 남자 친구와 / 그가 부유했더라면.
She would not have broken up / with her boyfriend / if he had been rich.

15 우리는 가지 않았을 거야 / 강남에 / 내가 가지고 있지 않았더라면 / 내 차를.
We would not have gone / to Gangnam / if I had not had / my car.

~했더라면 …했을 거야 **would have p.p. + 과거 가정**

스피드 입영작
한글 해석을 보고 0.5초 내로 한번에 입 영작하세요.

완성도 체크 100%

1. 내가 시간을 가지고 있었더라면 나는 그것을 시도했을 거야.
2. 네가 나에게 키스를 했더라면 나는 행복했을 거야.
3. 내가 말랐더라면 나는 이 빨간 스커트를 입었을 거야.
4. 네가 그것에 실패했더라면 너는 슬펐을 거야.
5. 그녀가 거기에 있었더라면 너는 어제 그 카페에 왔을 거야.
6. 그녀가 이 암호를 알았더라면 그녀는 그 문을 잠갔을 거야.
7. 그녀가 우리를 도와줬더라면 우리는 더 열심히 공부했을 거야.
8. 우리가 돈을 가지고 있었더라면 우리는 우리의 사업을 일찍 시작했을 거야.
9. 내가 행복하지 않았더라면 나는 미소 짓지 않았을 거야.
10. 그들이 나를 지지해 주었더라면 나는 포기하지 않았을 거야.
11. 내가 전화기를 가지고 있지 않았더라면 나는 그에게 전화하지 않았을 거야.
12. 내가 용기를 가지고 있지 않았더라면 나는 그녀에게 키스하지 않았을 거야.
13. 내가 너에게 말해 주지 않았더라면 너는 그의 메시지를 읽지 않았을 거야.
14. 그가 부유했더라면 그녀는 그녀의 남자 친구와 헤어지지 않았을 거야.
15. 내가 내 차를 가지고 있지 않았더라면 우리는 강남에 가지 않았을 거야.

녹음하여 '완성 문장 낭독 훈련'과 비교하세요.

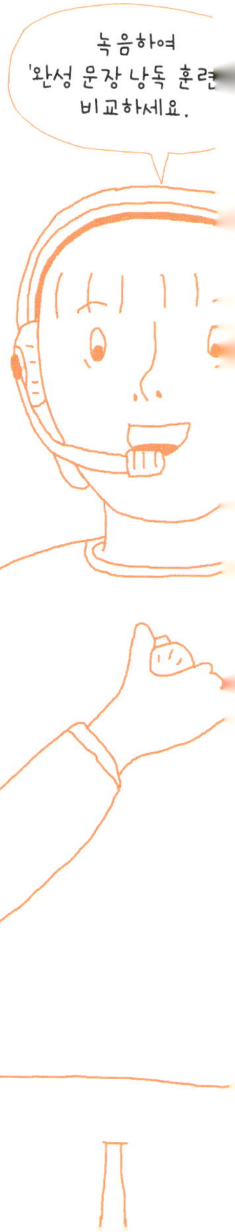

영어회화 입영작 훈련 4

저자 | 마스터유진
초판 1쇄 인쇄 | 2014년 9월 15일
초판 1쇄 발행 | 2014년 9월 22일

발행인 | 박효상
편집장 | 강성실
기획 · 편집 | 박운희, 박혜민, 박문정
디자인 책임 | 손정수
마케팅 총괄 | 이종선
마케팅 | 이태호, 이전희
디지털콘텐츠 | 이지호
관리 | 남채윤

교정 | 엄성수, 안창렬
디자인 · 조판 · 삽화 | 홍수미

종이 | 월드페이퍼
인쇄 · 제본 | 현문자현

출판등록 | 제10-1835호
발행처 | 사람in
주소 | 121-839 서울시 마포구 양화로11길 14-10(서교동 378-16) 4F
전화 | 02) 338-3555(代) 팩스 | 02) 338-3545
E-mail | saramin@netsgo.com
Homepage | www.saramin.com

● 책값은 뒤표지에 있습니다.
● 파본은 바꾸어 드립니다.

ⓒ 마스터유진 2014

ISBN 978-89-6049-408-4 18740
     978-89-6049-401-5 (set)

사람이 중심이 되는 세상, 세상과 소통하는 책 사람in